LA SITUATION DÉMOLINGUISTIQUE DU QUÉBEC

D1151647

La situation démolinguistique du Québec

Marc Termote
et
Danielle Gauvreau

Étude réalisée pour
le Conseil de la langue française

Cet ouvrage a été publié par
le Service des communications
du Conseil de la langue française
sous la direction de Léo Gagné

Dépôt légal - 2e trimestre 1988
Bibliothèque nationale du Québec
ISBN 2-551-08254-4

TABLE DES MATIÈRES

Liste des tableaux

CHAPITRE III

CHAPITRE IV

CHAPITRE V

Liste des graphiques

Remerciements

Sans chiffres les démographes sont souvent perdus, et sans Micheline Tremblay, qui a participé à l'élaboration des données, et Michel Beaudry, Claire Gaulin et François Tessier, qui en ont assuré le traitement informatique, nous nous serions perdus dans les méandres de l'ordinateur. Sans programme d'analyse multirégionale, et donc sans Jacques Ledent, qui après avoir participé à sa conception, en a assuré l'application à nos données, notre analyse n'eût pas été complète. Sans l'aide efficace de cartographes expérimentés, c'est-à-dire sans Gilles Grégoire, Julie Archambault et Rénald Rosa, nos graphiques n'auraient été que du barbouillage. Sans une équipe dévouée de personnes capables de rendre vivants et présentables nos hiéroglyphes et nos tableaux, c'est-à-dire sans Roxane Petit, Cécile Trottier et surtout Nicole Wragg, nos manuscrits seraient restés «lettre morte». Enfin et surtout, sans l'aide de Michel Amyot, sans les encouragements constants et les critiques constructives de Michel Paillé, sans la patience et la compréhension de Pierre Georgeault, cet ouvrage, même s'il eût pu naître, aurait couru le risque sérieux d'être déclaré «mort-né». Notre espoir est qu'il pourra également «mobiliser» le lecteur, que nous tenons à remercier comme acteur ultime et interprète suprême de ce travail.

Présentation

Des diverses inquiétudes qui ont incité les gouvernements du Québec à légiférer en matière linguistique, celle qui a trait au nombre et à l'importance relative des francophones du Québec compte pour beaucoup. En effet, le facteur démographique a fortement contribué à l'action gouvernementale, comme en témoignent les analyses de nombreux experts quant à l'avenir du français au Québec. Qu'on se rappelle les principales conclusions de l'étude des démographes Hubert Charbonneau et Robert Maheu, réalisée à la demande de la Commission d'enquête sur la situation de la langue française et sur les droits linguistiques au Québec (Commission Gendron) : diminution «inéluctable» de la proportion des francophones hors Québec, baisse de l'importance relative de la population du Québec au sein du Canada, déclin de la majorité francophone au Québec et à Montréal, importante croissance des immigrants à Montréal.

Cette étude de Charbonneau et Maheu, devenue un classique que l'on consulte régulièrement et que l'on cite encore, a cependant vieilli. Publiée il y a 15 ans, elle reposait essentiellement sur les données du recensement de 1961. Par un devoir que lui confère la Charte de la langue française de «surveiller l'évolution de la situation linguistique au Québec quant au statut de la langue française», le Conseil de la langue française publie aujourd'hui une synthèse des démographes Marc Termote et Danielle Gauvreau sur *La situation démolinguistique du Québec*. Cette imposante étude représente une mise à jour de nos connaissances en cette matière. Bien que le Conseil se soit toujours préoccupé du statut démographique du français au Québec comme le démontrent les études de Gary Caldwell, Claude St-Germain, Charles Castonguay, Mireille Baillargeon et, surtout, de Michel Paillé, il manquait une véritable première synthèse démolinguistique exclusivement consacrée au Québec, abstraction faite de l'important ouvrage publié en 1980 par Réjean Lachapelle et Jacques Henripin portant sur *La situation démolinguistique au Canada* dans lequel le Québec occupe une large place.

Marc Termote et Danielle Gauvreau jettent un regard neuf sur la situation démolinguistique du Québec. Analysant principalement les données du recensement de 1981, ainsi que les statistiques de l'état civil, les mouvements migratoires et les recensements de 1971 et de 1976, ils ont largement profité, comme en fait foi la bibliographie, de l'apport de nombreux chercheurs d'ici et du Canada anglais. Après un bilan de la dernière période quinquennale pour laquelle toutes les données étaient disponibles (1976-1981), ils dressent au chapitre II un portrait évolutif des groupes linguistiques du Québec et de six grandes régions, de 1951 à 1981. Au chapitre III, l'analyse de la mortalité et de la fécondité permet de dégager les grandes tendances de l'accroissement naturel des groupes linguistiques.

C'est aux chapitres IV et V que Termote et Gauvreau apportent au dossier démolinguistique leur contribution la plus originale et la plus substantielle. Profitant largement des études de Charles Castonguay dans le domaine de la mobilité linguistique, les auteurs ont livré au chapitre IV une analyse approfondie, articulée et renouvelée de cet important facteur d'évolution des groupes linguistiques. Bien que les grandes tendances de la mobilité linguistique de la décennie 1971-1981 nous soient déjà connues, Marc Termote et Danielle Gauvreau apportent, par de multiples recoupements selon l'âge, le sexe, le lieu de naissance, la migration, la scolarité, le revenu et l'exogamie, des faits nouveaux qui permettent l'optimisme quant à l'avenir du français.

Le lecteur tirera profit, au chapitre V sur la migration, de l'expérience et de la réputation internationale du principal auteur, Marc Termote. On y trouvera une analyse claire et limpide d'une variable fort complexe de la démographie, d'autant plus complexe que l'ouvrage porte sur trois grands groupes linguistiques répartis entre diverses régions. Articulant leur analyse selon l'âge, la mortalité, la fécondité et la mobilité linguistique, Termote et Gauvreau livrent un portrait très détaillé des migrations internationales, interprovinciales et interrégionales d'où émergent des informations tout à fait inédites sur le comportement des groupes linguistiques. Notons également que le fait d'analyser les migrations principalement selon la langue d'usage plutôt que selon la langue maternelle seulement constitue une autre originalité ; ainsi, les auteurs sont en mesure de montrer, dans le comportement migratoire des groupes linguistiques, les différences significatives les plus fortes.

Étant donné l'ampleur de la tâche à accomplir, on comprendra que Marc Termote et Danielle Gauvreau se soient limités à trois groupes linguistiques : francophones, anglophones et «autres». Si, d'une part, la majorité d'expression française et la communauté anglophone se reconnaîtront, les autochtones et les communautés culturelles par contre ne pourront malheureusement se distinguer les unes des autres : nous souhaiterions vivement publier une étude démolinguistique qui leur serait consacrée.

Nous aurions souhaité, avec les auteurs, présenter des perspectives de la population du Québec selon les groupes linguistiques pour les 25 ou 30 prochaines années. Comme l'expliquent Termote et Gauvreau, une telle entreprise aurait été hasardeuse, étant donné le caractère très particulier de l'évolution démolinguistique du Québec entre 1976 et 1981. À l'instar des auteurs, le Conseil de la langue française a préféré investir temps et énergie dans un bilan le plus complet et le plus rigoureux possible où la qualité des sources et l'approche méthodologique seraient mises à rude épreuve. Nous croyons que cet ouvrage viendra à court terme alimenter la réflexion des Québécois quant à l'avenir de leur population, réflexion à laquelle le Conseil de la langue française participe depuis la parution de son avis sur *Les aspects démolinguistiques de l'évolution de la population du Québec*. Nous pensons également qu'il servira, à moyen terme, de pierre angulaire à l'élaboration de perspectives de population construites à partir du recensement de 1986, ce que le Conseil compte entreprendre dès que les données seront disponibles.

Le Conseil de la langue française remercie M. Marc Termote et Mme Danielle Gauvreau pour cette étude qu'ils ont su mener à terme en dépit de contraintes et de délais imprévus qui ont ralenti leur travail. Nous remercions également tous ceux et celles qui ont collaboré à leur entreprise, qu'ils soient de l'I.N.R.S.-Urbanisation ou du Conseil de la langue française.

Pierre MARTEL
Président

Introduction

La situation démolinguistique du Québec et son évolution ont été étudiées avec grand intérêt à la fin des années 1970 et au début de la décennie suivante. Les études de cette période étaient la plupart du temps basées sur les résultats du recensement de 1976, voire celui de 1971. Beaucoup de choses ont cependant changé depuis lors : la fécondité a continué de baisser, jusqu'à faire de la population québécoise une des moins fécondes du monde ; la mortalité a connu une accélération de son déclin ; la mobilité linguistique a été soumise à un contexte socio-économique et législatif tout à fait nouveau ; le mouvement migratoire s'est inversé et, après avoir fait du Québec une région de forte émigration, lui a donné récemment un solde migratoire positif.

Ces diverses évolutions ne se sont pas faites uniformément pour chacun des groupes linguistiques, de telle sorte que depuis 1976 la structure démolinguistique du Québec s'est considérablement modifiée. Aussi importe-t-il, à la veille de la publication des résultats du recensement de 1986, de faire le point. L'objectif fondamental de cet ouvrage est précisément de voir quelle est, en cette première moitié des années 1980, la situation démographique des divers groupes linguistiques du Québec, et d'en analyser la dynamique par l'étude de la fécondité, de la mobilité linguistique et géographique, et de la mortalité.

Certes, au cours des dernières années, il n'a pas manqué d'études brillantes consacrées à l'évolution récente de l'une ou l'autre de ces composantes de la dynamique démolinguistique. Il ne doit d'ailleurs pas y avoir beaucoup de démographes québécois qui, au cours de la dernière décennie, n'aient analysé l'aspect linguistique. Sans doute ne serait-il pas exagéré d'avancer que, dans ce domaine, le Québec représente un des foyers mondiaux de la recherche. Il suffira au lecteur de jeter un bref coup d'oeil sur la liste des références bibliographiques pour se rendre compte à quel point nous sommes débiteurs des travaux de nos collègues. Un des objectifs de cet ouvrage est précisément de faire la synthèse de ces travaux, souvent dispersés, d'accès parfois difficile, et presque toujours consacrés à une composante particulière de la dynamique démolinguistique.

La dimension régionale est essentielle pour comprendre cette dynamique, non seulement parce que la distribution au sein de l'espace québécois varie considérablement d'un groupe linguistique à l'autre, mais également parce qu'il subsiste toujours de profondes disparités régionales dans le comportement démographique de ces groupes. Pour la définition de notre système régional, nous avons tenu compte de trois critères. La nécessité d'avoir des chiffres statistiquement significatifs nous imposait d'abord un découpage territorial qui ne soit pas trop fin. Il fallait ensuite que nos régions soient linguistiquement significatives, en termes d'effectifs de population de chaque groupe linguistique aussi bien qu'en termes de comportement démolinguistique de ces groupes. Enfin, il nous a paru important de pouvoir comparer nos résultats à ceux obtenus par d'autres chercheurs pour des périodes antérieures, et donc de tenir compte du système régional adopté par ces derniers.

Ces divers critères nous ont amenés à retenir un découpage du Québec en six grandes régions : l'Outaouais, la région étendue de Montréal, les Cantons de l'Est, l'Intérieur, la Gaspésie et le Nord (nous présentons en annexe les divisions de recensement comprises dans chacune de ces régions, ainsi qu'une justification détaillée du découpage utilisé). Lorsque cela s'avérera pertinent, la région «Ensemble de Montréal» sera subdivisée en trois sous-régions qui correspondent à des unités fréquemment étudiées : Montréal-Îles (constituée de l'île de Montréal et de l'île Jésus), le reste de la région métropolitaine de recensement (constituée de façon approximative à partir des divisions de recensement) et le reste de la région «Ensemble de Montréal». Dans certains cas, surtout quand nous traiterons des migrations, il sera nécessaire, pour clore le système, d'ajouter à nos six régions de base une septième région, comprenant le reste du Canada, voire une huitième (le reste du monde) lorsqu'il s'agit de la migration internationale.

Quant au découpage temporel, nous n'avons guère le choix. L'essentiel des informations sur la mobilité linguistique et territoriale des groupes linguistiques provient en effet des recensements. Ceci implique que nous considérerons le plus souvent des périodes quinquennales censitaires, en mettant l'accent évidemment sur la période 1976-1981, la dernière période censitaire pour laquelle nous disposons de données appropriées sur la mobilité. Pour la fécondité et la mortalité, et même pour la migration, nous pouvons cependant étendre quelque peu la période d'analyse.

Trois groupes linguistiques ont été distingués : le groupe «français», le groupe «anglais» et le groupe «autre». Ces groupes ont été définis tantôt en termes de langue maternelle, tantôt en termes de langue d'usage ; dans ce dernier cas, nous utiliserons éventuellement, lorsqu'il n'y aura pas d'ambiguïté possible, et pour varier la terminologie, les expressions «francophones», «anglophones» et «allophones». Nous accorderons relativement peu d'importance aux groupes linguistiques définis selon l'origine ethnique, ce critère étant trop vague, aussi bien dans son contenu que dans son application empirique. Et nous omettrons toute distinction au sein du groupe «autre», même si nous savons que ce dernier comprend des sous-populations dont le comportement démolinguistique est très différent. À vouloir trop désagréger, nous risquerions, en effet, non seulement d'arriver rapidement à des chiffres statistiquement peu significatifs, mais également de perdre de vue l'objectif essentiel de ce travail : dégager les tendances de fond du comportement démolinguistique de la population québécoise.

L'ouvrage donne d'abord une vue d'ensemble de la dynamique démolinguistique récente du Québec (chapitre I). Avant d'entreprendre de façon détaillée l'analyse de chacune des composantes de l'évolution démographique des groupes linguistiques, il semble en effet opportun d'établir ce que l'on pourrait appeler «le plus récent bilan démolinguistique du Québec». Ce bilan fait référence à la période censitaire 1976-1981, puisqu'il s'agit de la dernière période pour laquelle les diverses informations nécessaires sont disponibles. Dresser un tel bilan représente plus qu'un simple exercice comptable. Il nous permet en effet de dégager la contribution relative de chaque composante (fécondité, mortalité, mobilité linguistique, migration) à l'évolution démolinguistique, et d'obtenir ainsi une première indication quant au comportement démographique des différents groupes linguistiques. En même temps, il nous oblige à soumettre les données statistiques utilisées dans ce rapport à un test de validité. Trop souvent encore, la démographie étudie séparément chacune des composantes de la croissance de la population, ce qui empêche de découvrir les incohérences, voire les absurdités, qui se cachent parfois derrière les chiffres utilisés. Dresser un bilan est une façon de répondre à cette préoccupation de cohérence.

Cette première étape franchie, il importera de situer l'évolution récente dans une plus longue période et d'introduire la dimension régionale. C'est à cette mise en perspective qu'est consacré le chapitre II. Un premier objectif de ce chapitre sera donc de décrire la répartition des différents groupes linguistiques dans l'espace québécois depuis 1951, et d'en dégager les tendances à long terme. Ensuite, nous tenterons de mettre en évidence quelques caractéristiques démographiques (âge, sexe, lieu de naissance) et socio-économiques (niveau de scolarité et de revenu) de ces groupes. Enfin, puisque l'appartenance à un groupe linguistique n'entraîne pas nécessairement — et heureusement — l'ignorance d'une autre langue que celle du groupe auquel on appartient, nous étudierons également l'évolution depuis 1951 du bilinguisme au Québec et dans ses régions, ce qui nous permettra d'estimer le degré de «communicabilité» entre membres de groupes différents. Il est d'autant plus intéressant d'étudier le bilinguisme que ce dernier représente normalement la condition nécessaire à un transfert linguistique.

Une fois caractérisée la dynamique démolinguistique récente du Québec, une fois située cette dynamique dans son contexte de longue période et dans sa dimension spatiale, nous pouvons aborder d'une façon plus approfondie chacune des composantes de cette dynamique, c'est-à-dire la fécondité (qui se manifeste par les naissances), la mortalité (les décès), et la mobilité (les changements d'«état», ce dernier pouvant être défini en termes de lieu de résidence, de statut matrimonial, de groupe linguistique, etc.). En ce qui nous concerne, seulement quatre types d'événements peuvent affecter l'évolution démolinguistique du Québec : les naissances, les décès, les migrations et les passages d'un groupe linguistique à un autre. Ce dernier type de «transition» peut cependant revêtir des formes diverses. Nous nous limiterons ici, essentiellement à cause des contraintes statistiques, à une seule forme de mobilité linguistique, à savoir le passage d'une langue «maternelle» donnée à une langue «d'usage» différente, et encore cette définition limitative devra-t-elle être précisée en temps opportun, car ce qui est «maternel» et «d'usage» n'est pas de première évidence.

Le chapitre III est consacré aux deux premiers phénomènes, la fécondité et la mortalité. Les études démolinguistiques ont souvent tendance à être centrées sur la mobilité linguistique et territoriale. Il ne faudrait cependant pas négliger, surtout en ces temps de «croissance zéro», l'impact que peut exercer à plus ou moins long terme le comportement dit «naturel» des groupes linguistiques, particulièrement en matière de fécondité. Les problèmes actuels (et futurs) de chacun des groupes linguistiques, aussi bien en termes d'effectifs qu'en termes de structure, sont largement conditionnés par le comportement que ces groupes ont adopté dans le passé en matière de reproduction.

Ces groupes linguistiques ne sont pas étanches : on peut passer de l'un à l'autre, ou, du moins, on peut adopter une langue d'usage différente de sa langue maternelle. Le chapitre IV traite de cette forme de mobilité linguistique, forme sans doute restreinte, mais la seule que nous puissions analyser de façon statistiquement significative, puisqu'il n'existe pratiquement aucune information sur la langue d'usage des individus à deux moments dans le temps. Dans un pays où le poids démographique et socio-économique des différents groupes linguistiques est très inégal, il est inévitable que la mobilité linguistique se manifeste selon des directions privilégiées. Lorsque certains des groupes linguistiques en cause ont des effectifs de population relativement faibles, ces «échanges inégaux» peuvent affecter considérablement leur évolution démographique. Comme la mobilité linguistique est fortement influencée par des facteurs socio-économiques, nous tenterons cependant de dépasser l'analyse strictement démographique, pour dégager les relations entre cette mobilité et diverses caractéristiques particulières des individus ayant effectué un transfert linguistique, telles que leur statut migratoire (par exemple, le comportement linguistique des migrants internationaux selon l'époque où ils ont immigré), leur niveau de scolarité et de revenu, leur contexte familial (plus précisément, le caractère exogame ou endogame du ménage).

Si les groupes linguistiques ne sont pas hermétiques, et peuvent donc voir leurs membres passer de l'un à l'autre, il en va de même pour les régions dans lesquelles résident ceux-ci. La mobilité territoriale, qui se manifeste par la migration, quatrième et dernière composante de l'évolution démolinguistique, fait l'objet du chapitre V. Cette mobilité géographique peut se manifester selon plusieurs échelles spatiales : entre régions du Québec, entre le Québec et le reste du Canada, entre le Québec et le reste du monde. Bien plus que la fécondité et la mortalité, la migration est un phénomène particulièrement instable : les variations dans les conditions économiques et socio-politiques ont un impact souvent immédiat sur le comportement migratoire.

La réponse migratoire est aussi un phénomène structurel, en ce sens que son impact démographique (et économique) se prolonge à long terme : la migration n'est pas seulement la délocalisation d'un individu, elle représente également le déplacement d'un certain nombre d'années à vivre et d'enfants à naître. L'analyse de cet impact régional (c'est-à-dire en termes agrégés, non en termes de comportement individuel) de la migration sur la mortalité et la fécondité nous semble un développement particulièrement important. Trop souvent, en effet, la migration est étudiée indépendamment des autres phénomènes démographiques. Une analyse à entrées multiples (naissances et immigrations) et sorties multiples (décès et émigrations) permettra de remédier à cette lacune. Quand on sait l'importance qu'a revêtue la réponse migratoire pour certains groupes linguistiques du Québec au cours de la seconde moitié des années soixante-dix, on peut s'attendre à ce que les résultats de cette analyse de l'impact démographique des migrations puissent être particulièrement impressionnants.

Cette considération simultanée de la fécondité, de la migration et de la mortalité nous amènera tout naturellement à faire, en conclusion, la synthèse des résultats de notre analyse. Une des conclusions majeures de cette réflexion est que la place du lustre 1976-1981 dans l'évolution démolinguistique du Québec aura été, à plus d'un titre, exceptionnelle au point de vue du comportement démolinguistique. Aussi, après avoir annoncé ce que contenait cet ouvrage, est-il temps de prévenir le lecteur de ce qu'il ne contient pas : vu le caractère très particulier du comportement des années 1976-1981, et vu l'absence d'informations adéquates sur l'évolution de ce comportement depuis lors, il nous semble pour le moins téméraire, surtout à la veille de la publication des résultats du recensement de 1986, de proposer une nouvelle série de perspectives démolinguistiques pour le Québec. Ceci ne nous empêchera évidemment pas de faire quelques exercices de simulation, à partir de la situation particulière de 1976-1981, afin de dégager les implications futures des comportements démolinguistiques analysés dans les chapitres de cet ouvrage. Cela aussi est une façon de voir où l'on en est. Pour paraphraser F. Cairncross, nous saurons mieux où nous en sommes lorsque nous saurons où nous nous en irions si nous ne changions pas.

CHAPITRE PREMIER

Le bilan démolinguistique du Québec de 1976 à 1981

L'objectif de ce premier chapitre est double : présenter une première esquisse de la dynamique démolinguistique récente du Québec et soumettre les données statistiques utilisées dans ce rapport à un test de cohérence. L'établissement d'un bilan démolinguistique permet de répondre à cette double préoccupation.

L'exercice de comptabilité démographique que représente la construction d'un «bilan» démolinguistique est conceptuellement simple. Il s'agit d'analyser la croissance d'une population (en l'occurrence de la population des groupes linguistiques du Québec) selon les diverses composantes de cette croissance. Ceci nous permettra d'estimer la contribution relative de chaque phénomène démographique à cette croissance et, après conversion des nombres absolus en taux, d'obtenir une première indication quant au comportement démographique des différents groupes linguistiques. Une telle vue d'ensemble nous semblait particulièrement utile avant d'aborder, dans les chapitres ultérieurs, l'analyse détaillée de chacun de ces groupes et de chacune de ces composantes.

Mais si la conceptualisation d'un bilan démolinguistique est simple, sa réalisation ne l'est guère. Un bilan n'a de sens que si l'on y intègre des éléments comparables. Dresser le bilan démolinguistique du Québec nous donnera ainsi l'occasion de faire une première analyse critique des données que nous utiliserons tout au long de ce rapport. Puisque — par définition — dans tout bilan la somme des parties doit être égale au total, la construction d'un tel bilan nous permettra de vérifier la cohérence des données entre elles, et par le fait même d'examiner leur validité, en même temps qu'elle nous fournira une vue d'ensemble de la dynamique démolinguistique du Québec.

Un bilan démolinguistique est a priori plus facile à réaliser lorsqu'il s'agit de la langue maternelle que lorsque la langue d'usage est considérée. En effet, dans le premier cas, on ne doit pas, du moins en principe, prendre en considération la mobilité linguistique. C'est donc avec le bilan démographique par langue maternelle que nous commencerons notre étude.

1.1. Le bilan démographique du Québec par langue maternelle

Afin de dresser le bilan démographique d'une population pour une période donnée, nous devons, outre la population de début et de fin de période, considérer fondamentalement quatre types de phénomènes : la natalité, la mortalité, l'immigration et l'émigration. Les deux premiers seront mesurés respectivement par le nombre de naissances et par le nombre de décès, mais dans le cas de la migration, qui — contrairement aux deux premiers — est un phénomène récurrent, ce qu'il nous faut considérer, c'est le nombre d'émigrants survivants en fin de période et non le nombre de migrations. De plus, dans le cas du Québec, il importera de distinguer les migrants interprovinciaux des migrants internationaux.

Puisque seuls les recensements nous permettent de connaître de façon plus ou moins correcte le nombre de migrants et les effectifs de population de chaque groupe linguistique, nous sommes contraints de limiter notre bilan à des périodes censitaires. En fait, nous nous bornerons à analyser la période 1976-1981, non seulement parce qu'elle est la plus récente, mais également parce qu'elle est la seule pour laquelle nous disposons de données plus ou moins fiables. Les données linguistiques concernant les naissances et les décès n'existent en effet que depuis 1975, et celles concernant les migrations ne peuvent être obtenues qu'à partir des recensements, donc pour des périodes censitaires.

L'équation d'identité ci-dessous contient les divers éléments que nous devons quantifier pour pouvoir dresser le bilan démographique d'un groupe linguistique donné pour la dernière période censitaire :

$$P_{81} = P_{76} + N_{(76-81)} - D_{(76-81)} + I_{(76-81)RC} - E_{(76-81)RC}$$
$$+ I_{(76-81)RM} - E_{(76-81)RM} \tag{1}$$

où P_{76} et P_{81} = la population recensée le 1er juin 1976 et le 3 juin 1981, respectivement ;

$N_{(76-81)}$ = le nombre de naissances entre ces deux dates ;

$D_{(76-81)}$ = le nombre de décès entre ces deux dates ;

$I_{(76-81)RC}$ = le nombre d'immigrants interprovinciaux entre ces deux dates, c'est-à-dire le nombre de personnes qui le 3 juin 1981 résidaient au Québec, mais qui le 1er juin 1976 résidaient dans le «reste du Canada» ;

$E_{(76-81)RC}$ = le nombre d'émigrants interprovinciaux entre ces deux dates, c'est-à-dire le nombre de personnes qui le 1er juin 1976 résidaient au Québec, mais qui le 3 juin 1981 résidaient dans le «reste du Canada» ;

$I_{(76-81)RM}$ = le nombre d'immigrants internationaux entre ces deux dates, c'est-à-dire le nombre de personnes qui le 3 juin 1981 résidaient au Québec, mais qui le 1er juin 1976 résidaient ailleurs qu'au Canada, dans le «reste du monde» ;

$E_{(76-81)RM}$ = le nombre d'émigrants internationaux entre ces deux dates, c'est-à-dire le nombre de personnes qui le 1er juin 1976 résidaient au Québec, mais qui le 3 juin 1981 résidaient ailleurs qu'au Canada, dans le «reste du monde».

Pour les naissances, il n'y a pas beaucoup de difficultés. Grâce au fichier annuel des naissances vivantes (fichier dont le Bureau de la statistique du Québec assume la responsabilité), nous connaissons en effet le nombre de naissances selon à la fois la langue maternelle et la langue d'usage de la mère. Nous pouvons raisonnablement supposer que dans la très grande majorité des cas la langue maternelle d'un nouveau-né correspond à la langue d'usage de sa mère.

Les choses se compliquent lorsqu'il s'agit des décès. Le fichier des décès (également géré par le Bureau de la statistique du Québec) ne permet de connaître que la seule langue d'usage du défunt, et encore est-ce au médecin chargé de remplir la déclaration de décès de fournir cette information, ce qui entraîne sans nul doute des biais, difficiles cependant à évaluer. Pour passer du nombre annuel de décès par langue d'usage au nombre annuel de décès par langue maternelle, nous avons adopté la méthode utilisée par Tremblay[1], qui consiste à distribuer les décès pour une langue d'usage donnée, en fonction de la part des effectifs de chaque langue maternelle au sein de chaque groupe défini par la langue d'usage[2].

L'estimation du nombre d'immigrants et d'émigrants interprovinciaux est relativement aisée. Le recensement de 1981 nous fournit en effet directement l'information souhaitée. Il nous faut cependant supposer que ces migrants n'ont pas déclaré en 1981 une langue maternelle différente de celle qu'ils ont déclaré en 1976. Comme on le verra ultérieurement dans le chapitre consacré à la mobilité linguistique, cette hypothèse risque de ne pas avoir été respectée pour chacun d'entre eux. Apparemment, la migration des enfants nés entre 1976 et 1981 pourrait poser un problème. Ces

1. Marc Tremblay, *Analyse de la mortalité et de la fécondité selon le groupe linguistique, Québec, 1976-1981*, Montréal, Université de Montréal, Département de démographie, mémoire de maîtrise, 1983, 285 p., pp. 97-99.

2. La méthode suppose en fait que la mortalité (en termes de taux brut) d'un groupe de langue d'usage donné est la même pour chacun des trois sous-groupes de langue maternelle qui le composent.

derniers, il va de soi, n'avaient pas de lieu de résidence au 1er juin 1976, et ne sont donc pas pris en compte dans le chiffre censitaire de migration interprovinciale. Pour résoudre ce problème, il suffit d'utiliser les données censitaires sur le lieu de naissance : les enfants de moins de cinq ans (révolus) qui en 1981 résident dans une province alors qu'ils sont nés dans une autre province sont nécessairement des migrants interprovinciaux.

L'immigration internationale ne pose guère plus de problèmes que l'immigration interprovinciale. Le recensement de 1981 nous permet d'obtenir directement l'information désirée. Par contre, ce même recensement ne nous permet pas de connaître les émigrants vers le reste du monde, puisque — par définition — ces émigrants ne se trouvent plus sur le sol canadien. La seule manière d'estimer le nombre d'émigrants internationaux par groupe linguistique est de le calculer par résidu.

Le tableau I.1 présente le résultat de nos investigations. Il est évident que, n'ayant pas été obtenus de la même façon (tantôt par les fichiers de l'état civil, tantôt par le recensement, tantôt encore par résidu), les divers effectifs de ce tableau ne sont pas toujours rigoureusement comparables. De plus, à cause des hypothèses que nous avons dû faire et des biais que nous avons dû accepter, ces chiffres ne peuvent être considérés que comme des premières approximations. C'est pourquoi nous nous contenterons de présenter des chiffres arrondis en milliers.

Un examen rapide de ce tableau permet de voir que, si l'on se fie aux chiffres de population et de migration tels que dérivés des recensements, et aux chiffres de naissances et de décès obtenus à partir du fichier, on aboutit à des résultats soit absurdes, soit irréalistes dans le cas de l'émigration internationale. Ces chiffres impliquent en effet que l'émigration internationale du groupe «autre» serait négative, ce qui est évidemment impossible, et que l'émigration internationale du groupe de langue maternelle française serait de l'ordre de deux milliers par an, ce qui est totalement irréaliste. Au total, le Québec n'aurait eu qu'environ 15 000 émigrants internationaux en cinq ans, alors que pendant la même période 1976-1981, il y aurait eu plus de 200 000 émigrants vers les autres provinces. Seul le chiffre de l'émigration internationale du groupe de langue maternelle anglaise semble plausible.

Remarquons que si, comme la plupart des auteurs, nous n'avions considéré dans notre bilan démographique que le seul accroissement migratoire (éventuellement désagrégé en migration interprovinciale nette et migration internationale nette), nous n'aurions pu saisir cette incohérence : les chiffres d'accroissement migratoire du tableau I.1 sont tout à fait plausi-

Tableau I.1
**Bilan démolinguistique par langue maternelle,
Québec, 1976-1981 (en milliers)**

	Français	Anglais	Autre	Total
Population au 1/6/1976	**5 058**	**797**	**380**	**6 234**
Naissances (+)	418	45	24	486
Décès (−)	−178	−26	−12	−216
Immigrants interprovinciaux (+)	38	30	4	72
Émigrants interprovinciaux (−)	−53	−139	−22	−213
Immigrants internationaux (+)	32	17	41	91
Émigrants internationaux (−)	−9	−17	− (−11)	−15
Population au 3/6/1981	**5 307**	**706**	**425**	**6 438**
Accroissement naturel	240	19	11	270
Accroissement migratoire				
— interprovincial	[−15]	[−109]	[−18]	[−141]
— international	[24]	[−1]	[52]	[75]
Total	9	−110	34	−66
Accroissement total	**249**	**−91**	**46**	**204**

Notes :— À cause des arrondis, les totaux ne sont pas nécessairement égaux à la somme des parties.
— Les chiffres de migration comprennent la migration des enfants âgés de moins de cinq ans en 1981 ; les chiffres d'émigration internationale sont obtenus par résidu.
— Les chiffres de population comprennent la population «institutionnelle», c'est-à-dire celle qui réside dans des institutions et qui à ce titre n'a pas été directement recensée dans l'échantillon des ménages auprès desquels les données complètes pour la langue ont été collectées.

Sources : — Population : Statistique Canada, *Recensement de 1976, Population : Caractéristiques démographiques, langue maternelle*, tableau 2.1, catalogue n° 92-821 et *Recensement de 1981, Population : Langue maternelle*, tableau 1, catalogue n° 92-902 ; Réjean Lachapelle et Jacques Henripin, *La situation démolinguistique au Canada, évolution passée et prospective*, Montréal, L'Institut de recherches politiques, 1980, xxxii-391 p., p. 355.
— Naissances et décès : Ministère des Affaires sociales du Québec, tableaux spéciaux.
— Migrations : Statistique Canada, *Recensement de 1981*, tableaux spéciaux.

bles. Notons également que Lachapelle et Henripin[3] utilisent, pour la période 1971-1976, des chiffres qui impliquent un nombre négatif d'émigrants internationaux de langue maternelle anglaise. Ces auteurs estiment que cette incohérence est moins due aux variations du sous-dénombrement différentiel d'un recensement à l'autre qu'aux substitutions de langue maternelle, les mêmes individus ne déclarant pas nécessairement la même langue maternelle à deux recensements successifs.

---

3. Réjean Lachapelle et Jacques Henripin, *La situation démolinguistique au Canada, évolution passée et prospective*, Montréal, L'Institut de recherches politiques, 1980, xxxii-391 p., pp. 188-189.

Une telle interprétation, d'ailleurs partagée par Malo, Bourbeau et Robitaille[4], est peut-être pertinente pour la période 1971-1976. Elle semble cependant plus difficilement acceptable pour la période 1976-1981, car elle équivaudrait à supposer que, pour cette période, ces substitutions profiteraient massivement aux groupes français et «autre», ce qui ne semble guère réaliste, à moins de supposer qu'un grand nombre de personnes auraient effectué une double substitution de langue maternelle (d'une langue autre que l'anglais en 1971 à l'anglais en 1976, avec retour à la «vraie» langue maternelle, française ou «autre», en 1981). Cette forme de transfert linguistique par substitution de langue maternelle jouerait alors dans un sens tout à fait contraire à ce que l'on connaît (voir chapitre IV) des transferts linguistiques au Québec.

Si les chiffres d'émigration internationale du tableau I.1 sont absurdes ou irréalistes, c'est donc soit parce que les chiffres de la population recensée en 1976 et 1981 ne sont pas corrects, soit parce que les chiffres des composantes de la croissance entre 1976 et 1981 (autres que l'émigration internationale) sont erronés, soit parce que les uns et les autres sont entachés d'inexactitude. Sans doute y a-t-il effectivement des erreurs un peu partout. Mais pour la suite de notre recherche, il s'avère indispensable de localiser la ou les sources principales de l'incohérence observée au tableau I.1. Si l'essentiel de l'erreur se trouve dans les chiffres de population, cela affectera surtout, et encore de façon plutôt marginale, le calcul des taux. Mais si ce sont les chiffres relatifs aux composantes de la croissance qui doivent absorber la majeure part de l'erreur, alors c'est la mesure même des phénomènes démographiques qui est mise en cause, c'est l'ensemble de notre analyse de la dynamique démolinguistique du Québec qui se trouve invalidé.

À priori, on peut avancer que ce n'est pas du côté des naissances et des décès que se trouve l'essentiel de l'erreur. On peut supposer que, sur cinq ans, le nombre de naissances «enregistrées» ne doit pas être très éloigné de la réalité. Sans doute pourrait-il y avoir des problèmes du côté des décès. Pour les raisons mentionnées précédemment, on pourrait être amené à supposer que le nombre de décès du groupe de langue maternelle «autre» est sous-estimé. Mais si tel était le cas, loin de nous aider à résoudre l'incohérence, cela ne ferait que l'accroître : le chiffre négatif de l'émigration internationale serait encore plus élevé ! D'une manière générale, étant donné

---

4. Renée Malo, Robert Bourbeau et Norbert Robitaille, «Estimations résiduelles de l'émigration internationale selon la langue maternelle, Québec, 1971-1976», *Cahiers québécois de démographie*, vol. 11, n° 1, 1982, pp. 19-45.

l'importance de ce chiffre négatif d'émigration internationale du groupe «autre» par rapport aux chiffres de naissances et de décès de ce groupe, il semble difficile d'attribuer à ces derniers l'essentiel de l'erreur.

Le sous-dénombrement de la population, et plus particulièrement les remarquables variations dans le taux de sous-dénombrement d'un recensement à l'autre représentent sans doute la cause principale des incohérences du tableau I.1. En effet, une erreur de 1 % dans le chiffre de population a un impact quantitatif beaucoup plus élevé (et amplement suffisant pour rendre compte des incohérences) qu'une erreur de 10 % dans les chiffres de naissances et de décès. Évidemment, si l'on corrige les chiffres de population du tableau I.1 pour le sous-dénombrement de la population, il importe également de corriger les chiffres censitaires de migration. Il est connu que le taux de sous-dénombrement des migrants est nettement plus élevé que celui de l'ensemble de la population.

Le tableau I.2 présente le résultat de ces diverses corrections pour le sous-dénombrement[5]. Il est clair que la prise en considération de ce dernier permet d'éliminer toute incohérence dans les résultats et d'arriver à des estimations beaucoup plus plausibles de l'émigration internationale. Les chiffres de migration interprovinciale et d'immigration internationale ne sont que relativement peu affectés par ces corrections. C'est surtout sur l'accroissement de population, et par conséquent sur l'émigration internationale, que l'impact des corrections pour le taux de sous-dénombrement est important.

L'accroissement total de la population du Québec se voit en effet réduit d'un tiers (de 204 000 personnes à 134 000). C'est surtout la population de langue maternelle française qui absorbe cette réduction : sa croissance est maintenant de moins de 200 000 personnes sur cinq ans, alors qu'elle était de près de 250 000 avant correction. La croissance négative de la population de langue maternelle anglaise n'est guère affectée par ces corrections : la perte se situe toujours à près de 100 000 personnes. Quant à la croissance du groupe «autre», elle se voit évidemment réduite dans la mesure où le chiffre d'émigration internationale, absurdement négatif, devient légèrement positif.

---

5. Les taux de sous-dénombrement ne sont eux-mêmes que des estimations. Statistique Canada a estimé à 2,99 % le taux de sous-dénombrement de la population du Québec en 1976 (2,79 % pour la population de langue maternelle française ; 3,05 % pour le groupe «anglais» ; 5,69 % pour le groupe «autre») ; pour 1981, le taux est de 1,92 % (respectivement 1,7 %, 2,7 % et 2,6 % pour chacun des trois groupes linguistiques). Pour la migration, nous ne disposons pour le recensement de 1981 (le seul considéré ici) que d'une estimation au niveau de l'ensemble du Canada, sans distinction linguistique : 5,35 % pour les migrants interprovinciaux, 8,53 % pour les migrants internationaux. Aussi avons-nous appliqué à ces taux de 1981 les écarts proportionnels observés en 1976 pour chaque groupe linguistique.

Tableau I.2

Bilan démolinguistique par langue maternelle, Québec, 1976-1981, après correction pour le sous-dénombrement (en milliers)[a]

	Français	Anglais	Autre	Total
Population au 1/6/1976	**5 203**	**822**	**402**	**6 428**
Naissances (+)	418	45	24	486
Décès (−)	−178	−26	−12	−216
Immigrants interprovinciaux (+)	41	31	5	76
Émigrants interprovinciaux (−)	−57	−145	−24	−225
Immigrants internationaux (+)	36	18	46	100
Émigrants internationaux (−)	−64	−19	−4	−87
Population au 3/6/1981	**5 399**	**726**	**437**	**6 561**
Accroissement naturel	240	19	11	270
Accroissement migratoire				
— interprovincial	[−16]	[−114]	[−19]	[−149]
— international	[−28]	[−1]	[42]	[12]
Total	−44	−115	23	−137
Accroissement total	**195**	**−96**	**34**	**134**

a : Voir les notes du tableau I.1.
Source: Voir les sources du tableau I.1.

Il est cependant fort probable que l'émigration internationale du groupe «autre» est encore sous-estimée. Il serait en effet peu réaliste de considérer qu'annuellement moins de 1 000 personnes de ce groupe aient quitté le Québec pour le reste du monde. Il suffirait cependant d'une très légère modification dans l'estimation du taux de sous-dénombrement de cette population, ou du taux de sous-dénombrement des migrants de ce groupe, pour obtenir un chiffre d'émigration internationale plus acceptable. Mais du moins celui que nous venons d'obtenir est-il positif. Comme par ailleurs les autres résultats obtenus apparaissent tout à fait plausibles, nous en resterons là dans nos tentatives de correction.

Des chiffres du tableau I.2, on peut déduire que si la migration n'affecte que relativement peu la croissance démographique de la population de langue maternelle française, par contre elle représente le facteur dominant de l'évolution de la population de langue maternelle anglaise ou autre. En fait, l'accroissement naturel de la population de ces deux derniers groupes se rapproche fortement de la «croissance zéro» : à peine 2 000 par an pour la population «autre», et moins de 4 000 par an pour le groupe anglais. Au total, la perte migratoire pour le Québec représente la moitié de sa croissance naturelle, la majeure part du déficit migratoire étant due au groupe anglais.

Le déficit migratoire du Québec n'est cependant pas dû seulement au départ d'un grand nombre de membres du groupe anglais vers le reste du Canada (en fait, l'émigration interprovinciale du seul groupe de langue maternelle anglaise est supérieure au déficit migratoire total — interprovincial et international — de l'ensemble du Québec), mais il résulte également de la très faible attraction migratoire qu'exerce le Québec sur les autres provinces. Entre 1976 et 1981, il y a eu au Québec moins d'immigrants en provenance du reste du Canada que d'immigrants en provenance du reste du monde, et ce dans une période où l'immigration internationale fut remarquablement réduite. Il faut cependant souligner que cela est surtout le fait du groupe de langue maternelle «autre», qui ne reçoit pratiquement aucun apport des autres provinces alors qu'il représente près de la moitié de l'immigration internationale. Au total, trois fois moins de personnes sont entrées au Québec en provenance d'une autre province qu'il n'en est sorti vers les autres provinces, alors que l'immigration internationale dépasse légèrement l'émigration internationale.

Il peut être intéressant de confronter les chiffres de migration utilisés dans ce bilan avec les estimations annuelles de la migration effectuées par Statistique Canada sur la base du fichier des allocations familiales[6]. Cette comparaison n'est possible que pour les totaux (tous groupes linguistiques réunis), mais elle permet, tout en vérifiant d'une autre façon la validité de nos chiffres, de dégager quelques informations importantes.

Statistique Canada avait estimé à 100 000 unités le nombre d'immigrations internationales. Notre estimation produit exactement le même chiffre ! Compte tenu des départs et des décès parmi ces immigrants, notre chiffre devrait en fait être légèrement inférieur à celui de Statistique Canada. Quant à notre chiffre d'émigration internationale, il est beaucoup plus élevé que celui estimé par Statistique Canada (43 000). Ceci tendrait donc à confirmer l'hypothèse souvent avancée selon laquelle Statistique Canada sous-estimerait fortement l'émigration internationale.

Le nombre d'immigrations interprovinciales au Québec, tel qu'estimé par Statistique Canada pour la période 1976-1981, est de 60 % plus élevé que le nombre d'immigrants interprovinciaux survivant en fin de période. Encore une fois, cela semble tout à fait plausible, compte tenu des départs vers le reste du monde et des décès parmi ces immigrants, et surtout, compte tenu des migrations multiples. Nous disposons en fait ici d'une possibilité

---

6. Statistique Canada, *Les migrations internationales et interprovinciales au Canada*, catalogue n° 91-208, annuel, et *Estimations annuelles postcensitaires de la population suivant l'état matrimonial, l'âge, le sexe, et composantes de l'accroissement, Canada, provinces et territoires au 1ᵉʳ juin*, catalogue n° 91-210, annuel.

d'estimer la fréquence migratoire, c'est-à-dire le nombre de migrations effectuées au cours de la période par les immigrants. Si l'estimation de Statistique Canada est plus ou moins correcte, et si l'on suppose que le nombre de décès et d'émigrants internationaux entre 1976 et 1981 parmi les immigrants interprovinciaux de cette période est relativement faible, alors il faudrait conclure que des 123 000 personnes entrées au Québec pendant cette période en provenance d'une autre province, de 40 000 à 45 000, soit un tiers, seraient retournées dans «le reste du Canada» au cours de la même période. Nous avons donc ici une indication supplémentaire du faible pouvoir d'attraction du Québec sur la population du reste du pays : non seulement, peu nombreux sont ceux qui viennent, mais des rares arrivants, un tiers repartirait aussitôt...

Le nombre d'émigrations interprovinciales obtenu par Statistique Canada pour la même période 1976-1981 est également supérieur au nombre d'émigrants interprovinciaux dérivé du recensement (280 000 au lieu de 225 000). Mais l'écart est ici beaucoup moindre que dans le cas de l'immigration interprovinciale (24 % au lieu de 62 %). Selon le même raisonnement que précédemment, on devrait donc conclure que, si beaucoup des rares immigrants interprovinciaux au Québec quittent le Québec très peu de temps après y être arrivés, par contre, rares sont ceux, parmi les nombreux émigrants vers une autre province, à revenir au Québec.

La dimension linguistique de ce phénomène n'est malheureusement pas connue. Mais, à partir de la composition linguistique des flux d'entrées (majoritairement de langue maternelle française) et de sorties (majoritairement de langue maternelle anglaise), on peut raisonnablement supposer que si les émigrants interprovinciaux n'ont guère tendance à revenir au Québec, c'est parce qu'ils retrouvent un environnement culturel qui leur est plus proche, alors que les immigrants en provenance d'une autre province, même lorsqu'ils sont de langue maternelle française, trouveraient l'environnement culturel québécois trop différent de celui auquel ils sont habitués ou qu'ils recherchent. Il est évident cependant que des facteurs économiques contribuent également à expliquer le fait que le Québec ait une plus faible capacité de retenir ses immigrants interprovinciaux. Les deux ordres de facteurs, le socio-culturel et l'économique, se renforcent probablement.

Jusqu'à présent, nous avons examiné la validité de nos données en les soumettant à un test de cohérence interne et en les confrontant à des estimations d'autres sources. Il existe une troisième manière de vérifier la plausibilité de nos chiffres, et c'est en voyant ce qu'ils impliquent en termes de comportement démographique. Pour ce faire, nous avons converti les chiffres du tableau I.2 en taux, c'est-à-dire que nous avons rapporté le nombre de naissances, de décès et de migrants à la moyenne arithmétique des populations initiale et finale concernées. Les résultats sont présentés au tableau I.3.

Comme il s'agit ici de taux bruts, en ce sens que les différences dans la structure par âge ne sont pas prises en compte, il nous faut évidemment être très prudents dans notre interprétation (les chapitres ultérieurs, spécifiquement consacrés à chacune des composantes, permettront d'aller plus en profondeur à cet égard). Mais, quelle que soit l'explication (en termes de structure par âge ou en termes de comportement), il n'en reste pas moins que le taux d'accroissement naturel de la population de langue maternelle française, entre 1976 et 1981, a été deux fois plus élevé que celui de la population de langue maternelle anglaise, l'écart étant dû essentiellement à la natalité.

Un taux d'immigration ne peut évidemment être interprété en termes de comportement, puisque la population «soumise au risque» n'est — par définition — pas celle qui a immigré. Du tableau I.3 on peut cependant déduire que le groupe de langue maternelle anglaise attire proportionnellement trois à cinq fois plus d'immigrants en provenance des autres provinces ou en provenance du reste du monde que le groupe de langue maternelle française. En outre — et cela n'est guère surprenant — c'est surtout le groupe «autre» qui, de loin, attire proportionnellement le plus d'immigrants internationaux.

En rapportant cependant, pour une langue maternelle donnée, les chiffres d'immigration interprovinciale du Québec (tableau I.2) à la population du reste du Canada de langue maternelle correspondante, on obtient une estimation de la propension des Canadiens non Québécois à émigrer vers le Québec. Pour ceux du groupe de langue maternelle anglaise, cette propension est de 0,2 % en 1976-1981, soit nettement moins que celle observée en 1966-1971 et 1971-1976[7]. Les personnes de langue maternelle française résidant au Canada ailleurs qu'au Québec ont une propension environ 30 fois plus élevée à émigrer au Québec : le taux de ce groupe s'élève aux alentours de 6 % en 1976-1981, soit à un niveau nettement supérieur à celui des périodes censitaires précédentes (il s'élevait alors à un peu plus de 4 %). Quant au groupe «autre», son taux est de 0,2 % à chacune des trois dernières périodes censitaires. On peut donc conclure que la baisse du pouvoir d'attraction migratoire du Québec depuis 1976 est due essentiellement au groupe de langue maternelle anglaise.

---

7. Ayant été obtenus en divisant le nombre de migrants par la population de fin de période, les chiffres de Lachapelle et Henripin ne sont cependant pas rigoureusement comparables aux nôtres, obtenus en rapportant le nombre de migrants à la population moyenne de la période. Voir Réjean Lachapelle et Jacques Henripin, op. cit., p. 201.

Tableau I.3

Bilan démolinguistique par langue maternelle, Québec, 1976-1981, après correction pour le sous-dénombrement (taux en %)[a]

	Français	Anglais	Autre	Total
Natalité	7,9	5,8	5,7	7,5
Mortalité	−3,4	−3,3	−2,9	−3,3
Immigration interprovinciale	0,8	4,0	·1,1	1,2
Émigration interprovinciale	−1,1	−18,7	−5,7	−3,5
Immigration internationale	0,7	2,3	11,0	1,5
Émigration internationale	−1,2	−2,4	−1,1	−1,3
Total	**3,7**	**−12,4**	**8,2**	**2,1**
Taux quinquennal d'accroissement :				
— naturel	4,6	2,3	2,8	4,2
— migratoire total	−0,9	−14,0	5,7	−2,1
— interprovincial	[−0,3]	[−13,9]	[−4,7]	[−2,3]
— international	[−0,5]	[−0,2]	[10,4]	[0,2]
Total	**3,8**	**−11,7**	**8,5**	**2,1**

a : Les taux calculés pour chacune des composantes de l'évolution démographique sont obtenus en divisant les chiffres appropriés du tableau I.2 par la moyenne arithmétique de la population de 1976 et de 1981. Les taux d'accroissement de la population sont obtenus en divisant les chiffres appropriés du tableau I.2 par la population de 1976.

Voir également les notes du tableau I.1.

Sources: Voir les sources du tableau I.1.

Qu'en est-il de la propension des Québécois à quitter leur province ? Pour les personnes de langue maternelle française, nous obtenons un taux de 1,1 %, soit un chiffre très proche de celui proposé par Lachapelle et Henripin pour les périodes censitaires précédentes (1,1 % et 0,9 %, respectivement). À côté de cette propension remarquablement constante et faible (rappelons qu'il s'agit de taux quinquennaux), on observe des taux très élevés et croissants pour les deux autres groupes linguistiques. La propension des Québécois de langue maternelle anglaise est de 19 % : en cinq ans un cinquième de cette population a quitté le Québec ; pour 1966-1971 et 1971-1976, ce taux était respectivement de 13 % et de 12 %. Quant au groupe «autre», son taux d'émigration interprovinciale, qui avait baissé de 5 % à 3 %, est remonté à 6 % au cours de la dernière période censitaire.

Les chiffres de migration internationale semblent tout aussi plausibles que ceux de migration interprovinciale. Dans le cas du groupe français, le taux d'immigration en provenance du reste du monde est légèrement plus bas (0,7 % au lieu de 0,8 %) que celui de la période censitaire précédente, tandis qu'il est légèrement plus élevé pour le groupe «autre»

(11,0 % au lieu de 9,5 %). Par contre, le taux du groupe anglais est nettement inférieur (2,3 % au lieu de 4,1 %). Étant donné que l'immigration interprovinciale de ce groupe a connu également une forte baisse, et que, d'une manière générale, l'immigration en provenance du reste du monde a considérablement fléchi entre les deux périodes censitaires, on peut conclure que la forte baisse du taux anglais n'est guère anormale.

Quant à notre estimation résiduelle de l'émigration internationale, elle permet d'obtenir des taux apparemment réalistes. Le taux d'émigration internationale des membres du groupe français est du même ordre de grandeur que celui du taux d'émigration interprovinciale, ce qui, dans le contexte géo-culturel que connaît le Québec, n'est guère surprenant. Le taux du groupe anglais est le double de celui estimé pour le groupe français, ce qui, à nouveau, semble plausible. Quant au taux du groupe «autre», il est probablement sous-évalué, comme nous l'avons déjà mentionné. Vu les petits effectifs en cause, il suffirait cependant d'une très légère erreur dans l'estimation des autres composantes démographiques pour faire monter significativement ce taux.

Une comparaison avec les taux de la période précédente afin de tester nos estimations de 1976-1981 ne peut malheureusement qu'être très limitée, la plupart des très rares tentatives effectuées pour la période 1971-1976 ayant abouti, pour le groupe anglais, à des chiffres d'émigration internationale absurdement négatifs. La seule estimation qui ne soit pas entachée de ce type d'incohérence est, à notre connaissance, celle de Malo, Bourbeau et Robitaille[8]. Ces derniers, après avoir corrigé successivement les données pour le sous-dénombrement, pour les réponses multiples à la question sur la langue maternelle, et pour les changements de déclaration de langue maternelle, obtiennent finalement des chiffres positifs d'émigration internationale pour chacun des trois groupes. Leurs estimations donnent un taux total de 1,0 %, alors que pour 1976-1981 nous obtenons 1,3 %. Pour le groupe français, leurs chiffres produisent un taux de 0,9 %, alors que nous obtenons 1,2 % pour la période suivante, soit une augmentation tout à fait plausible. Dans le cas du groupe anglais cependant, le taux serait passé de 1,2 % en 1971-1976 à 2,4 % en 1976-1981, ce qui semble beaucoup, même si l'émigration vers le reste du Canada a également très fortement augmenté. Sans doute surestimons-nous légèrement le taux anglais de 1976-1981 alors que celui de 1971-1976 pourrait avoir été sous-estimé (on peut difficilement croire que le groupe anglais avait une propension à l'émigration internationale à peine plus élevée que celle

---

8. Renée Malo, Robert Bourbeau et Norbert Robitaille, *loc. cit.*

du groupe français). Un tel passage d'une sous-estimation du taux anglais en 1971-1976 à une surestimation en 1976-1981 pourrait être lié aux doubles substitutions de langue maternelle dont il a été question plus haut, sans qu'il soit cependant possible de vérifier ni l'existence, ni l'intensité de ces doubles substitutions.

Quant au taux d'émigration internationale du groupe «autre», il aurait par contre baissé de 2,5 % à 1,1 %, ce qui paraît peu vraisemblable. Nous devons donc bien reconnaître que notre bilan sous-estime probablement l'émigration internationale du groupe de langue maternelle autre. Il s'agit cependant de toute manière de petits effectifs : un taux aussi élevé que 2,5 % impliquerait à peine 2 000 départs par an. Si l'on répartissait cette éventuelle «erreur» sur les autres composantes de l'équation (1) (mais selon quels critères ?), cela ne changerait pas grand-chose.

De tout ceci, nous pouvons donc raisonnablement conclure que, sous réserve d'une probable sous-estimation de l'émigration internationale du groupe «autre», l'ensemble de notre bilan démographique par langue maternelle est cohérent et plausible. Il reste cependant à vérifier s'il en va de même en ce qui a trait à la langue d'usage.

1.2. Le bilan démographique du Québec par langue d'usage

Dresser le bilan démographique de la période 1976-1981 pour des groupes linguistiques définis selon la langue d'usage est particulièrement téméraire. En effet, ce type de bilan inclut nécessairement la prise en compte explicite de la mobilité linguistique de la période, ce qui, en principe, n'est pas le cas lorsqu'il s'agit de la langue maternelle (quoique, comme nous venons de le mentionner, il puisse y avoir des changements dans la déclaration de la langue maternelle...). Or, il n'existe aucune mesure des changements de langue d'usage sur une période censitaire. On peut connaître la mobilité géographique pendant une telle période, grâce à la question sur le lieu de résidence cinq ans avant. Mais comme il n'y a aucune question sur la langue en usage cinq ans auparavant, il n'y a aucun moyen de connaître les transferts linguistiques dont nous avons besoin pour construire un bilan démographique par langue d'usage.

Tout ce que nous pouvons estimer, c'est le passage d'une langue maternelle donnée à la langue en usage au moment du recensement, c'est-à-dire un type particulier de mobilité linguistique (d'une langue «maternelle» vers une langue «d'usage») mesurée sur la «durée de vie» (puisque l'on ne sait pas quand a eu lieu le passage). L'analogue géographique de ce type de mobilité linguistique serait la migration sur la durée de vie, c'est-à-dire la différence entre le lieu de naissance et le lieu de résidence au moment du recensement, ce qui, comme on le sait, serait une très mauvaise mesure de la migration pour une période donnée.

L'absence de toute information directe sur la mobilité linguistique au cours de la période 1976-1981 ne nous empêche cependant pas de dresser un bilan démographique pour cette période. Revenons en effet à l'équation (1) utilisée précédemment pour estimer l'émigration internationale selon la langue maternelle. Si nous appliquons cette équation à des groupes définis selon la langue d'usage, nous obtenons cette fois, toujours par résidu, un élément composite qui est la somme de l'émigration internationale et du solde des transferts linguistiques de la période. En comparant ensuite ce résidu à celui obtenu précédemment pour la langue maternelle, nous pouvons finalement dégager, sous certaines conditions, une estimation du solde des transferts linguistiques. Il est cependant évident qu'en tant que «résidu d'un résidu», cette estimation est particulièrement hasardeuse, surtout lorsqu'on tient compte d'un autre problème majeur.

Car il y a une seconde raison qui rend périlleuse la construction d'un bilan démographique de la période 1976-1981 lorsqu'il s'agit de groupes définis selon la langue d'usage. En effet, nous ne connaissons pas les effectifs de la population initiale, la question sur la langue d'usage n'ayant pas été posée lors du recensement de 1976. Nous avons donc dû nous résoudre à utiliser des estimations. Confrontés à un problème semblable au nôtre, mais pour la période 1971-1976, Bourbeau et Robitaille[9] ont, à partir de données des recensements de 1971 et 1976, et à l'aide d'hypothèses plausibles sur l'évolution de la fécondité, de la mortalité, de la migration et des transferts linguistiques pour chaque groupe, estimé la population de 1976 selon la langue d'usage. En intégrant ces estimations dans notre bilan, nous les soumettons en fait à un test de validité. Comme on pourra le constater, les résultats montrent que ces estimations sont fort plausibles.

Mais il ne faut pas se leurrer. Nous avons pu observer, dans la section précédente, à quel point nos résultats dépendent des effectifs de la population utilisés. La moindre erreur quant à ces effectifs peut avoir un impact considérable sur le niveau du résidu estimé par l'équation (1). De plus, lorsqu'il s'agissait de groupes définis selon la langue maternelle, nous avions au moins un critère objectif de cohérence de notre bilan, dans la mesure où le chiffre d'émigration internationale estimé résiduellement devait nécessairement être positif. Dans le cas de groupes définis selon la lan-

---

gue d'usage, ce résidu peut prendre n'importe quel signe, puisqu'il comprend le solde des transferts linguistiques.

Tout ce que nous pouvons donc faire en l'occurrence, c'est apprécier de façon plus ou moins subjective le caractère vraisemblable de nos résultats. La double limitation dont il vient d'être fait état implique que dresser un bilan démographique selon la langue d'usage ne peut qu'être un exercice exploratoire. Nous ne pouvons plus considérer la construction d'un tel bilan comme un test de cohérence et de validité de nos données de base.

Il faut cependant remarquer que pour une des composantes de l'équation (1), l'estimation est plus aisée lorsqu'il s'agit de la langue d'usage que de la langue maternelle. Il s'agit des décès, qui ne sont connus que selon la langue d'usage. Pour ce qui est des naissances, le problème ne se pose pas, langue maternelle et langue d'usage des *nouveau-nés* pouvant être confondues. Enfin, en ce qui a trait aux migrations interprovinciales et à l'immigration internationale, le recensement de 1981 fournit directement l'information nécessaire.

Le tableau I.4 présente, pour chacun des groupes linguistiques définis selon la langue d'usage, les résultats de nos calculs. Ceux-ci aboutissent à un bilan démographique significativement différent de celui obtenu lorsqu'il s'agit de groupes définis selon la langue maternelle. En effet, la structure linguistique de l'accroissement de la population québécoise se trouve considérablement modifiée. Le groupe anglais subit toujours une diminution de population, mais remarquablement faible (une perte de 13 000 personnes en cinq ans) comparativement à celle qu'on observe lorsque ce groupe est défini en termes de langue maternelle (la perte est alors de 91 000). La comparaison des chiffres du tableau I.1 (bilan par langue maternelle) à ceux du tableau I.4 permet de dégager des conclusions tout à fait conformes à ce qu'on attendait : en termes de langue d'usage, le groupe anglais a connu un accroissement naturel encore plus faible que celui observé lorsqu'il s'agit de la langue maternelle, alors que la perte par migration interprovinciale est encore plus élevée. Mais ce sont surtout les transferts linguistiques qui font la différence.

L'émigration internationale du groupe de langue maternelle anglaise était en effet estimée à 17 000 personnes. Lorsqu'il s'agit du groupe de langue d'usage anglaise, le résidu «émigration internationale plus solde des transferts linguistiques (pertes moins gains)» est de −70 000. L'on peut assez raisonnablement supposer qu'une grande partie de la différence entre ces deux chiffres représente le gain net des transferts linguistiques vers le groupe anglais.

Tableau I.4
**Bilan démolinguistique par langue d'usage, Québec,
1976-1981 (en milliers)**

	Français	Anglais	Autre	Total
Population au 1/6/1976	**5 112**	**843**	**279**	**6 234**
Naissances (+)	418	45	24	486
Décès (−)	−178	−29	−8	−216
Immigrants interprovinciaux (+)	36	33	2	72
Émigrants interprovinciaux (−)	−42	−161	−11	−213
Immigrants internationaux (+)	33	20	37	91
Émigrants internationaux (plus solde des transferts linguistiques) (−)	−69	− (−70)	−16	−15
Population au 3/6/1981	**5 311**	**820**	**307**	**6 438**
Accroissement naturel	239	15	16	270
Accroissement migratoire :				
— interprovincial	[−5]	[−128]	[−8]	[−141]
— international (plus solde des transferts linguistiques)	[−35]	[90]	[21]	[− 75]
Total	**−41**	**−38**	**13**	**66**
Accroissement total	**199**	**−23**	**28**	**204**

Note : Les chiffres relatifs à l'émigration internationale incluent également le solde des transferts linguistiques.

Sources : Les chiffres de population sont obtenus à partir de : Robert Bourbeau et Norbert Robitaille, *loc. cit.* ; Statistique Canada, *Recensement de 1981, Langue maternelle, langue officielle et langue parlée à la maison*, catalogue 92-901 ; Marc Tremblay, *op. cit.*, pp. 24-29.
Voir également les notes et sources du tableau I.1.

Si le bilan du groupe de langue d'usage anglaise est donc nettement moins défavorable que celui du groupe de langue maternelle anglaise, corrélativement les deux autres groupes linguistiques connaissent le phénomène inverse. L'augmentation de la population de langue d'usage française ou autre est nettement moins importante que celle de langue maternelle correspondante, la différence étant due pour l'essentiel aux pertes résultant des transferts linguistiques.

Même si ces résultats ne sont guère surprenants, il ne faut cependant pas oublier qu'ils sont basés sur des chiffres non corrigés pour le sous-dénombrement. Or, dans la section précédente nous avons pu observer à quel point la cohérence et la plausibilité des résultats pouvaient être affectées par ce sous-dénombrement. Nous avons donc construit un second bilan, qui, cette fois, en tenait compte. En l'absence d'informations adéquates, nous avons supposé que le taux de sous-dénombrement pour chacun des groupes définis selon la langue d'usage était le même que celui estimé pour les groupes correspondants définis selon la langue maternelle. Le tableau I.5 présente les résultats de ces nouveaux calculs.

Tableau I.5
Bilan démolinguistique par langue d'usage, Québec, 1976-1981, après correction pour le sous-dénombrement (en milliers)[a]

	Français	Anglais	Autre	Total
Population au 1/6/1976	**5 261**	**870**	**296**	**6 428**
Naissances (+)	418	45	24	486
Décès (−)	−178	−29	−8	−216
Immigrants interprovinciaux (+)	39	35	2	76
Émigrants interprovinciaux (−)	−45	−169	−11	−225
Immigrants internationaux (+)	37	21	41	100
Émigrants internationaux (plus solde des transferts linguistiques) (−)	−129	− (171)	−29	−87
Population au 3/6/1981	**5 403**	**843**	**315**	**6 561**
Accroissement naturel	239	15	16	270
Accroissement migratoire — interprovincial	[−6]	[−134]	[−9]	[−149]
— international (plus solde des transferts linguistiques)	[−92]	[− 92]	[13]	[12]
Total	**−98**	**−42**	**4**	**−137**
Accroissement total	**141**	**−27**	**19**	**134**

a : Voir la note au bas du tableau I.4 et les notes du tableau I.1.
Sources: Voir les sources du tableau I.4.

Ce bilan corrigé confirme pour l'essentiel les résultats obtenus précédemment, tout en accentuant certains aspects. Ainsi, on peut observer que la croissance de la population dont la langue d'usage est le français se trouve considérablement réduite. En termes de langue maternelle, le groupe français a connu un accroissement de près de 250 000 personnes (tableau I.1), ceci avant correction. Le fait de considérer la langue d'usage avait déjà réduit cette croissance à moins de 200 000 personnes, toujours avant correction. Mais une fois que l'on tient compte du sous-dénombrement, cette croissance se trouve ramenée à environ 140 000 personnes.

À nouveau, c'est du côté des transferts linguistiques que se trouve apparemment l'explication de cette faible croissance. Que l'on considère la langue maternelle ou la langue d'usage, que l'on tienne compte ou non du sous-dénombrement, les chiffres d'accroissement naturel, d'accroissement migratoire interprovincial, et d'immigration internationale, ne s'en trouvent guère affectés, du moins en valeur absolue. Par contre, le «résidu» représentant tantôt l'émigration internationale (lorsqu'il s'agit de la langue maternelle), tantôt la somme de l'émigration internationale et du solde des transferts linguistiques (lorsqu'il s'agit de la langue d'usage), varie de façon très significative. La question est de savoir comment interpréter cette variation.

La relative insensibilité des composantes autres que le résidu nous permet de conclure sans trop de risques d'erreur que les chiffres de naissances et de décès, de migration interprovinciale et d'immigration internationale constituent sans doute des ordres de grandeur proches de la réalité. Si maintenant l'on suppose — et évidemment l'hypothèse est cruciale — que les chiffres de la population recensée (estimée lorsqu'il s'agit de la langue d'usage en 1976) sont fiables, et que les estimations des taux de sous- dénombrement le sont tout autant, alors on peut dégager de nos résultats une estimation — indubitablement très approximative — du solde des transferts linguistiques de la période.

Avant correction pour le sous-dénombrement, la différence entre l'émigration internationale selon la langue d'usage (donc y compris le solde des transferts linguistiques) et celle selon la langue maternelle est de 60 000 unités pour le groupe français. Après correction, cette différence est de 65 000 unités. À partir du raisonnement qui précède, on devrait en conclure que le groupe français a perdu environ 65 000 membres par mobilité linguistique entre 1976 et 1981. Sans doute y a-t-il une certaine interaction entre la mobilité linguistique et la migration, dans la mesure où cette dernière peut entraîner un transfert linguistique au cours de la période de migration. Mais sous cette réserve, sans doute mineure, notre chiffre d'environ 65 000 «transferts nets» au détriment du groupe français apparaît comme la conclusion logique du système de comptabilité démographique présenté ici.

Appliqué au groupe «autre», le même raisonnement nous amènerait à conclure que ce groupe aurait subi une perte nette d'environ 25 000 unités au cours de la période 1976-1981, suite aux transferts linguistiques. Corrélativement, le groupe anglais aurait reçu un apport net d'environ 90 000 unités grâce à la mobilité linguistique durant cette même période.

Sans doute ces chiffres ne peuvent représenter — au mieux — que des ordres de grandeur. Du moins ont-ils le mérite d'aller, pour chacun des groupes concernés, dans le sens attendu. Si l'on veut cependant évaluer la plausibilité du niveau de mobilité linguistique ainsi estimé, ainsi que des autres composantes de la croissance démographique, il nous faut passer des valeurs absolues du tableau I.5 à des taux. Ces derniers sont présentés dans le tableau I.6.

Lorsque l'on compare ces taux par langue d'usage aux taux obtenus précédemment par langue maternelle (voir tableau I.3), on observe que pour les groupes français et anglais, les différences ne sont significatives que lorsqu'il s'agit des chiffres totaux, et donc du résidu représentant l'émigration internationale et, le cas échéant, le solde des transferts linguistiques. Par contre, dans le cas du groupe «autre», la plupart des composantes du bilan sont très sensiblement modifiées par le passage de la langue maternelle à la langue d'usage. Dans tous les cas, cependant, les différences vont dans le sens attendu.

Tableau I.6
Bilan démolinguistique par langue d'usage, Québec, 1976-1981, après correction pour le sous-dénombrement (taux en %)

	Français	**Anglais**	**Autre**	**Total**
Natalité	7,8	5,2	7,8	7,5
Mortalité	−3,3	−3,4	−2,7	−3,3
Immigration interprovinciale	0,7	4,1	0,8	1,2
Émigration interprovinciale	−0,8	−19,7	−3,8	−3,5
Immigration internationale	0,7	2,5	13,6	1,5
Émigration internationale (plus solde des transferts linguistiques)	−2,4	−(−8,2)	−9,4	−1,3
Total	**2,6**	**−3,1**	**6,3**	**2,1**
Taux quinquennal d'accroissement :				
— naturel	4,5	1,8	5,3	4,2
— migratoire total	−1,9	−4,8	1,3	−2,1
— interprovincial	[−0,1]	[−15,4]	[−3,0]	[−2,3]
— international plus solde des transferts linguistiques	[−1,8]	[10,6]	[4,3]	[0,2]
Total	**2,7**	**−3,1**	**6,5**	**2,1**

a : Voir les notes au bas des tableaux I.1, I.3 et I.4.
Sources: Voir les sources du tableau I.4.

Ainsi, il semble tout à fait normal qu'en termes de langue d'usage, les taux d'immigration et surtout d'émigration interprovinciales du groupe français soient moins élevés, et que par contre, les pertes dues à la mobilité linguistique, jointe à l'émigration internationale, donnent un résidu plus élevé. Au total, le taux d'accroissement de ce groupe se voit, essentiellement à cause de ces transferts linguistiques, réduit de près d'un tiers; ce taux est toujours significativement supérieur à la moyenne (2,7 % au lieu de 2,1 %), mais il l'est beaucoup moins qu'en termes de langue maternelle, alors qu'il était presque deux fois plus élevé que la moyenne.

En ce qui concerne le groupe anglais, on observe que le taux de natalité est plus faible et le taux d'émigration interprovinciale plus élevé lorsque ce groupe est défini en termes de langue d'usage plutôt que de langue maternelle. À nouveau, cela n'est guère surprenant. En effet, le groupe de langue maternelle anglaise comprend des personnes qui ont adopté comme langue d'usage («parlée à la maison») le français ou une langue autre. On peut s'attendre à ce que le comportement de fécondité de ces personnes se rapproche de celui de ces deux derniers groupes qui, comme nous le verrons plus loin (section 3.2), ont un niveau de fécondité significativement plus élevé que le groupe anglais. La fécondité du groupe de langue maternelle anglaise est donc normalement plus élevée que celle du groupe dont l'anglais est la langue d'usage. Ceci, joint au fait que le groupe des anglophones comprend nombre de personnes du tiers groupe ayant effectué un transfert linguistique — tiers groupe dont la structure par âge est nettement plus vieille que celle du groupe anglais (section 2.2) — entraîne nécessairement une baisse du taux de natalité lorsqu'on passe du groupe de langue maternelle anglaise au groupe des anglophones. De même, puisque pendant la période 1976-1981 l'émigration interprovinciale du groupe anglais fut fortement déterminée par des facteurs «politico-linguistiques» perçus comme défavorables à la langue anglaise, il est normal que ceux qui parlent l'anglais aient été plus prompts à quitter le Québec que ceux dont l'anglais n'est que la langue maternelle, éventuellement remplacée comme langue d'usage par une autre langue.

Mais c'est surtout le résidu, donc la prise en compte des transferts linguistiques, qui affecte le bilan de ce groupe. Ce résidu est maintenant très supérieur à zéro, impliquant un solde des transferts linguistiques particulièrement favorable. Grâce à l'attirance pour l'anglais du groupe «autre» (ce que nous ne manquerons pas d'analyser ultérieurement), le déclin démographique du groupe anglais se trouve considérablement réduit : alors que la baisse de l'effectif de la population de langue maternelle anglaise est de près de 12 %, cette baisse n'est plus que de 3 % lorsque ce groupe est défini en termes de langue d'usage.

La prise en considération de la langue d'usage affecte significativement les taux du groupe «autre». On observe en effet un taux de natalité
nettement plus élevé, en même temps que des taux d'émigration et d'immigration interprovinciales notablement plus faibles, ce qui est tout à fait
conforme à ce à quoi l'on s'attendait. Le taux d'immigration internationale est plus élevé, mais cela est plus que compensé par les pertes dues
à l'émigration internationale et surtout par celles résultant des transferts
linguistiques. Le résultat final est un taux d'accroissement total considérablement réduit par rapport à celui qu'on obtient lorsque ce groupe est
défini en termes de langue maternelle, quoique encore trois fois plus élevé
que le taux moyen.

Si l'on suppose que les divers taux du tableau I.6 représentent des ordres
de grandeur valables, on peut en dégager une estimation du taux de transferts linguistiques nets pour la période 1976-1981. Il suffit pour cela de
soustraire les taux d'émigration internationale estimés par langue maternelle (tableau I.3) des chiffres correspondants du tableau I.6, en faisant
l'hypothèse que les taux d'émigration internationale par langue maternelle
ne s'écartent pas trop des taux par langue d'usage. On obtient ainsi des
taux quinquennaux de transferts nets d'environ −1 % pour le groupe français, −8 % pour le groupe «autre», et +10 % pour le groupe anglais.

De tels chiffres sont pour le moins surprenants, surtout pour le groupe
anglais. On pourrait peut-être encore accepter ceux des groupes français
et «autre». En effet, selon le recensement de 1981, le taux de transferts
nets sur l'ensemble de la durée de vie (donc incluant ceux ayant eu lieu
avant la période 1976-1981) se situerait aux alentours de zéro pour le groupe
français et de − 40 % pour le groupe «autre» (voir chapitre IV). On pourrait donc considérer que la différence entre zéro et −1 %, pour le groupe
français, n'est pas significative (si elle l'était, il faudrait en conclure que
ce groupe a perdu entre 1976 et 1981, par transferts linguistiques, ce qu'il
avait gagné auparavant). On pourrait également accepter qu'un cinquième
des pertes du groupe «autre» serait concentré dans la seule période
1976-1981.

Mais pour le groupe anglais, la comparaison entre le taux sur la durée
de vie (+ 13 % selon le recensement de 1981) et celui de 1976-1981 estimé
résiduellement à partir de nos bilans (environ + 10 %) semblerait indiquer que l'essentiel des gains dus à la mobilité linguistique aurait été réalisé au cours de la dernière période censitaire, ce qui paraît peu probable,
étant donné le contexte socio-culturel au Québec pendant cette période.
À cet égard, il faut cependant tenir compte d'une possible relation entre
mobilité linguistique et émigration, qui ferait en sorte que nombre de personnes ayant effectué un transfert vers l'anglais avant 1976 auraient quitté

le Québec au cours de la période 1976-1981. À défaut de pouvoir estimer l'importance d'un tel phénomène, nous sommes bien obligés de conclure qu'apparemment le taux de + 10 % du groupe anglais pour 1976-1981 est surestimé, ce qui implique que les taux des groupes français et «autre» devraient être relevés.

Il est donc évident que notre bilan démographique des groupes définis selon la langue d'usage est sujet à caution. Sans doute pour la plupart des composantes de ce bilan avons-nous pu obtenir des ordres de grandeur plausibles. Mais pour ce qui est de notre tentative d'estimation de la mobilité linguistique de la période, il nous faut conclure par un constat d'échec, du moins quant au niveau des gains réalisés par le groupe anglais.

1.3. Conclusions préliminaires

Deux préoccupations majeures justifiaient que ce rapport commence par un bilan. Il importait en effet de soumettre dès le départ les données statistiques sur lesquelles s'appuie l'essentiel de notre recherche à un test de cohérence et de validité. Ce faisant, nous pouvions en même temps obtenir une vue d'ensemble de la dynamique linguistique du Québec pendant la période 1976-1981.

L'analyse de nos bilans démolinguistiques, qu'il s'agisse de la langue maternelle ou de la langue d'usage, permet de conclure que, dans l'ensemble, les données utilisées sont cohérentes et aboutissent à des résultats plausibles. La seule restriction touche la possibilité d'obtenir résiduellement, à partir de ces bilans, une estimation du solde des transferts linguistiques pour une période donnée. En effet, si pour chaque groupe linguistique, le solde estimé de ces transferts a le signe attendu, il semble que le niveau de ces soldes puisse être sérieusement sujet à caution.

Cependant, pour en arriver à la cohérence entre chacune des composantes du bilan, il nous a fallu corriger les données censitaires pour tenir compte du sous-dénombrement. La première chose que nous devons donc faire au terme de ce bilan est de déterminer si notre étude doit être conduite sur la base des données censitaires telles que publiées ou obtenues par compilation spéciale, ou sur la base de données corrigées pour le sous-dénombrement.

Idéalement, une telle correction serait évidemment souhaitable. En pratique cependant, corriger les données pour le sous-dénombrement n'est guère indiqué, ni même utile. En effet, les taux de sous-dénombrement dont nous disposons sont eux-mêmes des estimations, et ils portent sur des agrégats très larges (l'ensemble de la population québécoise d'un groupe linguistique, l'ensemble des migrants interprovinciaux du Canada, l'ensemble des immigrants internationaux du Canada). De telles estimations sont sans doute suffisantes pour dresser un bilan tel que celui présenté ici. Mais elles ne sont certainement pas appropriées pour le type d'analyse que nous avons entrepris. Une telle analyse implique en effet une désagrégation par âge, sexe, région et groupe linguistique. Nous ne disposons pas d'estimations du taux de sous-dénombrement de la population et des migrants à ce niveau de désagrégation, et les hypothèses que nous pourrions utiliser pour arriver à de telles estimations risqueraient d'introduire plus d'erreurs qu'elles n'en corrigeraient.

Une deuxième raison justifie notre décision de ne pas apporter de corrections pour le sous-dénombrement. Elle concerne la comparabilité de nos résultats avec ceux obtenus dans d'autres études. En corrigeant pour le sous-dénombrement, toute comparaison avec les résultats obtenus pour des périodes antérieures à celle analysée ici aurait été compromise.

Il y a encore une troisième raison qui nous a conduits à renoncer à toute correction pour le sous-dénombrement, et elle concerne l'utilité même de l'opération. Il suffit en effet de calculer des taux à partir des chiffres non corrigés des tableaux I.1 et I.4 ci-dessus, et de les comparer aux taux obtenus après correction (tableaux I.3 et I.6) pour se rendre compte que, sauf pour le résidu (c'est-à-dire l'émigration internationale, comprenant éventuellement le solde des transferts linguistiques), il n'y a guère de différences. Celles-ci — lorsqu'elles existent — n'affectent que la troisième décimale (elles sont de l'ordre de un ou deux pour mille). Ce faible impact est bien sûr dû à une neutralisation partielle des erreurs, le sous-dénombrement affectant dans la plupart des cas dans le même sens à la fois le numérateur et le dénominateur.

Tout comme Tremblay et Bourbeau[10], nous avons donc conclu à l'inanité de toute correction pour le sous-dénombrement. L'important est que les données utilisées permettent d'obtenir des taux qui reflètent correctement le comportement réel de la population, ce qui semble bien être le cas.

Le second objectif de ce bilan était d'obtenir une vue d'ensemble de l'évolution démographique des divers groupes linguistiques. Trop souvent encore, chacune des composantes de l'évolution démographique d'une population est analysée (et projetée) indépendamment des autres. La construction d'un bilan démographique pour chaque groupe linguistique nous a permis d'évaluer la contribution respective de chaque composante à l'évolution démographique.

---

10. Marc Tremblay et Robert Bourbeau, «La mortalité et la fécondité selon le groupe linguistique au Québec, 1976 et 1981», *Cahiers québécois de démographie*, vol. 14, n° 1, 1985, pp. 7-29.

Nous avons ainsi pu observer que l'accroissement naturel domine l'évolution démographique du groupe français, alors qu'en ce qui concerne le groupe anglais, cet accroissement naturel joue un rôle très marginal. L'évolution de ce dernier groupe est déterminée essentiellement par la migration interprovinciale, à laquelle il faut ajouter la mobilité linguistique lorsque ce groupe est défini en termes de langue d'usage. L'évolution démographique du groupe «autre», quant à elle, est dominée par la migration internationale, à laquelle il faut ajouter l'accroissement naturel et les transferts linguistiques lorsqu'il s'agit de la langue d'usage. Le rôle respectif de chaque composante varie donc selon le groupe linguistique, et selon qu'il s'agit de la langue maternelle ou de la langue d'usage. Mais, au niveau de l'analyse, nous devrons bien sûr accorder la même importance à chacune de ces composantes.

Il ne faut cependant pas oublier que ce type de bilan repose sur l'hypothèse d'additivité des composantes, hypothèse qui n'est évidemment pas respectée, puisque ces composantes sont interdépendantes (par exemple, une partie des naissances et des décès est due à la migration). Nous tenterons ultérieurement (section V.4) d'analyser certaines de ces interactions.

Au total, malgré ses limites, qui ne sont certes pas négligeables, ce bilan aura permis de faire un premier tour d'horizon de l'évolution démolinguistique du Québec entre 1976 et 1981, et des problèmes que l'analyse de cette évolution peut poser. Nous aurons amplement l'occasion, au cours des chapitres spécifiquement consacrés à chacune des composantes de cette évolution, d'analyser plus en profondeur le comportement démolinguistique de la population du Québec et de ses régions. Auparavant, il importe cependant de situer l'évolution entre 1976 et 1981 esquissée ci-dessus, dans une perspective temporelle de longue durée, tout en introduisant la dimension régionale. C'est à cette mise en perspective qu'est consacré le prochain chapitre.

CHAPITRE II

Les groupes linguistiques au Québec et dans les régions de 1951 à 1981

Avant d'analyser l'évolution proprement dite des groupes linguistiques en fonction des divers phénomènes qui les affectent, il importe de bien cerner la situation qui est la leur aujourd'hui et les modifications qu'elle a connues récemment. C'est l'objet du présent chapitre où l'on s'attache d'abord à décrire la répartition des différents groupes sur le territoire québécois depuis 1951, pour ensuite mettre en évidence leurs caractéristiques démographiques et socio-économiques. L'évolution récente du bilinguisme y est analysée dans une dernière partie.

2.1. Composition selon la langue maternelle et la langue d'usage

2.1.1. Langue maternelle

De 1951 à 1981, la répartition de la population du Québec selon la langue maternelle a subi quelques modifications qui affectent surtout le tiers groupe et le groupe anglais. La part relative du premier, faible par rapport à l'ensemble, passe de 3,7 % à 6,6 %, à la suite surtout de la période d'immigration internationale intense qui a marqué les années cinquante (tableau II.1). Quant au groupe anglais, la proportion qu'il représente dans l'ensemble de la population québécoise n'a cessé de diminuer depuis 1951 et ses effectifs connaissent même une chute absolue d'environ 90 000 personnes, passant de 12,8 % à 11,0 % entre 1976 et 1981. Le groupe français, représentant toujours un peu plus des quatre cinquièmes de la population du Québec, a connu de 1951 à 1971 une légère baisse de sa part dans la population totale, mais en fin de période sa part est remontée au niveau observé en 1951[1]. En 1981, le groupe français compte un peu plus de 5,3 millions de personnes, tandis que le groupe anglais et le tiers groupe en comptent respectivement 700 000 et 425 000.

---

1. Remarquons ici que si nous avions tenu compte du sous-dénombrement cela n'aurait guère affecté la part de chaque groupe. En fait, tant pour 1976 que pour 1981, le pourcentage du groupe anglais reste le même. Le pourcentage du groupe français baisse de 0,2 point de pourcentage pour l'année 1976, et de 0,1 % pour 1981. Corrélativement, le pourcentage du groupe autre augmente de même.

Tableau II.1
Population selon la langue maternelle, Québec, 1951 à 1981

Année	Langue maternelle			Total
	Français	Anglais	Autres	
1951	3 347 030	558 256	150 395	4 055 681
	82,5 %	13,8 %	3,7 %	100,0 %
1961	4 269 689	697 402	292 120	5 259 211
	81,2 %	13,3 %	5,5 %	100,0 %
1971	4 867 250	789 185	371 330	6 027 765
	80,7 %	13,1 %	6,2 %	100,0 %
1976	5 058 260	796 665	379 505	6 234 430
	81,1 %	12,8 %	6,1 %	100,0 %
1981	5 307 015	706 110	425 280	6 438 405
	82,4 %	11,0 %	6,6 %	100,0 %

Source : Statistique Canada, Recensements du Canada de 1951, 1961, 1971, 1976 et 1981.

La répartition de ces divers groupes varie sensiblement d'une région à l'autre (tableau II.2). Majoritaire dans chacune des régions tout au long de la période[2], le groupe français est proportionnellement le moins nombreux dans Montréal-Îles, où se concentre en effet la majorité du groupe anglais (60 % de ce groupe en 1981) et surtout du tiers groupe (79 % de ce groupe en 1981). À l'opposé, près de 95 % des personnes vivant dans les régions de l'Intérieur, de la Gaspésie et du Nord sont de langue maternelle française. Dans cette dernière région, la présence de personnes de langue amérindienne et inuit explique la part plus importante du groupe «autre». Le reste du tiers groupe, surtout formé d'immigrants récents et de leurs descendants, vit principalement à Montréal et dans ses environs. Quant au groupe anglais, à l'extérieur de Montréal-Îles, on le retrouve surtout dans trois régions : le reste de la région métropolitaine de recensement de Montréal, et deux régions qui voisinent d'une part l'Ontario et d'autre part les États-Unis, soit l'Outaouais et les Cantons de l'Est. Après Montréal-Îles, c'est l'Outaouais qui en compte la plus forte proportion en 1981 (17,4 %).

2. Réjean Lachapelle et Jacques Henripin, *La situation démolinguistique au Canada, évolution passée et prospective*, Montréal, L'Institut de recherches politiques, 1980, xxxii-391 p., pp. 351-355.

Tableau II.2

**Composition de la population selon la langue maternelle,
Québec et régions, 1981**

Région	Effectifs	Répartition selon la langue maternelle (en %)		
		Français	Anglais	Autre
Outaouais	242 165	80,0	17,4	2,6
Ensemble de la région de Montréal[a]	3 208 950	71,2	7,0	11,8
— Montréal-Îles	2 002 605	62,5	20,7	16,8
— Région métropolitaine de recensement	2 957 560	69,8	17,5	12,7
Cantons de l'Est	335 275	85,9	12,8	1,3
Intérieur	1 622 120	97,3	2,0	0,7
Gaspésie	345 275	95,5	4,1	0,4
Nord	615 280	93,3	3,1	3,6
Ensemble du Québec[b]	**6 369 070**	**82,4**	**10,9**	**6,7**

a : Les deux régions qui suivent constituent deux sous-ensembles particuliers de la vaste région «Ensemble de Montréal». On notera que celle de Montréal-Îles est aussi comprise dans la région métropolitaine de recensement.

b : Ne comprend pas la population vivant en «institution» (près de 70 000 personnes).

Source : Statistique Canada, compilations spéciales du recensement de 1981.

Cette répartition des groupes linguistiques sur le territoire québécois est le résultat de la dynamique démographique propre à chacune des régions. Entre 1951 et 1981, la population du Québec est passée de 4,1 millions à 6,4 millions, soit une augmentation de 59 % en 30 ans. Cette croissance s'est répartie inégalement dans l'espace et dans le temps. Particulièrement importante entre 1951 et 1961 dans toute la région de Montréal (Îles et périphérie), dans le Nord du Québec, ainsi que dans l'Outaouais, l'augmentation des effectifs ralentit par la suite, mais demeure importante autour de Montréal et dans l'Outaouais jusqu'en 1976. De 1971 à 1981, la région Montréal-Îles enregistre une légère baisse de ses effectifs, tout comme la Gaspésie entre 1961 et 1976. Les graphiques II.1.A, II.1.B et II.1.C montrent comment ces divers mouvements affectent la structure linguistique régionale.

Graphique II.1
**Part (en %) de la population de langue maternelle française,
Québec et régions, 1951-1981**

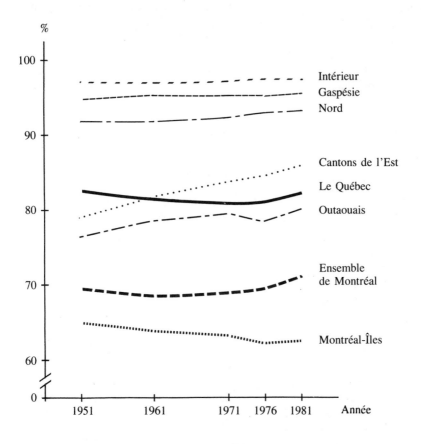

Sources: Tableau II.1 et II.2, et Lachapelle et Henripin, *op. cit.*, pp. 352-355.

Graphique II.2
**Part (en %) de la population de langue maternelle anglaise,
Québec et régions, 1951-1981**

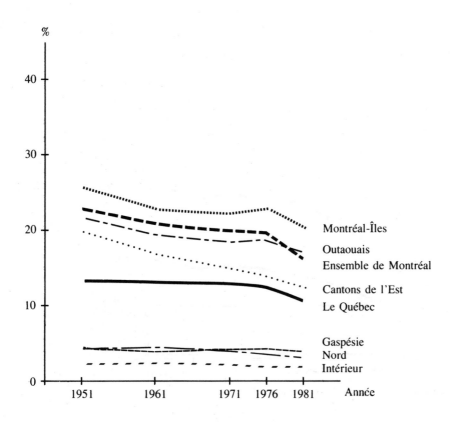

Sources: Voir les sources du graphique II.1.

Graphique II.3
**Part (en %) de la population de langue maternelle «autre»,
Québec et régions, 1951-1981**

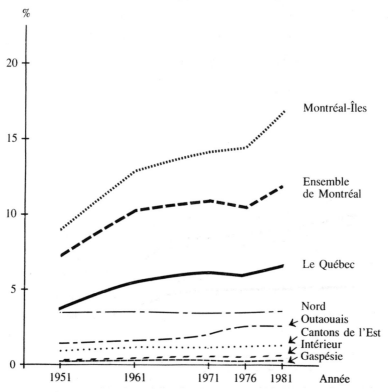

Sources: Voir les sources du graphique II.1.

Dans la région Montréal-Îles, les groupes français et anglais connaissent une certaine baisse de leur part relative, à l'avantage évidemment du tiers groupe. Cette baisse est plus accentuée pour le groupe anglais, dont les effectifs absolus diminuent même de 1976 à 1981. L'augmentation du tiers groupe est particulièrement importante de 1951 à 1961, puis de 1976 à 1981. Si celle-ci peut en partie être attribuée à la diminution relative du groupe anglais entre ces deux dates, la première relève sans aucun doute de l'importante immigration internationale des années cinquante, qui se concentra largement à Montréal.

L'importante augmentation des effectifs dans le reste de la région de Montréal s'est, quant à elle, accompagnée d'une augmentation de la présence du tiers groupe, tandis que le groupe français conservait globalement en 1981 la même place qu'en 1951. La part du groupe anglais, après s'être maintenue jusqu'en 1976, est plus faible en 1981, suite à la baisse généralisée des effectifs de ce groupe.

L'ensemble de la région de Montréal regroupe donc en 1981 près de 90 % de la population du tiers groupe et 80 % du groupe anglais. Ces chiffres étaient respectivement de 85 % et 74 % en 1951. La concentration accrue de ces deux groupes dans la région montréalaise rejoint aussi celle du groupe français dont 44 % vit maintenant dans la grande région de Montréal comparativement à 37 % en 1951. En d'autres termes, chacun des trois groupes linguistiques voit ses effectifs se concentrer de plus en plus dans la grande région montréalaise.

La croissance importante de la région outaouaise a davantage été le fait du groupe français, et, plus récemment, du groupe autre. Comme dans Montréal-Îles et dans les Cantons de l'Est, la diminution de la part du groupe anglais paraît, ici également, amorcée depuis plusieurs décennies. Elle est cependant plus nette encore dans la région des Cantons de l'Est : de 20 % de la population qu'il représentait en 1951, le groupe anglais ne compte plus que pour 13 % de la population de cette région en 1981. Le groupe français a presque exclusivement profité de cette évolution.

Enfin, la répartition linguistique dans les régions de l'Intérieur, de la Gaspésie et du Nord a subi peu de modifications outre 1951 à 1981, alors que, à l'exception de la région Nord, ces régions connaissent une très faible croissance. Le groupe français y domine toujours très largement.

Dans l'ensemble, retenons donc les éléments suivants, qui ont caractérisé depuis 1951 la situation et l'évolution des groupes linguistiques au Québec et dans ses régions : répartition inégale des divers groupes dans l'espace québécois, avec une concentration importante (et croissante) des groupes anglais et «autre» dans la région de Montréal, alors que le reste du Québec est largement français ; augmentation de la part du tiers groupe ; diminution relative, dans chacune des régions, des effectifs de langue maternelle anglaise depuis 1951, et diminution absolue entre 1976 et 1981, ce qui accentue la chute de leur part relative dans toutes les régions où ils sont significativement présents.

2.1.2. Langue d'usage

La composition de la population québécoise selon la langue d'usage, c'est-à-dire la langue parlée à la maison, est connue seulement pour les années 1971 et 1981. Comme le démontre le tableau II.3, cette composition diffère peu de la composition selon la langue maternelle que nous venons de présenter. La part relative du groupe français est identique dans les deux cas. Chez les anglophones et les allophones, on note cependant des écarts plus appréciables. En effet, plus de gens parlent l'anglais à la maison qu'il n'y en a de langue maternelle anglaise (en 1981, 12,7 % comparativement à 10,9 %), tandis que le contraire vaut pour le tiers groupe[3]. Cette situation, valable pour la plupart des régions, traduit de façon générale l'attraction plus grande de l'anglais auprès des personnes du tiers groupe et l'abandon de leur langue maternelle. En effet, alors que 425 000 personnes se déclarent d'une langue maternelle autre que le français ou l'anglais en 1981 au Québec, seulement 300 000 disent la parler encore à la maison.

Entre 1971 et 1981, la part des francophones a augmenté au détriment de celle des anglophones, alors que celle des allophones, elle, a légèrement augmenté, et ce, dans toutes les régions. Dans chaque région, la répartition de la population selon la langue d'usage suit de très près la répartition selon la langue maternelle et évolue entre 1971 et 1981 comme dans l'ensemble du Québec. Deux exceptions méritent cependant d'être soulignées. Dans la région Montréal-Îles, la part des francophones a diminué entre 1971 et 1981 alors que celle des anglophones diminuait moins qu'ailleurs, et dans la région de l'Outaouais, les francophones sont proportionnellement un peu moins nombreux que le groupe de langue maternelle française (79,2 % contre 80,0 %). Quoique légères, ces différences n'en traduisent pas moins le caractère plus fragile de la situation linguistique du groupe français dans la région adjacente à l'Ontario ainsi qu'à Montréal. Dans Montréal-Îles cependant, cette évolution pourrait aussi être le résultat de la perte d'effectifs au profit du reste de la région métropolitaine, où les gains de la population francophone sont les plus importants et les pertes de la population anglophone les plus élevées.

Après ce premier portrait d'ensemble de l'évolution récente des groupes linguistiques, examinons maintenant certaines caractéristiques qui en affectent le potentiel de renouvellement. L'analyse se limitera ici aux groupes

---

3. Tout comme pour la langue maternelle, la prise en compte du sous-dénombrement n'affecte guère la part de chaque groupe. Pour 1981, le pourcentage du groupe français baisse de 0,2 point de pourcentage et celui du groupe anglais augmente de la même manière ; le pourcentage du groupe «autre» n'est pas influencé par le sous-dénombrement.

Tableau II.3
Composition de la population selon la langue d'usage, Québec et régions, 1971 et 1981

Région		Effectifs	Français	Anglais	Autre
			Répartition selon la langue d'usage (en %)		
Outaouais	1971	217 040	77,9	21,0	1,1
	1981	242 165	79,2	19,2	1,6
Ensemble de la	1971	3 080 930	68,8	23,3	7,9
région de Montréal	1981	3 208 950	71,5	20,2	8,3
— Montréal-Îles[a]	1971	2 187 155	63,3	26,2	10,5
	1981	2 002 605	62,8	25,1	12,1
Cantons de l'Est	1971	311 770	83,7	15,7	0,6
	1981	335 275	85,8	13,4	0,8
Intérieur	1971	1 494 785	97,4	2,3	0,3
	1981	1 622 120	97,5	2,0	0,5
Gaspésie	1971	348 995	95,3	4,4	0,3
	1981	345 275	95,5	4,2	0,3
Nord	1971	574 245	92,4	4,7	2,9
	1981	615 280	93,2	3,5	3,3
Ensemble du	**1971**	**6 027 765**	**80,8**	**14,7**	**4,5**
Québec[b]	**1981**	**6 369 070**	**82,5**	**12,7**	**4,8**

a : Cette région constitue un sous-ensemble particulier de la vaste région «Ensemble de Montréal».
b : Ne comprend pas la population en «institution».
Sources : Lachapelle et Henripin, *op. cit.*, p. 343, et Statistique Canada, compilations spéciales du recensement de 1981.

linguistiques définis selon la langue maternelle, puisque l'étude ultérieure de la mobilité linguistique permettra de cerner plus adéquatement les modalités de passage d'une langue maternelle donnée à une langue d'usage différente.

2.2. Répartition selon l'âge et le sexe de la population des divers groupes linguistiques

Il est maintenant bien connu que la population du Québec est une population qui vieillit rapidement, suite à l'importante baisse de fécondité amorcée depuis le début des années soixante. Les enfants occupent de moins en moins de place dans la structure de la population et les personnes âgées en prennent de plus en plus. Mais la situation varie d'un groupe linguistique à l'autre, parce que la structure initiale de chaque groupe n'étant pas la même, la baisse de la fécondité n'a pas affecté également tous les groupes, et aussi parce que d'autres phénomènes, tels que les mouvements migratoires et les transferts linguistiques, sont intervenus.

À un niveau très général d'abord, les pyramides des âges qui ont été tracées pour 1981 pour les populations de langue maternelle française, anglaise et «autre» (graphiques II.4, II.5 et II.6) fournissent un portrait global de cette situation. La population de langue maternelle française paraît nettement la plus jeune, bien que la base étroite de la pyramide indique un vieillissement déjà bien amorcé. Suit la population du groupe anglais, dont les effectifs relativement faibles entre 40 et 50 ans, tant chez les hommes que chez les femmes, suggèrent que ces groupes d'âge ont davantage contribué à la baisse des effectifs de 1976 à 1981.

Vient enfin la population du tiers groupe, dont la structure par âge est évidemment tributaire des mouvements de l'immigration internationale et est également affectée par le jeu des transferts linguistiques entre générations. Ainsi, pour cette population, les catégories d'âge de 15 à 55 ans forment une sorte de bloc uni tant chez les femmes que chez les hommes. Une autre caractéristique spécifique est le surplus d'hommes qu'on y observe jusqu'à 60 ans, alors que dans les groupes français et anglais, les femmes dominent dès l'âge de 20 à 25 ans, et de plus en plus avec l'âge. Ce trait paraît également dû à l'immigration internationale, qui fut davantage celle des hommes que des femmes et des familles. Quant au surplus de femmes à partir de 20 ans, particulièrement important au sommet de la pyramide chez les groupes français et anglais, il est maintenant devenu caractéristique des populations occidentales et résulte essentiellement de la surmortalité masculine. De cette structure par âge variable d'un groupe linguistique à l'autre, il ressort que le groupe français représente une plus forte proportion des jeunes Québécois et Québécoises, et qu'à mesure qu'on avance en âge, la population est de plus en plus hétérogène, linguistiquement parlant. C'est également ce qui se dégageait d'une étude menée à partir du recensement de 1971, qui faisait ressortir la jeunesse de la population française par rapport aux deux autres groupes[4].

---

4. Louis Duchesne, «Aperçu de la situation des langues au Québec et à Montréal en 1971», *Cahiers québécois de démographie*, vol. 6, n° 1, 1977, pp. 55-77.

Graphique II.4

Pyramide des âges de la population de langue maternelle française, Québec, 1981[a] (effectifs pour 10 000 de population par sexe)

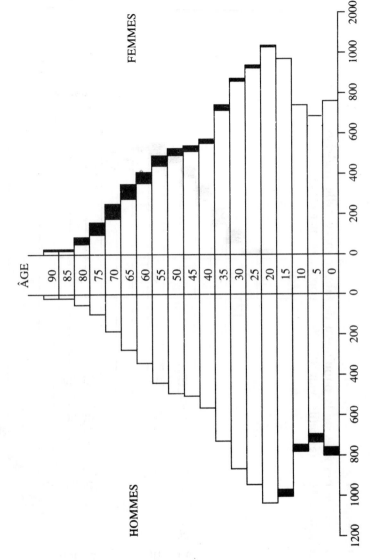

a : Les surplus d'effectifs, masculins ou féminins, ont été représentés en noir pour chaque groupe d'âge.

Source : Calculs faits à partir du recensement du Canada de 1981.

Graphique II.5

**Pyramide des âges de la population de langue maternelle anglaise,
Québec, 1981[a]** (effectifs pour 10 000 de population par sexe)

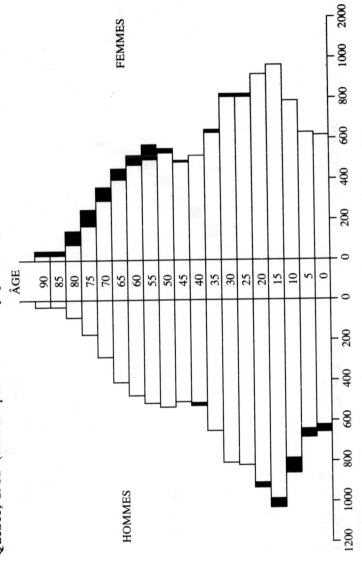

a : Les surplus d'effectifs, masculins ou féminins, ont été représentés en noir pour chaque groupe d'âge.

Source : Calculs faits à partir du recensement du Canada de 1981.

Graphique II.6

Pyramide des âges de la population de langue maternelle «autre», Québec, 1981[a] (effectifs pour 10 000 de population par sexe)

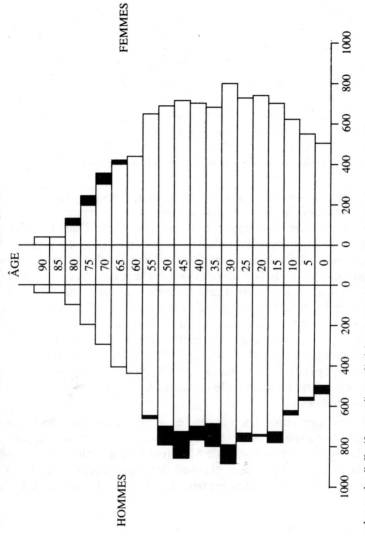

a : Les surplus d'effectifs, masculins ou féminins, ont été représentés en noir pour chaque groupe d'âge.

Source : Calculs faits à partir du recensement du Canada de 1981.

L'indice de vieillissement fournit une autre mesure de l'âge d'une population. Il consiste simplement dans le rapport de la population des 65 ans et plus à celle des 0-19 ans[5]. La valeur de cet indice, qui vient confirmer les observations générales faites à partir des pyramides des âges, a augmenté de façon importante entre 1971 et 1981, et ce dans des proportions comparables pour chacun des groupes linguistiques (tableau II.4). Cela est dû, pour les groupes français et anglais, au plus petit nombre de jeunes en 1981 et, pour le groupe «autre», à la fois à cet élément et à l'augmentation du nombre des 65 ans et plus. Ainsi, en 1981, pour une personne de plus de 65 ans il y en avait quatre âgées de moins de 20 ans dans le groupe français, trois dans le groupe anglais, et deux seulement dans le groupe «autre».

La situation n'est pas la même dans toutes les régions et diffère pour les hommes et les femmes pris séparément. Les femmes étant de plus en plus nombreuses par rapport aux hommes à mesure que l'on s'élève dans la pyramide des âges, leur indice de vieillissement en est évidemment affecté à la hausse, dans toutes les régions et pour tous les groupes linguistiques (sauf pour celui de langue «autre» dans la région Nord, où dominent les Amérindiens et les Inuit). Cette différence est accentuée dans Montréal-Îles, où se concentre une population plus âgée. C'est d'ailleurs globalement la région la plus «vieille» du Québec, à la fois pour cette dernière raison, et à cause d'une plus faible proportion d'enfants (la fécondité y étant moins élevée qu'ailleurs au Québec). Du côté anglais, c'est cependant la population des Cantons de l'Est qui est la plus âgée. Cette population est même la plus vieille de toutes les régions et pour toutes les langues étudiées[6].

Les populations les plus jeunes se retrouvent pour leur part dans la région Nord (où les personnes âgées sont peu nombreuses), dans le reste de la région métropolitaine de Montréal et dans l'Outaouais. L'ordre des groupes linguistiques dans chacune des régions rejoint celui de l'ensemble du Québec, sauf dans les trois régions de l'Intérieur, de la Gaspésie

---

5. Les indices obtenus pour 1971 et 1981 ne sont pas exactement comparables, les premiers ayant été obtenus à partir des seules données de l'échantillon à 20 %, qui excluent les pensionnaires d'institution. Cette situation a pour effet de sous-estimer légèrement les indices de 1981, surtout ceux des femmes, puisque la population âgée est davantage touchée par le phénomène. Ainsi, pour l'ensemble des langues et dans tout le Québec en 1981, les indices devraient être de 33,9 pour les femmes et de 22,9 pour les hommes plutôt que 31,0 et 21,6. Une telle correction n'est cependant pas possible pour chacune des langues et des régions, sans une hypothèse généralisatrice qui fausserait aussi les résultats.

6. Gary Caldwell, *L'avenir économique de la population anglophone des Cantons de l'Est*, Sherbrooke, Association des anglophones de l'Estrie, 1984, 96 p.

Tableau II.4
**Indice de vieillissement[a] selon la langue maternelle et le sexe,
Québec (1971 et 1981) et régions (1981)**

Région et sexe	Langue maternelle			
	Français	Anglais	Autre	Total
Outaouais				
Total	17,3	27,4	31,7[c]	19,3
— Femmes	19,5	29,9	32,9[c]	21,6
— Hommes	15,2	25,1	27,7[c]	17,2
Ensemble de la région de Montréal[b]				
Total	24,8	35,9	51,5	29,1
— Femmes	30,9	43,8	57,4	35,8
— Hommes	18,8	28,1	45,7	23,0
Montréal-Îles				
Total	34,3	38,6	52,6	38,0
— Femmes	44,2	48,4	58,7	47,3
— Hommes	24,6	29,4	46,8	29,0
Région métropolitaine de recensement				
Total	25,0	34,8	50,9	29,4
— Femmes	31,2	43,2	57,1	36,1
— Hommes	18,7	27,1	45,5	23,1
Cantons de l'Est				
Total	23,1	63,0	80,8[c]	28,0
— Femmes	26,6	73,8	77,1[c]	32,1
— Hommes	19,8	53,4	88,2[c]	24,1
Intérieur				
Total	26,6	54,0	28,9	27,0
— Femmes	31,4	58,1	29,9	31,9
— Hommes	21,9	50,1	28,1	22,4
Gaspésie				
Total	24,8	40,7	28,8[c]	25,4
— Femmes	26,3	43,1	35,7[c]	26,9
— Hommes	23,4	39,5	22,6[c]	24,0
Nord				
Total	14,0	17,0	11,1	13,9
— Femmes	15,0	16,6	9,5	14,7
— Hommes	13,1	17,1	13,0	13,2

Tableau II.4 (suite)
**Indice de vieillissement[a] selon la langue maternelle et le sexe,
Québec (1971 et 1981) et régions (1981)**

Région et sexe	Langue maternelle			
	Français	Anglais	Autre	Total
Ensemble du Québec — 1981				
Total	23,6	36,9	46,3	26,2
— Femmes	28,1	44,2	51,1	31,0
— Hommes	19,3	30,0	41,7	21,6
Ensemble du Québec — 1971				
Total	15,6	24,4	27,8	17,0
— Femmes	17,8	29,4	28,9	19,8
— Hommes	13,3	19,7	26,5	14,6

a : L'indice de vieillissement est le rapport des effectifs de 65 ans et plus à ceux de 0-19 ans.
b : Voir note a du tableau 2.2.
c : Calculés à partir de petits nombres qui peuvent fausser les résultats.
Sources : Statistique Canada, Recensements du Canada de 1971, et compilations spéciales du recensement de 1981.

et du Nord, où le groupe anglais est plus vieux que le tiers groupe. Il faut se rappeler que ce dernier est dans ces régions en partie formé d'Amérindiens et d'Inuit, dont la dynamique interne de renouvellement se distingue des autres sous-ensembles du tiers groupe.

Si l'on considère plutôt la proportion des 20-64 ans dans les diverses régions, le groupe «autre» ressort systématiquement avec les chiffres les plus élevés, suivi du groupe français, un peu au-dessus de l'anglais. Cette proportion est intéressante parce qu'elle rend approximativement compte de la part potentielle des actifs dans la population de chaque groupe[7]. Les chiffres les plus élevés sont ceux de Montréal-Îles, qui constitue vraisemblablement un pôle d'attraction privilégié pour les personnes d'âge actif.

---

7. Marc Termote, «Une mesure de l'impact économique de l'immigration internationale : le cas du Québec, 1951-1974», *Canadian Studies in Population*, n° 5, 1978, pp. 55-68.

—

2.3. Quelques caractéristiques socio-économiques des groupes linguistiques en 1981

Un portrait, même rudimentaire, des différents groupes linguistiques ne saurait être complet sans l'examen de certaines caractéristiques socio-économiques. Nous en examinons ici quelques-unes qui seront reprises dans l'étude des migrations et de la mobilité linguistique : ce sont le lieu de naissance, le niveau de scolarité et la catégorie de revenu.

2.3.1. Lieu de naissance

Le tiers groupe se distingue évidemment le plus quant à la variable lieu de naissance, puisque 70 % de ses membres sont nés à l'extérieur du Canada, les autres étant presque tous Québécois de naissance (tableau II.5). Le groupe anglais suit avec 32 % de personnes nées ailleurs qu'au Québec, dont la moitié dans le reste du Canada, tandis que le groupe français est de loin le plus homogène à cet égard, avec 95 % de ses membres nés au Québec[8].

De façon générale, les personnes non québécoises de naissance se concentrent davantage dans la région métropolitaine ; dans le cas du tiers groupe cependant, cette concentration tient aussi à la part que représentent les Amérindiens et les Inuit (tous Québécois de naissance) qui eux, résident ailleurs au Québec. Par ailleurs, une très forte proportion du groupe anglais de l'Outaouais est née ailleurs au Canada (44 %) : il s'agit là d'un trait caractéristique de la situation régionale. Une autre situation régionale particulière est la grande hétérogénéité de la région métropolitaine de Montréal : avec 20 % de sa population née ailleurs qu'au Québec, comparativement à 5 % seulement dans l'ensemble des autres régions, cette dernière région est de loin la moins homogène de toutes.

Plus de la moitié de la population du tiers groupe née à l'étranger et résidant au Québec en 1981 est arrivée au Canada avant 1966 (55 %). Le reste des arrivées se répartit également entre les trois périodes quinquennales suivantes : 15 % entre 1966 et 1970, 15 % entre 1971 et 1976 et autant entre 1976 et 1981 (au jour du recensement).

---

8. Au recensement de 1981, les personnes déclarant être nées à l'étranger ne sont pas toutes des personnes ayant immigré au Canada, un certain nombre étant malgré ce fait canadiennes de naissance. Elles représentent respectivement 0,4 %, 1,8 % et 2,6 % des personnes nées à l'extérieur du Canada parmi le tiers groupe et les groupes anglais et français, respectivement.

Tableau II.5

**Composition de la population selon la langue maternelle
et le lieu de naissance, Québec, 1981**

Langue maternelle	Effectif total	Répartition (en %) selon le lieu de naissance		
		Québec	Ailleurs au Canada	À l'extérieur du Canada
Français	5 248 445	95	2	3
Anglais	694 915	68	16	16
Autre	425 710	29	1	70
Total	**6 369 070**	**87**	**4**	**9**

Source : Statistique Canada, compilations spéciales du recensement de 1981.

2.3.2. Niveau de scolarité

Dans l'ensemble du Québec, c'est le groupe anglais qui est nettement le plus scolarisé, avec le quart de ses effectifs ayant fréquenté l'université, comparativement à 19 % pour le tiers groupe et 12 % pour le groupe français (tableau II.6). La proportion de personnes n'ayant complété qu'un cours primaire est évidemment en relation inverse avec la précédente. Le groupe «autre» constitue cependant une exception à cet égard, probablement parce que beaucoup de ses membres sont venus de pays moins développés et sont vraisemblablement d'origine modeste. Ainsi l'hétérogénéité du tiers groupe ressort une fois de plus, avec à la fois une forte proportion de personnes peu scolarisées et une proportion moyenne de personnes très scolarisées, signe d'une immigration internationale elle aussi hétérogène à cet égard.

La situation chez les 25-44 ans, groupe plus jeune et plus homogène, indique à nouveau le plus haut niveau de scolarisation du groupe anglais, toujours suivi du groupe «autre», puis du groupe français. Si les écarts entre les divers groupes demeurent chez les plus jeunes, le degré de scolarisation, lui, est plus élevé, suite aux transformations importantes qu'a connues le système d'éducation québécois. On sait que les femmes sont en général, aujourd'hui encore, moins instruites que les hommes : cette situation, valable également pour les 25-44 ans, vaut pour tous les groupes linguistiques, bien que l'écart relatif observé soit un peu moins grand chez le groupe anglais (35 % plus d'hommes que de femmes du groupe anglais ont fréquenté l'université, comparativement à 48 % pour les deux autres groupes).

Tableau II.6
Proportion de la population ayant fréquenté l'école primaire seulement et proportion ayant fréquenté l'université, selon la langue maternelle, ensemble de la population et personnes âgées de 25 à 44 ans, Québec, 1981

Âge et niveau de scolarité	Proportion (en %) selon la langue maternelle			
	Français	Anglais	Autre	Total
Tous âges				
— Primaire seulement	29	18	41	28
— Universitaire	12	24	19	14
25-44 ans				
— Primaire seulement	19	10	32	19
— Universitaire	17	37	28	20

Source : Statistique Canada, compilations spéciales du recensement de 1981.

Au niveau régional, la région Montréal-Îles connaît les plus fortes proportions de personnes ayant fréquenté l'université, tandis qu'à l'opposé, c'est dans la région de l'Intérieur, en Gaspésie, et dans le Nord que ces proportions sont les plus faibles, de même que dans les Cantons de l'Est. La région outaouaise se distingue quant à elle par des différences relativement faibles entre les groupes linguistiques en ce qui concerne les proportions de personnes ayant fréquenté l'université.

2.3.3. Revenu

La situation désavantageuse pour le groupe français et pour le groupe «autre» au chapitre de l'éducation se reflète également dans la répartition selon le revenu, comme l'ont déjà montré plusieurs études, notamment Boulet[9], et Lacroix et Vaillancourt[10]. Sans doute l'analyse de cette variable n'est pas aisée, parce qu'il s'agit d'une variable complexe (il y a différents types de revenus) et difficile à cerner de façon précise. On doit

9. Jac-André Boulet, *La langue et le revenu du travail à Montréal*, Ottawa, Conseil économique du Canada, 1980, 135 p.

10. Robert Lacroix et François Vaillancourt, *Les revenus et la langue au Québec (1970-1978)*, rapport présenté au Conseil de la langue française, Montréal, Université de Montréal, Centre de recherche en développement économique, 1981, xvi - 238 p.

cependant constater (tableau II.7) que, par exemple chez les individus âgés de 25 à 44 ans, il y a une nette surreprésentation des membres du groupe anglais dans la catégorie de revenus de 30 000 $ et plus : 10,3 % comparativement à 6,5 % et 6,3 % pour les groupes français et «autre», respectivement (il s'agit ici du revenu total, incluant toutes les formes de revenus). Dans les deux derniers groupes, la différence tient à la proportion plus grande des catégories de revenu les plus faibles. Dans l'ensemble, c'est à Montréal que les revenus sont les plus élevés pour tous les groupes, mais les écarts entre les groupes linguistiques y sont toujours présents, comme dans les autres régions d'ailleurs. C'est dans l'Outaouais que le groupe français paraît le moins défavorisé par rapport au groupe anglais.

Tableau II.7
Répartition de la population âgée de 25 à 44 ans selon la catégorie de revenus et la langue maternelle, Québec, 1981

Langue maternelle	Répartition (en %) selon la catégorie de revenu					Total
	Aucun revenu	Moins de 10 000 $	10 000 $ à 20 000 $	20 000 $ à 30 000 $	30 000 $ et plus	
Français	15,2	29,2	31,4	17,7	6,5	100,0
Anglais	12,8	28,2	31,1	17,6	10,3	100,0
Autre	14,4	33,0	31,7	14,6	6,3	100,0
Total	**14,9**	**29,4**	**31,4**	**17,5**	**6,8**	**100,0**

Source : Statistique Canada, compilations spéciales du recensement de 1981.

2.4. Le bilinguisme au Québec et dans les régions, de 1951 à 1981

2.4.1. Situation générale

La propension d'un individu à effectuer un transfert linguistique relève en partie de sa capacité à parler la nouvelle langue, à moins que celle-ci ne soit induite par la nécessité du transfert. Puisque la plupart des transferts s'effectuent, soit vers l'anglais, soit vers le français, il est important de connaître le nombre de personnes qui, au Québec, peuvent entretenir une conversation dans l'une ou l'autre, ou dans ces deux langues. Nous appellerons désormais «bilingues» les personnes capables de converser dans les deux langues, bien qu'il s'agisse là d'une définition réduite du terme, limitée aux seules langues française et anglaise.

En 1981, un peu plus de neuf personnes sur dix s'estimaient capables d'entretenir une conversation en français, tandis que trois sur dix, soit le tiers des précédentes, estimaient pouvoir le faire en français et en anglais (tableau II.8). Dans les deux cas, cela représente une augmentation par rapport à 1971, cependant due pour l'essentiel à l'accroissement du pourcentage de bilingues.

Depuis 1961, d'ailleurs, la proportion des bilingues n'a cessé d'augmenter dans la population québécoise, au détriment surtout des unilingues anglais, mais aussi des unilingues français. À cet égard, il faut cependant rappeler que le recensement de 1971 crée une certaine discontinuité historique dans la série des recensements, à cause de l'introduction cette année-là du processus d'autodénombrement. Celui-ci peut particulièrement affecter la qualité des informations recueillies pour une telle variable, qui repose sur l'appréciation de sa propre capacité de soutenir une conversation en français ou en anglais.

Quant à la légère augmentation de l'unilinguisme anglais entre 1951 et 1961, elle dépend en bonne partie de l'arrivée massive d'immigrants internationaux, qui «se sont hâtés d'apprendre l'anglais»[11]. Leur comportement varie d'ailleurs suivant la durée de résidence.

Tableau II.8
Population selon la connaissance du français et de l'anglais, Québec, 1951 à 1981

Année	Connaissance du français et de l'anglais				
	Français et anglais	Français seulement	Anglais seulement	Ni français ni anglais	Total
1951	1 038 130	2 534 242	462 813	20 496	4 055 681
	25,6 %	62,5 %	11,4 %	0,5 %	100 %
1961	1 338 878	3 254 850	608 635	56 848	5 259 211
	25,4 %	61,9 %	11,6 %	1,1 %	100 %
1971	1 663 775	3 667 990	632 525	63 440	6 027 730
	27,6 %	60,8 %	10,5 %	1,1 %	100 %
1981	2 065 105	3 826 605	426 240	51 120	6 369 070
	32,4 %	60,1 %	6,7 %	0,8 %	100 %

Source : Statistique Canada, Recensements du Canada de 1951, 1961, 1971 et 1981.

11. Hubert Charbonneau et Robert Maheu, *Les aspects démographiques de la question linguistique*, Québec, Éditeur officiel, Rapport de la Commission d'enquête sur la situation de la langue française et sur les droits linguistiques au Québec, Synthèse S 3, 1973, 440 p., pp. 25-26.

Il y a toujours une très faible proportion de personnes qui ne peuvent entretenir de conversation ni en français, ni en anglais (0,8 % en 1981). Ces quelque 50 000 personnes se concentrent surtout dans la région de Montréal-Îles (75 %) : 61 % d'entre elles sont des femmes, comparativement à 49 % dans l'ensemble du tiers groupe, et beaucoup sont des enfants ou des personnes âgées. Il ne s'agit pas seulement de personnes récemment arrivées au Québec, puisque 21 % seulement de celles âgées de 15 ans ou plus en 1981 résidaient à l'extérieur du Canada en 1976. Ces personnes ne travaillant pour la plupart probablement pas à l'extérieur de leur logement ont moins besoin de connaître le français ou l'anglais dans leurs rapports quotidiens. Une telle situation témoigne néanmoins de leur isolement dans la société québécoise, particulièrement dans une région comme celle de Montréal, même si leur communauté d'origine peut constituer un important milieu de référence.

Comme on pouvait s'y attendre, c'est dans l'Outaouais et dans la région de Montréal-Îles que la proportion de bilingues atteint un sommet (près de 50 %), tandis qu'elle est la plus faible dans les trois régions de la Gaspésie, du Nord et de l'Intérieur (tableau II.9). La part des personnes connaissant au moins le français montre moins de variations régionales et suit une distribution inverse de la précédente, qui dépend évidemment de la composition linguistique régionale : moins une région est bilingue, plus la proportion de personnes connaissant au moins le français est importante, en conséquence de la présence des unilingues français. L'augmentation du bilinguisme qui caractérise le Québec depuis 1961 vaut aussi pour les régions, et ce de façon plus accentuée pour les deux régions les plus bilingues, soit l'Outaouais et Montréal-Îles (graphique II.7). C'est là que la proportion des unilingues anglais diminue le plus, de même que dans les Cantons de l'Est (graphique II.9). Mais cette proportion baisse partout, tandis que celle des unilingues français a montré une tendance à augmenter dans les Cantons de l'Est et dans l'ensemble de Montréal (graphique II.8).

2.4.2. Variations du bilinguisme selon la langue maternelle, l'âge et le sexe

La situation générale décrite plus haut dépend largement de la composition linguistique, puisque le bilinguisme varie d'un groupe linguistique à l'autre : au Québec, le groupe anglais s'estime en général le plus bilingue, suivi du groupe «autre», puis du groupe français[12]. Dans les régions, la proportion de bilingues de langue maternelle française augmente très vite dès que s'y trouve un certain pourcentage d'anglais; celle des bilingues de langue maternelle anglaise atteint des niveaux élevés uniquement lorsque la population est presque totalement française (tableau II.10). L'Outaouais et Montréal-Îles[13] constituent deux exemples de la première situation, tandis que l'Intérieur surtout illustre bien la seconde.

Tableau II.9

Proportion (en %) de personnes bilingues et de personnes connaissant au moins le français, Québec et régions, 1981

	Proportion de bilingues	Proportion de personnes connaissant au moins le français
Outaouais	51,4	89,1
Ensemble de Montréal	43,1	87,7
— Montréal-Îles[a]	47,3	84,1
— Région métropolitaine[a] de recensement	44,0	87,2
Cantons de l'Est	33,1	93,4
Intérieur	18,8	99,6
Gaspésie	12,6	97,6
Nord	15,9	96,6
Ensemble du Québec	**32,4**	**92,5**

a : Ces deux régions constituent deux sous-ensembles particuliers de la vaste région «Ensemble de Montréal». On notera que celle de Montréal-Îles est aussi comprise dans la région métropolitaine de recensement.

Source : Statistique Canada, compilations spéciales du recensement de 1981.

---

12. Louis Duchesne, «Analyse descriptive du bilinguisme au Québec selon la langue maternelle en 1951, 1961 et 1971», *Cahiers québécois de démographie*, vol. 6, n° 3, 1977, pp. 36-65; Réjean Lachapelle et Jacques Henripin, *op. cit.*, p. 139.

13. Pour une comparaison entre francophones et anglophones des 22 municipalités de l'ouest de l'île de Montréal, voir Michel Paillé, *Contribution à la démolinguistique du Québec*, Québec, Conseil de la langue française, «Notes et documents», n° 48, 1985, pp. 119-130.

Graphique II.7
**Évolution de la proportion de bilingues (connaissance du français
et de l'anglais), Québec et régions, 1951 à 1981**

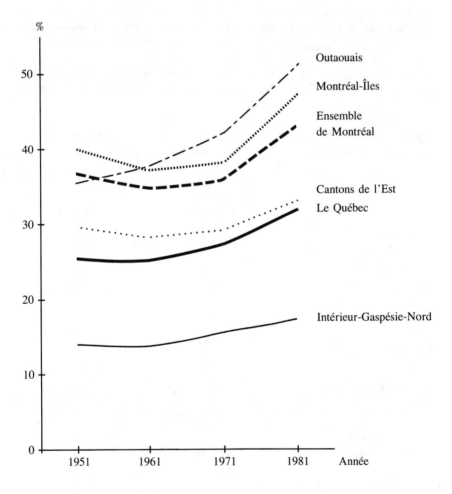

Sources : Lachapelle et Henripin, *op. cit.,* pp. 358-360, et Statistique Canada, compilations spéciales du recensement de 1981.

Graphique II.8
Évolution de la proportion d'unilingues français, Québec et régions, 1951 à 1981

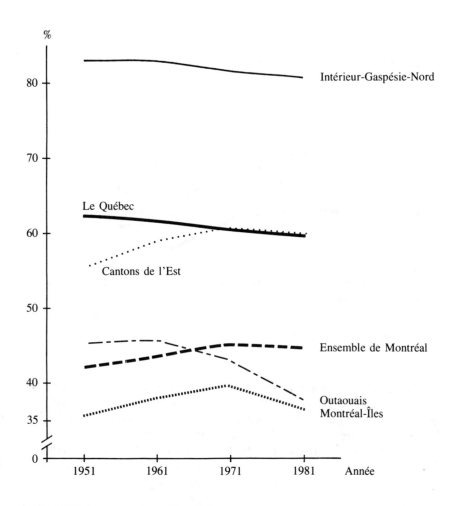

Sources : Voir les sources du graphique II.7.

Graphique II.9
Évolution de la proportion d'unilingues anglais, Québec et régions, 1951 à 1981

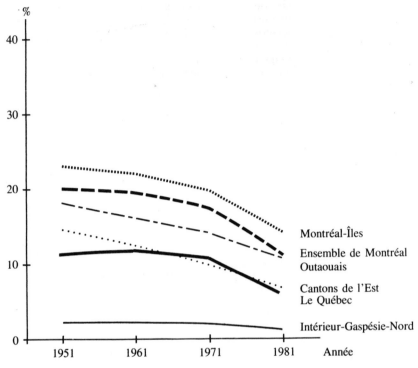

Sources : Voir les sources du graphique II.7.

Systématisant cette relation entre bilinguisme et composition linguistique, Lachapelle et Henripin[14] l'ont approfondie en faisant appel aux concepts de bilinguisme international, de bilinguisme de proximité, et de bilinguisme d'inégalité sociale. Ils trouvent ainsi que le groupe français, même en l'absence du groupe anglais, manifeste toujours une propension au bilinguisme qu'ils nomment international. Avec la présence du groupe anglais, se développent d'un côté un bilinguisme de proximité dont l'importance croît sans cesse dans l'ensemble du phénomène, de l'autre un bilinguisme d'inégalité, favorisé par les avantages économiques et sociaux qu'on associe à l'anglais. Les Cantons de l'Est, l'Outaouais et Montréal-Îles sont les régions où ce dernier type de bilinguisme est le plus manifeste, mais son importance diminue avec l'augmentation du bilinguisme de proximité.

---

14. Réjean Lachapelle et Jacques Henripin, *op. cit.*, pp. 138-147.

L'Outaouais est la seule région où les personnes du groupe français sont les plus bilingues des trois groupes linguistiques. La situation observée en 1981 confirme les principales conclusions obtenues pour 1971.

Tableau II.10
Proportion (en %) de bilingues selon la langue maternelle, Québec (1971 et 1981) et régions (1981)

Région	Langue maternelle		
	Français	Anglais	Autre
Outaouais	53,5	42,9	42,4
Ensemble de Montréal	40,1	53,2	46,7
— Montréal-Îles[a]	45,5	52,4	47,3
— Région métropolitaine[a] de recensement	40,8	53,2	46,8
Cantons de l'Est	30,3	50,2	49,9
Intérieur	17,4	78,9	38,8
Gaspésie	11,3	42,5	21,8
Nord	14,8	55,8	12,0
Ensemble du Québec — 1981	**28,7**	**53,4**	**44,6**
Ensemble du Québec — 1971	**25,7**	**36,7**	**33,2**

a : Ces deux régions constituent deux sous-ensembles particuliers de la vaste région «Ensemble de Montréal». On notera que celle de Montréal-Îles est aussi comprise dans la région métropolitaine de recensement.

Sources : Statistique Canada, compilations spéciales du recensement de 1981; Louis Duchesne, *loc. cit.*, p. 43, pour les données de 1971.

Quant au groupe anglais, il ne connaît pas le bilinguisme de type iné-galitaire, et peu le bilinguisme international. Comme on le constate aussi en 1981, le bilinguisme du groupe anglais se manifeste beaucoup moins rapidement par rapport à son importance relative dans les diverses régions, ce qui constitue évidemment l'envers de la situation décrite pour le groupe français.

Parmi le tiers groupe, une proportion de près de 45 % connaît le fran-çais et l'anglais dans la plupart des régions, les exceptions majeures étant le Nord et la Gaspésie, où les proportions sont beaucoup plus faibles. (On sait que dans ces deux dernières régions, la population «autre» est en bonne partie formée d'Amérindiens et d'Inuit, dont les caractéristiques diffèrent passablement du reste du tiers groupe.) Pour l'ensemble du Québec, 26 % des personnes du groupe de langue maternelle «autre» ne connaissent que l'anglais, et seulement 18 % ne connaissent que le français.

Au total, en 1981, 63 % de la population du groupe «autre» s'estime capable d'entretenir une conversation en français, comparativement à 55 % du groupe anglais. En 1971, ces chiffres étaient respectivement de 47 % et de 37 %[15]. L'importante augmentation intervenue pour ces deux groupes entre les deux dates découle principalement de l'augmentation du degré de bilinguisme : elle mérite cependant un examen plus approfondi avant de pouvoir être interprétée comme une augmentation de l'importance du français pour ces groupes. Dans les deux cas, on peut se demander en particulier si les mouvements migratoires qui ont contribué à l'évolution des effectifs n'ont pas, par leur caractère différentiel, modifié de façon sensible les degrés de bilinguisme.

Au sein du tiers groupe, on remarque effectivement certaines modifications dans la connaissance du français et de l'anglais qu'ont les immigrants admis récemment au Québec. Comme le souligne Baillargeon, «les entrées internationales de la période 1976-1981 étaient composées de personnes connaissant relativement plus le français que l'anglais alors que la situation était plutôt inverse parmi les entrées de la période 1966-1971»[16].

Ces changements expliquent vraisemblablement une partie de l'évolution observée. Les nouveaux arrivants connaissent davantage le français, mais l'anglais continue, surtout en ce qui concerne la langue de travail, à être une langue importante : il est donc normal de constater une augmentation de la proportion des bilingues. En 1981, dans l'ensemble du groupe «autre» les personnes ne connaissant que l'anglais sont encore de 50 % plus nombreuses que celles ne connaissant que le français. Leur importance a toutefois beaucoup diminué depuis 1971, année où leur nombre dépassait même légèrement celui des bilingues[17].

Si le groupe «autre» est donc apparemment devenu plus bilingue par immigration, par contre, le groupe anglais pourrait, quant à lui, être devenu plus bilingue par émigration. En effet, l'augmentation du bilinguisme de ce groupe pourrait ne pas résulter d'une plus grande propension des individus à être bilingues, mais plutôt, du moins en partie, d'une propension à l'émigration relativement plus élevée de la part de personnes unilingues anglaises. Ceci semble cependant infirmé par les faits. En effet, 61 % des

---

15. Louis Duchesne, *loc. cit.*, p. 43.

16. Mireille Baillargeon, «L'évolution et les caractéristiques linguistiques des échanges migratoires interprovinciaux et internationaux du Québec depuis 1971», dans : *L'état de la langue française au Québec. Bilan et prospective*, Québec, Conseil de la langue française, 1986, tome 1, p. 78.

17. Louis Duchesne, *loc. cit.*, p. 42.

personnes de langue maternelle anglaise ayant quitté le Québec entre 1976 et 1981 et résidant au Canada en 1981 ne connaissaient pas le français[18]. Or, comme le montre le tableau II.10, cette proportion correspond à peu près à celle des unilingues anglais observée en 1971 pour l'ensemble du Québec : il ne semble donc pas que la sélection ait joué dans le sens de notre hypothèse. Les changements dans les contextes linguistiques et politiques québécois auraient donc plutôt conduit ceux du groupe anglais qui n'émigraient pas à apprendre le français en plus grand nombre, ou du moins à déclarer le connaître davantage...

La proportion de personnes bilingues varie également selon l'âge, les plus hauts niveaux de bilinguisme étant généralement atteints chez les adultes d'âge actif[19]. C'est effectivement ce qu'on observe en 1981 pour les groupes français et anglais, le groupe «autre» présentant une évolution un peu différente (graphique II.10). Bien que généralement semblable et reproduisant les différences régionales déjà observées, la situation des groupes français et anglais diffère à certains égards : ainsi, le plus haut niveau de bilinguisme est plus vite atteint chez les personnes de langue maternelle anglaise et diminue également plus rapidement par la suite. Cette diminution indique que les générations anciennes ont été moins bilingues que ne le sont les plus récentes ; elle pourrait également indiquer un lien entre bilinguisme et marché du travail, les personnes à la retraite «perdant» une certaine capacité de parler l'autre langue, parce qu'elles n'en ont plus besoin[20].

Au sein du tiers groupe, les plus fortes proportions de bilingues sont enregistrées chez les 15-19 ans, la baisse étant par la suite plus rapide que pour les deux autres groupes. Cette situation traduit l'histoire spécifique de ce groupe et le clivage qui existe en matière de bilinguisme entre les personnes immigrantes et celles nées au pays, de même qu'entre celles arrivées il y a longtemps ou plus récemment. Le niveau de bilinguisme atteint par les jeunes des groupes anglais et autre étonne cependant par rapport à celui du groupe français. Tout comme Duchesne[21] à propos des données de 1971, on peut se demander si ces chiffres rendent bien compte de la réalité linguistique de ces jeunes.

Jusque vers 20 ans, les filles sont aussi bilingues, sinon plus, que les garçons (graphique II.11). Au delà de cet âge, la proportion de bilingues chez les hommes dépasse celle des femmes, particulièrement pour le groupe français et le tiers groupe.

---

18. Mireille Baillargeon, *loc. cit.*, pp. 160-162.
19. Louis Duchesne, *loc. cit.*
20. Hubert Charbonneau et Robert Maheu, *op. cit.*, p. 31.
21. Louis Duchesne, *loc. cit.*

Graphique II.10
Proportion (en %) de bilingues selon la langue maternelle et le groupe quinquennal d'âge (sexes réunis), Québec, 1981

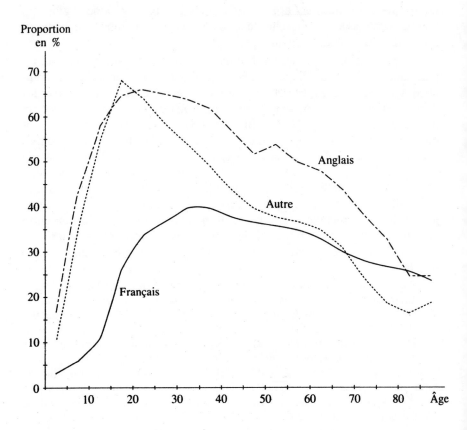

Source : Statistique Canada, compilations spéciales du recensement de 1981.

Graphique II.11
**Rapport de la proportion de bilingues de sexe masculin à
la proportion de bilingues de sexe féminin, selon la langue maternelle
et le groupe quinquennal d'âge, Québec, 1981**

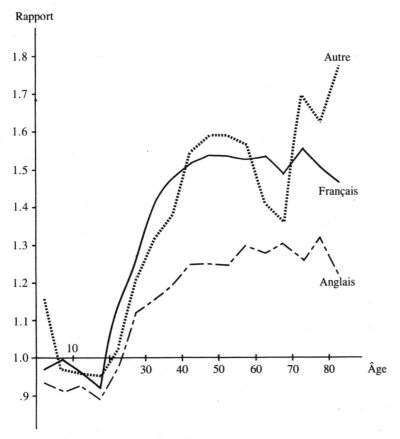

Source : Voir la source du graphique II.10.

Cette situation, déjà décrite par Duchesne[22] pour les recensements
antérieurs, paraît être liée à la présence relativement moins importante
des femmes sur le marché du travail.

22. Louis Duchesne, *loc. cit.*

Les variations importantes du niveau de bilinguisme selon l'âge suggèrent qu'une partie au moins de l'augmentation observée depuis 1961 pourrait être due à des changements dans la structure par âge de la population québécoise qui, comme on le sait, a rapidement vieilli depuis 1961. Le calcul de proportions standardisées selon l'âge permet effectivement de constater qu'une bonne partie de l'augmentation disparaît lorsqu'une structure par âge identique est utilisée pour le calcul des proportions de bilingues en 1961, 1971 et 1981 (tableau II.11)[23]. L'augmentation subsiste cependant, surtout entre 1971 et 1981, et elle est plus forte pour les femmes. Seule tendance réelle en 1971, l'augmentation pour les femmes paraît aller de pair avec une augmentation de leur niveau de scolarisation, ainsi qu'avec leur présence accrue sur le marché du travail.

Tableau II.11
Proportion (en %) de bilingues, observée et standardisée selon la structure par âge de la population québécoise en 1961, selon le sexe, Québec, 1961, 1971 et 1981

Proportion de bilingues	1961		1971		1981	
	Femmes	**Hommes**	**Femmes**	**Hommes**	**Femmes**	**Hommes**
Observée	21,2	29,7	23,6	31,7	28,6	36,3
Standardisée	21,2	29,7	22,2	29,7	25,5	31,9

Source : Calculs à partir des données des recensements de 1961, 1971 et 1981.

La mesure standardisée des niveaux de bilinguisme permet donc de nuancer l'évolution qu'a connue ce phénomène entre 1961 et 1981. Une comparaison des données selon l'âge et la langue maternelle en 1971 et 1981 montre toutefois des différences réelles appréciables d'un groupe linguistique à l'autre. Quand on suit un même groupe de générations, on constate que pour les hommes et les femmes du groupe français, le bilinguisme a augmenté chez les jeunes, ce qui est normal (graphique II.12). Le bilinguisme a aussi légèrement augmenté chez les femmes adultes de moins de 45 ans ainsi que chez les hommes âgés de moins de 39 ans en 1971.

---

23. Il s'agit ici obligatoirement de la structure par âge de la population québécoise en 1961, puisqu'on ne dispose pas pour cette année-là des proportions de bilingues par groupe d'âge. Charbonneau et Maheu avaient déjà montré qu'une standardisation des taux observés en 1951 et 1961 transformait la diminution observée en une légère hausse, ceci à cause d'une structure par âge plus jeune et défavorable au bilinguisme en 1961. Voir Hubert Charbonneau et Robert Maheu, *op. cit.*, p. 32.

Les augmentations dans la proportion de personnes déclarant connaître le français parmi la population de langue anglaise ou «autre» sont plus spectaculaires (graphique II.13). Ainsi, en 1971, 43 % des femmes de langue anglaise ou «autre» et âgées de 25 à 34 ans connaissaient le français ; en 1981, ces femmes, qui sont maintenant âgées de 35 à 44 ans, le connaissent dans une proportion de 58 %. Une telle évolution caractérise tant les hommes que les femmes, et vaut à tout âge. Même si ces groupes ne comptent pas exactement les mêmes personnes en 1981 qu'en 1971, il paraît assez évident que les changements intervenus dans le contexte linguistique québécois de même que le jeu des mouvements migratoires, en particulier la sélection plus grande exercée par le Québec en matière d'immigration internationale, ne sont pas étrangers à une telle évolution.

Graphique II.12
Proportion (en %) de bilingues de langue maternelle française, selon le groupe quinquennal d'âge et le sexe, Québec, 1971 et 1981

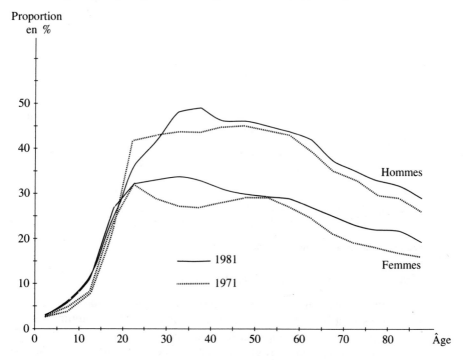

Sources : Les chiffres de 1981 sont obtenus à partir de compilations spéciales du recensement ; ceux de 1971 sont extraits de L. Duchesne, *loc. cit.*, p. 45, avec interpolation pour certains groupes d'âge.

Graphique II.13
**Proportion (en %) de personnes connaissant le français parmi
la population de langue maternelle anglaise et «autre», selon
le groupe quinquennal d'âge et le sexe, Québec, 1971 et 1981**

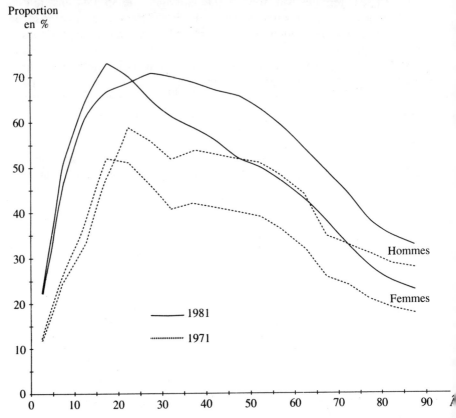

Sources : Voir les sources du graphique II.12.

2.4.3. Indice de communicabilité

Depuis 1961, un nombre sans cesse grandissant de Québécoises et de
Québécois sont bilingues, c'est-à-dire qu'ils peuvent entretenir une conversation tant en français qu'en anglais. Spectaculaire surtout entre 1971
et 1981 pour les groupes anglais et «autre», cette évolution se traduit par
une augmentation de la proportion de personnes capables de s'exprimer
en français, proportion qui atteint maintenant 93 % de la population. Une
analyse plus approfondie de cette évolution montre cependant qu'elle ne

résulte pas seulement d'une augmentation de la propension des individus à parler ces deux langues. Bien que celle-ci soit réelle, une bonne partie de l'augmentation est due à des changements dans la structure par âge de la population concernée, ainsi qu'à des mouvements qui en modifient les effectifs. Ce dernier élément vaut surtout pour le tiers groupe. Enfin, l'introduction du processus d'autodénombrement en 1971 a probablement aussi affecté les résultats relatifs à une telle question, qui devient particulièrement subjective et influencée par divers contextes politiques.

La situation dans les diverses régions varie grandement selon la composition linguistique de chacune, les plus bilingues étant nettement celles où plusieurs groupes linguistiques sont en présence (l'Outaouais, Montréal-Îles, la région métropolitaine de Montréal). Malgré son plus haut niveau de bilinguisme dans presque toutes les régions (sauf dans l'Outaouais où il est devancé par le groupe français), le groupe anglais, compte tenu de sa place relative, paraît moins bilingue que le groupe français, à composition linguistique équivalente.

On peut résumer autrement la situation en matière de connaissance du français et de l'anglais en calculant un indice de communicabilité, soit la probabilité qu'ont deux personnes se rencontrant par hasard d'être en mesure de soutenir une conversation entre elles[24]. Cet indice, même s'il est théorique, rend compte des liens existant entre différents univers linguistiques.

En 1981, deux personnes qui se rencontraient par hasard au Québec avaient 90 % de chances de pouvoir converser ensemble en français ou en anglais (tableau II.12). En français seulement, cette probabilité était de 86 %. La région de l'Intérieur est évidemment celle où ces probabilités sont les plus fortes, à cause de sa grande homogénéité linguistique. La situation opposée caractérise la région de Montréal-Îles, où dans trois cas sur dix, encore en 1981, deux personnes ne pouvaient pas soutenir entre elles une conversation en français. C'est néanmoins dans cette région que les probabilités ont le plus augmenté entre 1971 et 1981, suite surtout à l'augmentation de la connaissance du français parmi les personnes de langue maternelle «autre» ou anglaise. D'une manière différente, ces indices traduisent encore une fois la variété linguistique régionale qui caractérise le Québec.

---

24. Stanley Lieberson, «Bilinguism in Montreal : A Demographic Analysis», *American Journal of Sociology*, n° 71, 1974, pp. 10-25, p. 13.

Tableau II.12

Indice de communicabilité en français ou en anglais et en français seulement, Québec et régions, 1971 et 1981

| | Probabilité qu'ont deux personnes se rencontrant par hasard de pouvoir converser entre elles | | | |
| | En français ou en anglais | | En français | |
Région	1971	1981	1971	1981
Outaouais	0,87	0,91	0,73	0,79
Ensemble de la région de Montréal	0,81	0,88	0,66	0,87
Montréal-Îles[a]	0,79	0,86	0,61	0,71
Cantons de l'Est	0,88	0,92	0,81	0,87
Intérieur	0,99	0,99	0,98	0,99
Gaspésie	0,95	0,96	0,94	0,95
Nord	0,92	0,94	0,91	0,93
Ensemble du Québec	**0,85**	**0,90**	**0,78**	**0,86**

a : Cette région constitue un sous-ensemble particulier de la vaste région «Ensemble de Montréal».

Sources : Calculs effectués à partir des données du recensement de 1971, tirées de Réjean Lacha-pelle et Jacques Henripin, *op. cit.*, p. 360, et à partir de compilations spéciales du recensement de 1981.

CHAPITRE III

L'accroissement naturel des groupes linguistiques

L'ampleur du phénomène de la mobilité linguistique ainsi que les différences dans les mouvements migratoires selon les groupes linguistiques relèguent trop souvent au second plan l'importance des variations linguistiques en matière de fécondité et de mortalité. Il importe pourtant de connaître l'existence et l'ampleur de ces variations, parce qu'elles caractérisent également la situation spécifique des divers groupes et en conditionnent l'évolution à plus ou moins long terme.

Un tel examen est devenu d'autant plus réalisable que depuis 1975 l'enregistrement des événements d'état civil (naissances, mariages, décès) fait l'objet de questions relatives à la langue maternelle et à la langue d'usage des sujets de ces événements[1]. Ainsi, les différences linguistiques en matière de mortalité, qui étaient restées les moins bien connues, peuvent maintenant s'exprimer au moyen de tables de mortalité. Les différences de fécondité, qui apparaissaient déjà dans les recensements, peuvent maintenant être étudiées de façon plus approfondie, surtout au moyen d'indices du moment (c'est-à-dire qui résument le comportement de fécondité des différents groupes d'âge au même moment). Dans un cas comme dans l'autre cependant, les indices utilisés (quotients de mortalité ou taux de fécondité) mettent en rapport des données qui proviennent de deux sources dont le processus de collecte est totalement différent : d'une part de l'état civil (décès et naissances) et d'autre part du recensement (population soumise au risque). Cela entraîne des problèmes d'adéquation qu'il est important d'évaluer avant l'analyse proprement dite.

---

1. Contrairement au recensement de 1981 qui parle de «langue parlée à la maison», les fichiers de l'état civil utilisent plutôt l'expression «langue d'usage» pour désigner en fait le même concept. Rappelons ici que, par souci de concision, nous avons adopté la dernière expression pour désigner aussi bien la «langue d'usage» au sens de l'état civil que «la langue parlée à la maison» au sens du recensement.

3.1. La mortalité

3.1.1. La mesure du phénomène

Jusqu'à tout récemment, la mesure du caractère différentiel de la mortalité des divers groupes linguistiques avait dû être limitée, vu l'absence de données, à des estimations indirectes basées sur la variable géographique ou sur la variable ethnique. Dans le premier cas, les études de Loslier[2], Wilkins[3] et Guillemette[4] avaient montré une surmortalité dans les zones à forte concentration francophone par rapport aux zones à forte concentration anglophone, ce qui suggérait une surmortalité du groupe français. Plus nombreux, les travaux menés à partir de l'origine ethnique, dont ceux de Charbonneau et Maheu[5], et de Roy[6], convergeaient avec les premiers et faisaient aussi ressortir la surmortalité du groupe français par rapport aux deux autres groupes réunis. Ces derniers travaux indiquaient par ailleurs une tendance à l'augmentation des écarts de mortalité entre groupes ethniques de 1960-1962 à 1970-1972, tendance qui pourrait avoir été en partie artificielle, à cause d'une certaine sous-estimation de la population d'origine française au recensement de 1971 par rapport à celui de 1961[7].

Sur la base des décès répartis suivant la langue d'usage des individus décédés, seule variable linguistique recueillie dans le cas des décès, Tremblay[8] a récemment calculé ce qui constitue à notre connaissance les

2. Luc Loslier, *La mobilité dans les aires sociales de la région métropolitaine de Montréal*, Québec, ministère des Affaires sociales, Service des études épidémiologiques, 1976, 77 p.

3. Russell Wilkins, «L'inégalité sociale face à la mortalité à Montréal, 1975-1977», *Cahiers québécois de démographie*, vol. 9, n° 2, 1980, pp. 157-184.

4. André Guillemette, «L'évolution de la mortalité différentielle selon le statut socio-économique sur l'Île de Montréal, 1961-1976», *Cahiers québécois de démographie*, vol. 12, n° 2, 1983, pp. 29-48.

5. Hubert Charbonneau et Robert Maheu, *Les aspects démographiques de la question linguistique*, Québec, Éditeur officiel, Rapport de la Commission d'enquête sur la situation de la langue française et sur les droits linguistiques au Québec, Synthèse S 3, 1973, 440 p.

6. Laurent Roy, *La mortalité selon la cause de décès et l'origine ethnique au Québec, 1951-1961-1971*, Québec, ministère des Affaires sociales, Registre de la population, 1975, 78 p.

7. Réjean Lachapelle et Jacques Henripin, *La situation démolinguistique au Canada, évolution passée et prospective*, Montréal, L'Institut de recherches politiques, 1980, xxxii-391 p.

8. Marc Tremblay, *Analyse de la mortalité et de la fécondité selon le groupe linguistique, Québec, 1976-1981*, Montréal, Université de Montréal, Département de démographie, mémoire de maîtrise, 1983, 285 p.

premières tables de mortalité pour les groupes linguistiques au Québec et dans les régions. Il s'agit de tables relatives à la période 1980-1982, basées sur les décès des années 1980, 1981 et 1982 et les données de la population recensée en 1981. Tout comme les tables précédentes fondées sur l'origine ethnique, celles-ci ne sont toutefois pas exemptes des limites inhérentes aux différentes sources de données[9].

Tout d'abord, si l'on peut penser que l'enregistrement des décès au Québec au début des années 1980 est plutôt fiable, il n'en va peut-être pas de même pour l'identification linguistique qui y est rattachée. Introduite en 1975, la question relative à la langue d'usage des personnnes dont on enregistre le décès a connu au début un fort taux de non-réponse, qui a cependant rapidement diminué[10]. La responsabilité de cette déclaration incombe au médecin qui constate le décès, médecin qui n'est probablement pas toujours en mesure de faire cette observation de façon satisfaisante. Une telle situation peut surtout engendrer une sous-estimation des décès de personnes de langue d'usage «autre», donc une sous-estimation du niveau de mortalité de ce groupe. En effet, les médecins auront probablement tendance à inscrire la langue dans laquelle ils se sont entretenus avec la personne, vraisemblablement l'anglais ou le français.

Du côté du recensement, le principal problème réside dans le sous-dénombrement des populations soumises au risque de décéder[11]. Variable selon l'âge, ce phénomène ne serait pas trop important s'il était identique d'un groupe linguistique à l'autre. Or, comme nous l'avons déjà mentionné, au recensement de 1981 les seules données disponibles indiquent que, au Québec, les groupes de langue maternelle «autre» et anglaise auraient connu de plus forts taux de sous-dénombrement que le groupe

9. Jacques Locas, «Les fichiers statistiques des naissances, mariages et décès du ministère des Affaires sociales (MAS) : quelques notes sur la qualité des fichiers et des données», *Cahiers québécois de démographie*, vol. 11, n° 2, 1982, pp. 277-288.

10. Dans la répartition de ces décès, Tremblay s'est assuré du faible impact d'une erreur de répartition sur la mesure du phénomène.

11. Un autre problème tient au fait que les données du recensement concernant la langue d'usage proviennent du questionnaire long adressé à un échantillon de la population, qui ne comprend pas la population en institution. Les différences enregistrées avec la population totale quant à l'âge, au sexe et à la répartition dans les diverses régions ont toutefois été corrigées par Tremblay.

français, soit 2,6 % et 2,7 % respectivement, comparativement à 1,7 %[12]. La surestimation de la mortalité due au sous-dénombrement du recensement serait donc plus importante pour les deux premiers groupes. Les données relatives à ce phénomène n'étant pas disponibles par âge, sexe et région, aucune correction n'a été tentée ici pour atténuer ce problème.

Enfin, même si la définition de la langue d'usage est la même, en principe, dans les registres et les recensements, le fait de combiner ces derniers pour établir ici des tables de mortalité mélange des biais différents qui voient alors leurs effets se réduire ou se multiplier. Malgré ces limites, on peut croire que les grandes tendances qui se dégagent des tables calculées par Tremblay rendent compte de différences générales qui existent bel et bien dans la réalité, mais peut-être pas de façon tout à fait exacte.

Si la construction de tables de mortalité pour les groupes linguistiques ne semble donc pas trop périlleuse lorsqu'il s'agit des années récentes, elle peut devenir un exercice plus compliqué lorsqu'on considère une période plus longue. En effet, allonger la période d'analyse implique, dans notre cas, la prise en compte de la population à deux moments dans le temps, soit au recensement de 1981 et à celui de 1976. Or, ce dernier recensement ne permet pas de connaître la population selon la langue d'usage.

La prise en considération d'une période antérieure plus longue que 1980-1982 est cependant particulièrement utile. Il est en effet important de pouvoir évaluer l'évolution des disparités linguistiques et régionales en matière de mortalité. En outre, il ne faut pas négliger le fait que même avec trois années d'observation (1980-1982), on reste confronté au problème des «petits chiffres» : notre analyse des conditions de mortalité implique une désagrégation telle (par âge, sexe, région et groupe linguistique) qu'inévitablement on se retrouve très rapidement avec des taux qui risquent d'être peu significatifs. À cet égard, on a donc tout intérêt à étendre le plus possible la période d'analyse.

Ces considérations nous ont amenés à construire des tables de mortalité par groupe linguistique pour la période censitaire 1976-1981 (l'année 1975 étant exclue à cause du nombre élevé de non-réponses à la question linguistique dans les déclarations de décès relatives à cette année). En

---

12. Luc Albert et Brian Harrison, *Les données linguistiques des recensements récents au Canada*, communication présentée au 52ᵉ congrès de l'Association canadienne-française pour l'avancement des sciences (ACFAS), section démographie, Québec, 10-11 mai 1984.

l'absence de données censitaires sur la population selon la langue d'usage en 1976, nous avons utilisé les estimations de Bourbeau et Robitaille[13], corrigées à partir des données observées par langue d'usage pour la période 1976-1981. Les erreurs qui peuvent affecter ces estimations n'ont qu'un impact marginal sur la valeur des taux, dans la mesure où ces erreurs sont «noyées» dans la moyenne des effectifs de 1976 et 1981, et dans la mesure où ces effectifs de population sont très élevés par rapport au nombre de décès (dans le calcul d'un taux, une erreur — en valeur absolue — au numérateur a un impact beaucoup plus important que la même erreur au dénominateur).

Notre étude des disparités linguistiques et régionales de mortalité comportera donc une comparaison des résultats de Tremblay[14] pour la période 1980-1982 avec ceux que nous avons obtenus pour la période 1976-1981.

3.1.2. Les disparités linguistiques et régionales

Les résultats que nous avons obtenus pour la période 1976-1981, présentés dans le tableau III.1, montrent que l'espérance de vie à la naissance d'un Québécois du groupe français est de quatre ans inférieure à celle d'un Québécois du groupe anglais, et de près de six ans inférieure à celle d'un Québécois du groupe «autre». Il s'agit ici d'une espérance de vie calculée sans distinction de sexe (ceci, pour éviter le problème du petit nombre d'observations pour certains âges dans plusieurs régions et ainsi nous permettre de faire ressortir d'autres types de différences). Des chiffres non présentés ici révèlent que pour les nouveau-nés de sexe masculin, l'écart entre groupe français et groupe «autre» est de plus de sept ans (il est légèrement inférieur à cinq ans pour les nouveau-nées).

La surmortalité de la population du groupe français par rapport au groupe «autre» apparaît à tout âge. À titre illustratif, nous présentons dans le tableau III.1 les taux observés pour les groupes d'âge de 0-4 ans, 20-24 ans, 60-64 ans et 75-79 ans. Le taux de mortalité relativement élevé pour la classe d'âge 0-4 ans du groupe «autre» est la seule exception que l'on puisse observer tout au long de la courbe de mortalité par âge : pour le groupe «autre», tout comme pour le groupe français d'ailleurs, la mortalité infantile reste relativement élevée (elle est en fait près du double

---

13. Robert Bourbeau et Norbert Robitaille, «Bilan démographique des francophones au Québec et dans le reste du Canada», *Critère*, n° 27, 1980, pp. 175-204.

14. Marc Tremblay, *op. cit.*

Tableau III.1
Les disparités linguistiques (selon la langue d'usage) et régionales de la mortalité, 1976-1981

Région et groupe linguistique[a]		Taux de mortalité par âge (0/00)[b]				Taux brut de mortalité (0/00)	Espérance de vie à la naissance (années)	Âge moyen[d]	
		0-4	20-24	60-64	75-79			Observé	Standardisé
Outaouais	F	2,8	1,2	22,5	77,6	6,3	71,2	62,5	79,0
	A	1,3	0,9	12,0	55,2	5,3	77,0	68,6	80,6
	O	5,5	2,2	14,1	45,3	8,0	69,5	60,8	78,3
Montréal	F	2,8	1,1	19,7	74,1	7,2	71,7	64,3	79,2
	A	1,6	0,6	13,1	53,5	6,9	76,0	70,0	80,4
	O	2,4	0,4	8,5	46,7	5,4	78,8	69,7	80,9
Cantons de l'Est	F	2,9	1,3	16,5	69,3	6,7	72,8	64,5	79,8
	A	1,6	1,1	13,3	58,7	11,9	74,9	73,1	80,6
	O	2,7	0,0	8,2	33,3	8,6	76,1	69,7	80,0
Intérieur	F	2,9	1,3	16,4	66,5	7,1	72,8	64,9	79,4
	A	0,5	0,5	8,2	40,6	5,2	79,7	72,4	82,0
	O	2,6	1,6	16,4	46,0	5,7	73,3	60,7	79,4
Gaspésie	F	3,1	1,7	15,2	65,8	7,1	72,9	64,9	79,6
	A	1,4	1,0	10,6	44,6	6,9	77,2	68,9	79,0
	O	0,0	0,0	22,7	72,7	4,3	82,3	69,4	76,7
Nord	F	3,1	1,6	18,3	72,6	5,5	71,4	58,9	79,5
	A	1,9	0,6	10,3	63,1	3,4	76,7	60,7	80,5
	O	7,6	2,2	14,5	61,5	5,7	71,4	48,5	75,7

Tableau III.1 (suite)

Région et groupe linguistique[a]	Taux de mortalité par âge (0/00)[b]				Taux brut de mortalité (0/00)	Espérance de vie à la naissance (années)	Âge moyen[d]	
	0-4	20-24	60-64	75-79			Observé	Standardisé
Québec								
F	2,9	1,3	18,1	70,7	6,9	72,1	64,0	79,3
A	1,6	0,7	12,7	53,4	6,9	76,2	69,8	80,5
O	3,1	0,6	9,0	47,1	5,5	77,9	67,9	80,4
Canada moins Québec								
F	2,9	1,2	14,7	68,9	7,3	73,8	67,4	79,9
A	2,8	1,2	14,6	58,6	7,0	74,0	66,9	79,9
O	3,1	1,1	13,6	59,7	10,3	74,1	70,5	80,0
Canada								
F	2,9	1,3	17,7	70,5	7,0	72,3	64,4	79,4
A	2,7	1,1	14,5	58,2	7,0	74,2	67,0	80,0
O	3,1	1,0	12,9	58,1	9,5	74,6	70,2	80,1
Total	**2,8**	**1,2**	**15,1**	**60,7**	**7,1**	**73,8**	**66,7**	**79,8**

a : Les groupes «français», «anglais» et «autre» sont désignés respectivement par les sigles F, A et O.

b : Le taux de mortalité de chaque groupe d'âge est obtenu en divisant un cinquième du nombre de décès observés dans ce groupe d'âge entre 1976 et 1981, par la moyenne arithmétique des effectifs de ce groupe d'âge en 1976 et 1981.

c : Le taux brut de mortalité est obtenu en divisant le cinquième du nombre total de décès observés entre 1976 et 1981, par la moyenne arithmétique des effectifs de population en 1976 et 1981.

d : Si l'on désigne par M_x le taux de mortalité du groupe d'âge x à x + 4, et par p_x le pourcentage de décès du groupe d'âge x à x + 4 dans le total des décès, alors l'âge moyen «observé» est égal à $\frac{1}{100} \sum_x |(x + 2,5) p_x|$, et l'âge moyen «observé» (pour éliminer les différences dans la structure par âge de la population) est égal à $\sum_x |\frac{M_x}{\sum_x M_x} (x + 2,5)|$.

Sources: Voir les sources du tableau I.4.

de celle du groupe anglais). C'est après 20 ans, lorsque les taux de mortalité s'élèvent, que la sous-mortalité du groupe «autre» et la surmortalité du groupe français apparaissent. L'écart entre le taux de ces deux groupes est du simple au double à 20-24 ans comme à 60-64 ans ; à 75-79 ans, la probabilité de décès d'un francophone du Québec est encore d'environ 50 % plus élevée que celle d'un allophone (près de 60 % à Montréal).

Une comparaison interrégionale des taux de mortalité par âge et groupe linguistique n'est guère significative, à cause des nombreux chiffres peu élevés. Seule une comparaison entre la région de Montréal et le reste du Québec semble pouvoir se justifier. Il en ressort que, lorsqu'ils sont jeunes, les Montréalais ont une probabilité de décès moindre que les autres citoyens du Québec, et ce quel que soit le groupe linguistique, mais qu'à un âge avancé, les chances de survie sont plus favorables en dehors de Montréal (les Montréalais du groupe «autre» ont cependant toujours un avantage sur ceux du reste du Québec, même à un âge avancé).

Le net avantage qui caractérise le groupe «autre» par rapport aux deux autres groupes doit certes être vu comme un effet de la sélectivité de l'immigration internationale (les candidats à l'immigration internationale sont soumis à des examens médicaux souvent rigoureux). On peut cependant se demander si cet effet ne se trouve pas amplifié par le problème de déclaration de la langue des individus décédés (voir la sous-section 3.1.1).

Dans toutes les régions (à l'exception de la Gaspésie où les effectifs sont cependant trop faibles pour donner des résultats significatifs), l'âge moyen le plus élevé observé au décès est celui du groupe anglais. D'une façon générale, c'est dans les Cantons de l'Est que l'âge moyen au décès est le plus élevé (sauf pour le groupe français), alors que, quel que soit le groupe linguistique, c'est dans la région Nord que cet âge est le plus bas. Toutefois, l'essentiel des disparités régionales et linguistiques s'explique ici par les différences dans la structure par âge. En effet, au niveau de l'ensemble du Québec comme pour la région de Montréal (seule région où les effectifs sont suffisamment élevés pour chacun des groupes linguistiques pour donner des résultats significatifs), les différences dans l'âge moyen standardisé sont minimes.

Les résultats de Tremblay[15] pour les années 1980-1982 rejoignent pour l'essentiel ceux que nous avons obtenus pour la période 1976-1981 ; nous les présenterons en faisant la distinction selon le sexe, au détriment cependant d'un découpage régional moins fin que celui que nous avons utilisé précédemment.

---

15. Marc Tremblay, *op. cit.*

Comme le montre le tableau III.2, dans l'ensemble du Québec, les allophones bénéficient toujours, en 1980-1982 comme en 1976-1981, de la plus forte espérance de vie à la naissance, suivis des anglophones, puis des francophones, séparés des premiers par 7,6 ans chez les hommes et 4,6 ans chez les femmes. L'avantage dont jouit le groupe de langue d'usage «autre» apparaît particulièrement élevé dans la région de Montréal-Îles, où se concentrent la plupart des immigrants internationaux, mais où en même temps le problème des déclarations erronées de la langue d'usage du défunt est sans doute le plus aigu.

La faible espérance de vie que connaît le groupe allophone dans la région «Reste du Québec» paraît quant à elle vraisemblable, puisque ce groupe est composé en bonne partie d'autochtones, dont les niveaux de mortalité ont traditionnellement été plus importants[16]. Les deux autres groupes enregistrent leurs hauts niveaux de mortalité dans la région de Montréal-Îles, tant chez les femmes que chez les hommes, mais la situation est plus nette chez ces derniers.

Tableau III.2
Espérance de vie à la naissance selon la langue d'usage et le sexe, Québec et régions, 1980-1982

Région[a]	Sexe féminin			Sexe masculin		
	Français	Anglais	Autre	Français	Anglais	Autre
Montréal-Îles	77,1	79,9	83,1	68,7	74,3	78,6
Outaouais, Montréal-Nord Montréal-Sud et Cantons de l'Est	77,6	80,3	81,3	70,2	75,2	75,9
Reste du Québec	78,5	83,3	77,5	70,6	78,5	70,9
Ensemble du Québec	**77,9**	**80,3**	**82,5**	**70,0**	**74,9**	**77,6**

a : Également basé sur les divisions de recensement, ce découpage correspond approximativement à des régions de notre propre découpage. La région de l'Outaouais, Montréal-Nord, Montréal-Sud et Cantons de l'Est correspond à un regroupement de nos régions Outaouais, Ensemble de Montréal moins Montréal-Îles et Cantons de l'Est à l'exception des divisions Témiscamingue, Shefford, L'Assomption et Verchères qui, pour la première, appartient pour nous à la région Nord tandis que les trois autres appartiennent ici à la région «Reste du Québec». À l'exception de ces différences, cette dernière région correspond donc à notre regroupement Intérieur-Gaspésie-Nord.

Source : Marc Tremblay, *op. cit.*, pp. 226-249.

---

16. Victor Piché et Louise Normandeau, éds., *Les populations amérindiennes et inuit du Canada*, Montréal, Presses de l'Université de Montréal, 1984, 282 p.

Les écarts entre les sexes, toujours à l'avantage des femmes, varient d'un groupe linguistique à l'autre, les francophones (7,9 ans) devançant les deux autres groupes (5,4 et 4,9 ans respectivement pour les groupes anglais et «autre»). Tout se passe comme si les femmes et les hommes évoluaient quant à l'espérance de vie dans des mondes cloisonnés où les hommes les plus avantagés, ceux du groupe allophone, ont une espérance de vie à la naissance comparable à celle des femmes les moins favorisées à cet égard, soit les francophones.

En 1980-1982 comme en 1976-1981, et pour l'ensemble du Québec, la surmortalité de la population francophone apparaît à tout âge, chez les femmes comme chez les hommes (graphiques III.1 et III.2). Les courbes sont assez semblables d'un groupe à l'autre, surtout après 25 ans, lorsque les niveaux de mortalité s'élèvent. Moins nets chez les jeunes entre les populations anglophone et allophone, les écarts de mortalité ont par la suite tendance à se réduire avec l'âge. Mais alors que les femmes anglophones connaissent des risques de décès voisins de ceux des francophones jusque vers 55 ans, elles s'en éloignent par la suite pour se rapprocher du tiers groupe.

Ces tables de mortalité établies pour les groupes linguistiques confirment donc ce que des estimations indirectes avaient laissé entrevoir : la population dont la langue d'usage est le français est soumise à des risques de décès plus importants que la population anglophone ou allophone. La mesure de la mortalité pour cette dernière pourrait cependant être moins fiable à cause de problèmes liés à la déclaration des langues. Malheureusement, on peut difficilement apprécier l'évolution historique de ces différences à cause de l'absence de points de comparaison[17].

En faisant l'hypothèse que la population d'origine française correspond à celle dont la langue d'usage est le français, on peut tenter une comparaison des indices de surmortalité obtenus suivant ces deux caractéristiques (tableaux III.3 et III.4). L'indice consiste dans le rapport des risques de décès de la population d'origine ou de langue française aux risques de décès de la population d'origine ou de langue anglaise et «autre» à chaque âge. Exception faite des très jeunes âges, ces indices tendent à montrer une certaine stabilité de la surmortalité francophone entre 5 et 15 ans, et son augmentation après cet âge, tant chez les femmes que chez les hommes. Même si de tels résultats sont fragiles à cause des problèmes liés à la diversité des sources, il faut souligner qu'ils confirment une tendance déjà observée en 1971 par rapport aux décennies précédentes.

---

17. À partir de 1975, les décès ne sont plus répartis suivant l'origine ethnique, qui cède la place aux variables linguistiques, de sorte qu'on ne peut obtenir de mesures comparables.

Graphique III.1
**Probabilités de décès des femmes selon la langue d'usage,
Québec, 1980-1982**

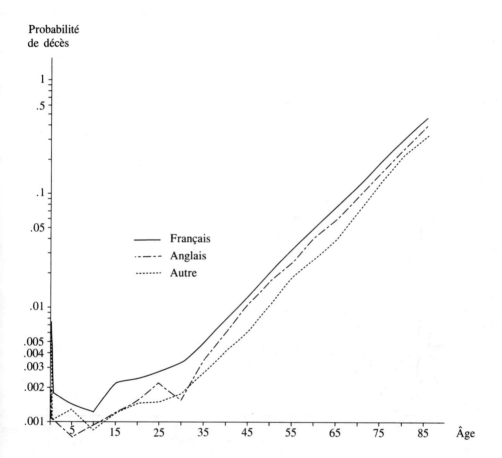

Probabilité
de décès

Français
Anglais
Autre

Âge

Source : Tremblay, *op. cit.*, pp. 326-331.

Graphique III.2
**Probabilités de décès des hommes selon la langue d'usage,
Québec, 1980-1982**

Probabilité
de décès

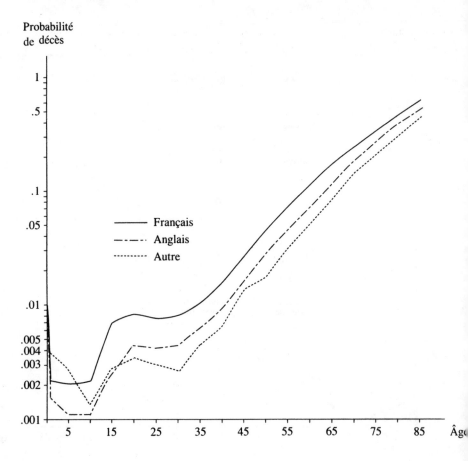

Source : Tremblay, *op. cit.*, pp. 326-331.

Tableau III.3
Indice de surmortalité[a] de la population d'origine française par rapport à la population d'origine autre que française, selon l'âge et le sexe, Québec, 1951 à 1971

Âge	Indice de surmortalité des femmes			Indice de surmortalité des hommes		
	1951	**1961**	**1971**	**1951**	**1961**	**1971**
0- 1 an	142	132	129	156	134	117
1- 5 ans	163	141	132	145	128	180
5-15 ans	106	130	152	119	140	150
15-35 ans	158	145	156	122	127	167
35-65 ans	112	109	128	100	111	141

a : Défini comme le rapport entre le risque de décès de la population d'origine française et le risque de décès de la population d'origine autre que française (multiplié par 100).

Source : Laurent Roy, *op. cit.*, annexe E, tableaux 25 et 26, extrait de Réjean Lachapelle et Jacques Henripin, *op. cit.*, p. 94.

Tableau III.4
Indice de surmortalité[a] de la population de langue d'usage française par rapport à la population de langue d'usage anglaise et «autre», selon l'âge et le sexe, Québec, 1980-1982

Âge	Indice de surmortalité des femmes francophones par rapport aux		Indice de surmortalité des hommes francophones par rapport aux	
	Anglophones	**Allophones**	**Anglophones**	**Allophones**
0- 1 an	105	117	154	143
1- 5 ans	163	170	138	55
5-15 ans	172	125	204	102
15-35 ans	164	176	196	230
35-65 ans	120	177	151	214

a : Défini comme le rapport (multiplié par 100) entre le risque de décès de la population de langue d'usage française et le risque de décès de la population de langue d'usage anglaise ou «autre».

Source : Calculs effectués à partir des résultats de Marc Tremblay, *op. cit.*, pp. 226 à 231.

3.2. La fécondité

La fécondité des différents groupes linguistiques est depuis longtemps mieux connue que la mortalité. En effet, grâce aux recensements, le nombre moyen d'enfants mis au monde par les femmes non célibataires a pu être établi suivant leur langue maternelle, puis leur langue d'usage. Ces données ont permis de constater la surfécondité historique du groupe de langue française par rapport aux deux autres groupes et, plus récemment, la surfécondité des allophones[18]. Une telle mesure est possible à la fois pour les femmes plus âgées et pour les plus jeunes, ces dernières n'ayant cependant pas toutes complété leur descendance.

Les deux groupes seront examinés tour à tour ici, la fécondité des femmes plus jeunes étant aussi analysée au moyen des données de l'état civil qui, depuis 1976, répartit les naissances suivant la langue maternelle et la langue d'usage de la mère. Il s'agit là d'une mesure transversale (c'est-à-dire pour une ou plusieurs années données), donc différente de celle du recensement, qui résume plutôt l'histoire féconde de chaque femme.

L'analyse suivante est faite à partir de la langue d'usage (parlée à la maison) plutôt que la langue maternelle. Ce choix est apparu plus pertinent parce que la langue d'usage de la mère paraît davantage déterminante de la langue maternelle des enfants que sa langue maternelle. Dans les faits, le choix de l'une ou l'autre de ces variables paraît absolument équivalent, sauf dans le cas des femmes de langue maternelle ou de langue d'usage «autre», pour lesquelles les résultats diffèrent. Nous les distinguerons à l'occasion.

3.2.1. La fécondité passée des femmes âgées de 45 ans et plus en 1981

Les femmes non célibataires âgées de 45 ans ou plus recensées en 1981 avaient donné naissance en moyenne à 3,8 enfants dans l'ensemble du Québec[19]. Comme le montre le tableau III.5, les femmes dont la langue

---

18. Réjean Lachapelle et Jacques Henripin, *op. cit.*

19. Au recensement, la question relative au nombre d'enfants mis au monde s'adresse uniquement aux femmes ayant déjà été mariées, celles vivant en union de fait étant aussi considérées comme mariées. En principe, peu de naissances échappent donc à ce calcul, surtout chez les femmes plus âgées, puisque les quelques femmes non mariées ne vivant pas en union de fait et ayant eu des enfants sont probablement plus jeunes. On peut donc penser que la fécondité de ces femmes plus jeunes sera légèrement sous-estimée.

d'usage est le français en ont eu davantage (4,1), suivies de celles de langue «autre» (3,0), puis des anglophones (2,7). Ces résultats confirment la situation historique de surfécondité des francophones, déjà mise en évidence par d'autres études. Cette situation se reproduit dans chacune des régions à l'exception des Cantons de l'Est, où le groupe des femmes de langue d'usage «autre» a le nombre moyen d'enfants le moins élevé, très proche cependant de celui des anglophones. Dans le regroupement des régions Intérieur-Gaspésie-Nord, les nombres moyens d'enfants des femmes francophones et allophones sont très voisins, à cause de la présence dans ce groupe des autochtones, dont les niveaux de fécondité ont traditionnellement été élevés. La région de Montréal se détache par ailleurs nettement du reste du Québec avec un nombre moyen d'enfants moins élevé, quel que soit le groupe linguistique.

En réalité, les différences de fécondité entre les divers groupes linguistiques ne dépendent pas uniquement des différences de fécondité identifiées plus haut : elles sont également le produit des comportements en matière de nuptialité (mesurés ici par la proportion des femmes de chaque groupe qui vivent en couple et qui sont susceptibles d'avoir des enfants). Chez les femmes de 45 ans et plus, cette proportion peut être considérée comme à peu près définitive et désormais sans effet sur les différents nombres d'enfants.

Ce sont les femmes de langue d'usage «autre» qui se sont mariées dans la plus grande proportion (96 %). Cette situation n'est sans doute pas indépendante de leur expérience migratoire, comme le suggèrent les chiffres élevés de la région de Montréal. En effet, en général, relativement peu de femmes font seules une immigration internationale, et celles qui sont seules à immigrer trouvent probablement un «marché matrimonial» qui leur est favorable. Viennent ensuite les anglophones (90 %), puis les francophones (88 %). Globalement, environ une femme sur dix parmi ces deux derniers groupes ne se sera donc pas mariée. Tenant compte de ces différences en matière de nuptialité, le nombre moyen d'enfants par femme de tout état matrimonial modifie légèrement l'image de fécondité des divers groupes linguistiques, atténuant les différences précédentes qui étaient à l'avantage du groupe français.

Des données semblables réparties selon l'âge (ou le groupe de générations) nuancent le portrait précédent en illustrant l'évolution historique importante qu'a connue le Québec en matière de fécondité depuis le début des années soixante. La baisse des niveaux de fécondité, surtout marquée chez les francophones, conduit à la réduction des écarts entre groupes linguistiques, à la convergence des niveaux de fécondité chez les femmes des générations plus récentes (graphiques III.3.1 à III.3.3). Les plus jeu-

Tableau III.5

Nombre moyen d'enfants par femme non célibataire, proportion de femmes non célibataires et nombre moyen d'enfants par femme de tout état matrimonial, selon la langue d'usage, pour les femmes de 45 ans et plus, Québec et régions, 1981

Région	Nombre moyen d'enfants par femme non célibataire, selon la langue d'usage (1)			Proportion de femmes non célibataires parmi l'ensemble des femmes de 15 ans et plus, selon la langue d'usage (2)			Nombre moyen d'enfants par femme de tout état matrimonial, selon la langue d'usage (3) = (1) × (2)		
	Français	Anglais	Autre	Français	Anglais	Autre	Français	Anglais	Autre
Outaouais	4,36	3,65	4,01	93 %	94 %	100 %	4,06	3,41	4,01
Ensemble de Montréal[a]	3,35	2,52	2,85	87 %	89 %	96 %	2,93	2,25	2,74
— Montréal-Îles	3,11	2,43	2,83	85 %	88 %	96 %	2,64	2,14	2,72
— Région métropolitaine de recensement	3,29	2,50	2,85	87 %	89 %	96 %	2,86	2,22	2,74
Cantons de l'Est	4,33	2,89	2,85	89 %	91 %	93 %	3,87	2,62	2,67
Intérieur-Gaspésie-Nord	4,70	3,77	4,62	88 %	91 %	93 %	4,13	3,42	4,31
Ensemble du Québec	**4,06**	**2,70**	**2,96**	**88 %**	**90 %**	**96 %**	**3,56**	**2,42**	**2,84**

a : Les deux régions qui suivent constituent deux sous-ensembles de la vaste région «Ensemble de Montréal». On notera que la région Montréal-Îles est aussi comprise dans la région métropolitaine de recensement.

Source : Statistique Canada, compilations spéciales du recensement de 1981.

nes (35-39 ans), qui ont pratiquement achevé leur vie féconde, ont mis au monde en moyenne 2,0 enfants. Parmi celles-ci, les femmes allophones apparaissent désormais les plus fécondes avec 2,4 enfants par femme : elles sont les seules à atteindre le seuil de remplacement des générations (2,1 enfants par femme). Bien que cette évolution diffère d'un groupe à l'autre, on peut en situer le point tournant aux générations de femmes nées après 1930, qui ont surtout eu leurs enfants au début des années soixante.

C'est à l'extérieur de Montréal (graphique III.3.3) que cette évolution paraît la plus spectaculaire chez les francophones, avec un écart de près de trois enfants dans le nombre moyen d'enfants des femmes plus jeunes par rapport à leurs aînées. Les femmes de langue d'usage «autre» maintiennent quant à elles les mêmes niveaux de fécondité, ce qui accentue leur surfécondité par rapport aux deux autres groupes et à l'ensemble du Québec. À Montréal (graphique III.3.2), la convergence des niveaux de fécondité des divers groupes linguistiques, nettement plus bas, apparaît dès les générations 1921-1926. De façon générale, cette convergence des nombres d'enfants vaut également entre les régions pour chaque groupe linguistique, exception faite du groupe de langue d'usage «autre», dont la spécificité régionale ressort nettement.

3.2.2. La fécondité passée et présente des femmes âgées de moins de 45 ans en 1981

a) Nombre moyen d'enfants mis au monde

Confirmant le renversement de situation observé chez les femmes plus âgées, les données relatives aux femmes qui n'ont pas achevé leur vie féconde font ressortir la surfécondité des femmes de langue d'usage «autre» (tableau III.6 et graphique III.4). Ces femmes devancent celles des deux autres groupes à tous les âges entre 20 et 40 ans, l'écart relatif étant plus important chez les plus jeunes. Dans l'ensemble du Québec, les francophones ont un nombre moyen d'enfants plus élevé que les anglophones, et cette différence relative est d'autant plus importante que les femmes sont plus jeunes. Elle découle cependant alors en bonne partie du fait que les jeunes francophones vivent plus souvent en couple que les anglophones.

Graphiques III.3
Nombre moyen d'enfants par femme de tout état matrimonial, selon la langue d'usage et l'âge, Québec et régions, 1981

Ensemble du Québec

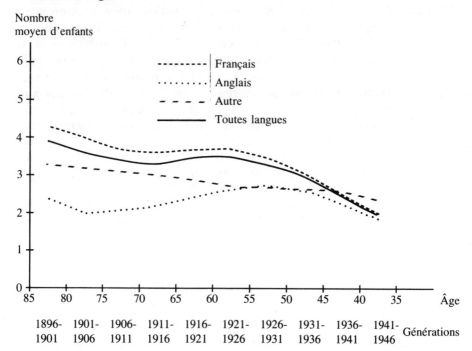

Ensemble de Montréal

.

— 95 —

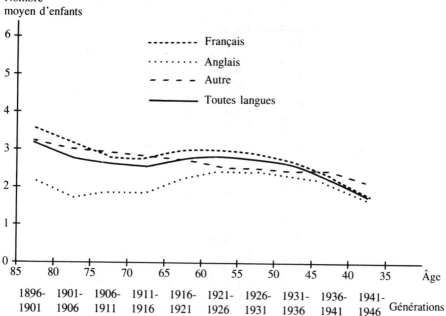

Québec moins Montréal

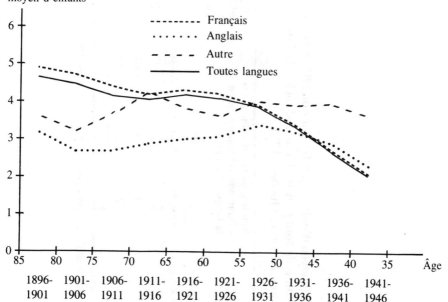

Tableau III.6

Nombre moyen d'enfants par femme non célibataire, proportion de femmes non célibataires et nombre moyen d'enfants par femme de tout état matrimonial, selon la langue d'usage et le groupe d'âge, pour les femmes âgées de moins de 45 ans en 1981, Québec, 1981

Groupe d'âge	Nombre moyen d'enfants par femme non célibataire, selon la langue d'usage (1)			Proportion de femmes non célibataires parmi l'ensemble des femmes de 15 ans et plus, selon la langue d'usage (2)			Nombre moyen d'enfants par femme de tout état matrimonial, selon la langue d'usage (3) = (1) × (2)		
	Français	Anglais	Autre	Français	Anglais	Autre	Français	Anglais	Autre
20-24	0,53	0,53	1,07	48 %	38 %	43 %	0,26	0,20	0,46
25-29	1,20	1,00	1,61	79 %	72 %	79 %	0,94	0,72	1,28
30-34	1,79	1,68	2,13	87 %	85 %	91 %	1,56	1,42	1,93
35-39	2,18	2,10	2,50	90 %	89 %	94 %	1,97	1,88	2,35

Source : Statistique Canada, compilations spéciales du recensement de 1981.

Graphique III.4

Nombre moyen d'enfants par femme de tout état matrimonial, selon l'âge et la langue d'usage, Québec et régions, 1981

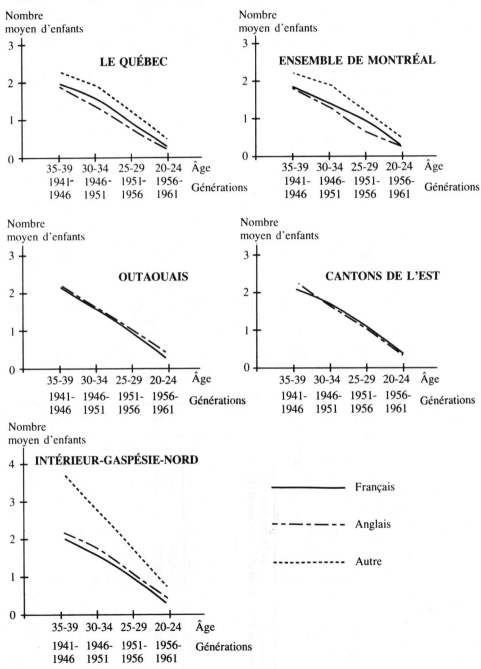

Source: Statistique Canada, compilations spéciales du recensement de 1981.

La situation est un peu différente dans les régions. L'ensemble de Montréal, dont le poids est grand dans l'ensemble du Québec, reflète à des niveaux un peu moins élevés la situation précédente, tandis que le reste du Québec s'en écarte davantage. D'une part, les nombres moyens d'enfants mis au monde par les francophones et les anglophones dans l'Outaouais et dans les Cantons de l'Est sont très voisins à tout âge jusqu'à 40 ans, alors que les différences de nuptialité sont aussi moins importantes pour ces deux groupes dans ces régions. D'autre part, comme nous l'avons déjà observé chez les femmes plus âgées, la surfécondité des femmes allophones dans les régions Intérieur-Gaspésie-Nord paraît beaucoup plus importante, particulièrement chez les femmes qui en sont à la fin de leur période de procréation. Les francophones enregistrent par ailleurs ici le plus faible nombre d'enfants de tous les groupes linguistiques.

Ainsi, pour les femmes plus jeunes, qui n'ont donc pas encore fini de constituer leur descendance, il faut surtout retenir la surfécondité des femmes de langue d'usage «autre», surfécondité qui est particulièrement accentuée dans les régions où vivent les autochtones. Il importe également de retenir la sous-fécondité des femmes anglophones dans la région de Montréal, où elles sont surtout concentrées ; ailleurs toutefois, leur nombre moyen d'enfants diffère peu de celui des francophones, sinon par une très légère surfécondité en Intérieur-Gaspésie-Nord.

Nous avons signalé précédemment qu'en règle générale, le comportement de fécondité était le même pour un groupe linguistique donné, qu'il s'agisse de la langue maternelle ou de la langue d'usage. Cela n'est cependant pas vrai pour les femmes du groupe «autre». En effet, les femmes de langue maternelle «autre» ont à tout âge un nombre moyen d'enfants inférieur à celui des femmes de langue d'usage «autre», comme le montre le tableau III.7. Ce dernier groupe ne comptant que les femmes de langue maternelle «autre» n'ayant pas effectué de transfert linguistique vers le français ou l'anglais, il faut conclure ici à l'existence d'un lien entre mobilité linguistique et fécondité : les femmes qui ont fait un transfert se comportent davantage comme les femmes de leur nouveau groupe linguistique, mettant au monde un nombre moins élevé d'enfants.

La comparaison de l'ensemble de ces données avec celles du recensement de 1971 confirme la baisse générale de fécondité qui s'est poursuivie entre les deux dates. À âge égal, les femmes de chacun des groupes linguistiques avaient mis au monde en 1981 (tableau III.6) un nombre moyen d'enfants inférieur à celui observé en 1971 (tableau III.8), et ce, tant dans la région de Montréal que dans le reste du Québec (graphique III.5). C'est chez les anglophones et les francophones de Montréal que cette baisse s'est le plus accentuée, tandis que chez les allophones de Montréal, surtout les plus âgées, elle demeure la moins prononcée.

Tableau III.7

Nombre moyen d'enfants mis au monde par femme de tout état matrimonial de langue maternelle «autre» et de langue d'usage «autre», selon le groupe d'âge, pour les femmes âgées de moins de 45 ans en 1981, Québec, 1981

Groupe d'âge	Nombre moyen d'enfants par femme de tout état matrimonial	
	Langue maternelle «autre»	Langue d'usage «autre»
20-24	0,38	0,46
25-29	1,11	1,28
30-34	1,80	1,93
35-39	2,17	2,35

Source : Statistique Canada, compilations spéciales du recensement de 1981.

À l'extérieur de Montréal, l'évolution des trois groupes linguistiques présente plus de diversité, les femmes francophones plus âgées ayant connu la plus forte baisse par opposition aux plus jeunes chez les allophones, les anglophones ayant connu à peu près la même baisse à tout âge. L'interprétation de ces résultats doit cependant rester prudente, du moins pour les plus jeunes qui n'ont complété qu'une très faible proportion de leur descendance.

De façon générale, cette analyse montre bien qu'entre 1971 et 1981, l'écart s'est creusé entre les allophones et les deux autres groupes linguistiques, et ce à l'avantage des premiers, à Montréal surtout. Alors qu'en 1971 les francophones âgées de 30 ans et plus comptaient encore un plus grand nombre moyen d'enfants que leurs compatriotes anglophones ou allophones, en 1981 la situation est tout autre. À cet égard, les résultats enregistrés pour les femmes de 25 à 29 ans en 1971 constituaient un bon indicateur de l'évolution récente. S'il devait en être de même en 1981, on peut penser que la surfécondité des allophones ira en s'accentuant, de même que la sous-fécondité des anglophones par rapport aux francophones.

Tableau III.8
Nombre moyen d'enfants par femme non célibataire, proportion de femmes non célibataires et nombre moyen d'enfants par femme de tout état matrimonial, selon la langue d'usage et le groupe d'âge, pour les femmes âgées de moins de 45 ans en 1971, Québec, 1971

Groupe d'âge	Nombre moyen d'enfants par femme non célibataire, selon la langue d'usage (1)			Proportion de femmes non célibataires parmi l'ensemble des femmes de 15 ans et plus, selon la langue d'usage (2)			Nombre moyen d'enfants par femme de tout état matrimonial, selon la langue d'usage (3) = (1) × (2)		
	Français	Anglais	Autre	Français	Anglais	Autre	Français	Anglais	Autre
20-24	0,79	0,73	1,06	46 %	47 %	59 %	0,36	0,34	0,63
25-29	1,56	1,47	1,68	80 %	78 %	85 %	1,24	1,15	1,42
30-34	2,53	2,31	2,19	87 %	87 %	92 %	2,19	2,01	2,02
35-39	3,26	2,73	2,50	88 %	91 %	96 %	2,87	2,48	2,40

Source : Réjean Lachapelle et Jacques Henripin. *op. cit.*. p. 107 et p. 110.

Graphique III.5

Indice[a] de l'évolution du nombre moyen d'enfants par femme de tout état matrimonial entre 1971 et 1981, selon l'âge et la langue d'usage, ensemble de Montréal et Québec moins Montréal

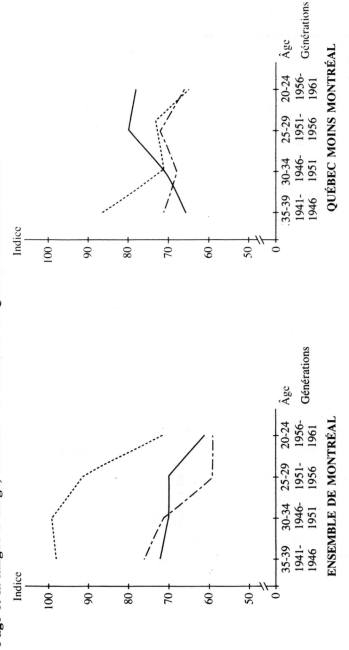

a : L'indice est obtenu en rapportant le nombre moyen d'enfants par femme en 1981, au nombre moyen d'enfants par femme en 1971, et en multipliant le résultat par 100.

Sources : **Réjean Lachapelle et Jacques Henripin**, *op. cit.*, p. 106 et p. 110, et Statistique Canada, compilations spéciales du recensement de 1981.

b) Les indices du moment

L'indice synthétique de fécondité, calculé à partir des naissances enregistrées durant une ou plusieurs années, constitue un indice différent qui rend compte de façon un peu «fictive» du niveau de fécondité observé à un moment (ou une période) donné. Contrairement aux données du recensement, qui concernent les femmes à différentes étapes de la constitution de leur descendance, ce nouvel indice mesure le nombre moyen d'enfants qu'auraient un ensemble de femmes, indépendamment de leur état matrimonial, si elles connaissaient à chaque âge de leur vie féconde des niveaux de fécondité semblables à ceux enregistrés en une année (ou une période) donnée pour chacun de ces âges. Cet indice a l'avantage de résumer très succinctement le niveau de fécondité enregistré pendant une certaine période.

Le calcul de cet indice fait appel d'une part aux données des naissances, recueillies à l'état civil suivant des caractéristiques linguistiques depuis 1975 et, d'autre part au nombre de femmes susceptibles de donner naissance à ces enfants, obtenu du recensement. Comme pour l'étude de la mortalité, le fait d'utiliser des données provenant de deux sources indépendantes limite la qualité des résultats ainsi obtenus, surtout à cause de deux problèmes spécifiques : le sous-dénombrement différentiel des populations soumises à la probabilité d'enfanter, d'ailleurs plus important chez les jeunes adultes, et la qualité des déclarations linguistiques recueillies à l'état civil[20]. On sait par exemple que pour un certain nombre de naissances, on reste sans information sur la langue de la mère (1,8 % des naissances en 1981, tant pour la langue maternelle que pour la langue d'usage) et que certaines naissances font l'objet d'une double déclaration. De plus, pour que notre mesure prenne tout son sens, il faut faire l'hypothèse que la déclaration relative à la situation linguistique des femmes au recensement coïncide avec celle faite au moment de l'enregistrement de la naissance d'un enfant. Il n'est pas certain que cela soit toujours le cas, mais on peut raisonnablement supposer que ce type de mobilité linguistique est suffisamment rare pour ne pas affecter significativement le niveau des taux de fécondité.

---

20. Comme dans le cas de la mortalité, les données relatives à la population ont été corrigées pour tenir compte des différences enregistrées entre la population totale et la population obtenue à partir de l'échantillon (questionnaire long du recensement).

Tout comme pour l'analyse de la mortalité, nous étudierons d'abord la situation observée sur l'ensemble de la période 1976-1981, pour ensuite examiner l'évolution du comportement de fécondité au cours de la période. Dans le premier cas, puisque nous avons cinq observations annuelles, il y a moins de risques d'obtenir des taux non significatifs, de sorte que nous pourrons considérer un découpage régional plus fin.

Toujours préoccupés d'éviter le problème des «petits chiffres» menant à des taux non significatifs, nous avons calculé pour la période 1976-1981 des taux bruts de reproduction (sexes combinés) plutôt que des indices synthétiques de fécondité, qui eux seront utilisés pour comparer des situations annuelles dans deux macro-régions. C'est-à-dire qu'au lieu de considérer le nombre moyen d'enfants «attendus» par femme (ce que nous ferons pour chacune des années 1976 et 1981), nous examinons, lorsqu'il s'agit de l'ensemble de la période 1976-1981, le nombre moyen d'enfants «attendus» par individu. Les deux mesures se rejoignent évidemment, puisque, à toutes fins utiles, la seconde est quasiment égale à la moitié de la première.

Les données transversales de 1976-1981, présentées dans le tableau III.9, confirment la surfécondité du groupe «autre», déjà observée à partir des données censitaires, tout en permettant d'évaluer l'ampleur de la sous-fécondité du groupe anglais. Pour l'ensemble du Québec, seul le groupe «autre» atteint un taux brut de reproduction (1,05) qui permet (tout juste) d'assurer le renouvellement de sa population, alors qu'avec un taux de 0,67 le groupe anglais connaît un des taux les plus bas que l'on puisse observer de par le monde. Le taux du groupe français se situe à mi-chemin entre ceux des deux autres groupes.

C'est dans toutes les régions du Québec que le groupe anglais manifeste la fécondité la plus basse (toujours en deçà du seuil de renouvellement), et le groupe «autre» la fécondité la plus élevée (toujours au-dessus du seuil de renouvellement, sauf à Montréal). Les disparités régionales sont importantes pour le groupe «autre» (de 0,98 à 1,83) et anglais (de 0,63 à 1,01), mais relativement faibles pour le groupe français (0,80 à 1,05). Le fait que les écarts régionaux sont beaucoup plus prononcés pour le groupe «autre» est sans nul doute lié aux différences régionales dans la composition de ce groupe. À Montréal, ce groupe comprend essentiellement des immigrants, tandis que dans la région Nord, ainsi qu'en Gaspésie, il est composé en bonne partie de personnes d'origine indienne ou

Tableau III.9
Les disparités linguistiques (selon la langue d'usage) et régionales de la fécondité, 1976-1981

Région et groupe linguistique[a]	Taux de fécondité par âge[b] (%)						Taux brut de reproduction[c]	Taux brut de natalité[d] (en 0/00)	Âge moyen de la mère[e]	
	15-19	20-24	25-29	30-34	35-39	40-44			Observé	Standardisé
Outaouais										
F	1,3	5,7	6,5	2,9	0,7	0,2	0,87	16,7	26,0	26,5
A	1,2	5,2	5,4	2,7	0,6	0,2	0,77	12,6	26,3	26,5
O	2,0	6,8	12,0	3,4	1,1	0,3	1,28	22,9	26,5	26,6
Montréal										
F	0,8	4,3	6,4	3,4	1,0	0,2	0,80	14,9	27,0	27,5
A	0,6	3,4	4,9	2,8	0,8	0,1	0,63	10,6	27,0	27,5
O	1,0	5,2	7,6	4,5	1,1	0,2	0,98	14,8	27,6	27,5
Cantons de l'Est										
F	1,1	5,9	7,4	3,6	0,9	0,1	0,95	17,5	26,3	26,9
A	1,0	4,7	6,6	3,1	0,8	0,1	0,82	11,4	26,5	27,0
O	1,7	6,9	10,9	5,1	0,7	0,2	1,28	18,9	26,6	26,9
Intérieur										
F	0,7	4,6	7,4	3,9	1,1	0,2	0,89	16,0	27,1	27,7
A	0,6	3,9	5,8	3,7	1,0	0,1	0,75	12,5	27,4	27,9
O	1,0	6,7	9,9	5,4	1,1	0,3	1,22	21,2	27,0	27,5
Gaspésie										
F	0,9	5,2	7,5	4,0	1,2	0,3	0,95	16,4	26,8	27,6
A	1,0	5,5	6,6	4,2	1,3	0,3	0,94	13,8	26,8	27,5
O	0,5	8,6	14,2	3,7	2,3	0,4	1,48	27,1	26,5	27,5
Nord										
F	1,4	6,6	7,7	4,0	1,1	0,2	1,05	20,1	26,2	27,0
A	1,3	6,2	7,8	3,7	0,9	0,2	1,01	17,2	26,4	26,9
O	2,5	11,9	13,4	6,3	2,0	0,4	1,83	26,3	25,7	26,8

Tableau III.9 (suite)

Région et groupe linguistique[a]	Taux de fécondité par âge[b] (%)						Taux brut de reproduction[c]	Taux brut de natalité[d] (en 0/00)	Âge moyen de la mère[e]	
	15-19	20-24	25-29	30-34	35-39	40-44			Observé	Standardisé
Québec										
F	0,9	4,9	7,0	3,6	1,0	0,2	0,88	16,1	26,9	27,4
A	0,7	3,6	5,1	2,9	0,8	0,1	0,67	11,1	26,9	27,4
O	1,2	5,8	8,2	4,6	1,1	0,2	1,05	15,9	27,4	27,4
Canada moins Québec										
F	2,0	5,9	6,8	3,7	1,1	0,2	0,98	17,0	25,9	26,6
A	1,7	5,3	6,1	3,2	0,9	0,2	0,87	15,5	26,0	26,6
O	2,0	6,0	7,0	4,0	1,1	0,2	1,02	15,0	27,0	26,7
Canada										
F	1,0	5,0	7,0	3,6	1,0	0,2	0,89	16,2	26,7	27,3
A	1,7	5,2	6,0	3,2	0,9	0,2	0,86	15,2	26,0	26,7
O	1,8	6,0	7,2	4,1	1,1	0,2	1,02	15,2	27,0	26,9
Total	**1,5**	**5,2**	**6,3**	**3,4**	**1,0**	**0,2**	**0,88**	**15,5**	**26,3**	**26,8**

a : Les groupes «français», «anglais» et «autre» sont désignés respectivement par les sigles F, A et O.

b : Le taux de fécondité de chaque groupe d'âge est obtenu en divisant un cinquième du nombre de naissances observées dans ce groupe d'âge (de la mère) entre 1976 et 1981 par la moyenne arithmétique des effectifs de ce groupe d'âge en 1976 et 1981.

c : Le taux brut de reproduction (sexes combinés) est obtenu en sommant les taux de fécondité par âge et en multipliant le résultat par cinq (le nombre d'années de chaque groupe d'âge).

d : Le taux brut de natalité est obtenu en divisant le cinquième du nombre total de naissances observées entre 1976 et 1981 par la moyenne arithmétique des effectifs de population en 1976 et 1981.

e : Si l'on désigne par F_x le taux de fécondité du groupe d'âge x à x+4, et par p_x le pourcentage de naissances du groupe d'âge x à x+4 dans le total des naissances, alors l'âge moyen «observé» de la mère est égal à $\frac{1}{100} \sum_x (x + 2,5) \, p_x$, et l'âge moyen «standardisé» (pour éliminer les différences dans la structure par âge de la population) est égal à $\sum_x \left[\frac{F_x}{\sum_x F_x} (x + 2,5) \right]$.

Sources: Voir les sources du tableau I.4.

inuit. Il importe en outre de souligner que la sous-fécondité du groupe anglais et la surfécondité du groupe «autre» s'observent non seulement pour toutes les régions mais encore pour tous les groupes d'âge (sauf trois cas négligeables parce que portant sur des effectifs statistiquement non significatifs)[21].

Les différences linguistiques et régionales dans l'âge moyen des mères ne sont guère importantes. Elles disparaissent une fois que l'on élimine les différences dans la structure par âge de la population. À l'intérieur d'une même région, les âges moyens standardisés ne varient guère d'un groupe linguistique à l'autre, et ils sont identiques au niveau de l'ensemble du Québec; les disparités régionales sont également très faibles (l'écart maximum est d'environ un an).

La surfécondité des allophones et la sous-fécondité des anglophones, telles qu'observées pour la période 1976-1981 pour l'ensemble du Québec, se retrouvent toujours — et ce sans grande surprise — en fin de période. En effet, comme le montre le tableau III.10, en 1981 l'indice synthétique de fécondité le plus élevé appartient aux femmes de langue d'usage «autre» (1,9 enfant par femme en moyenne), suivies des francophones (1,7 enfant par femme), puis des anglophones (1,3 enfant par femme)[22]. Ce qui est nouveau, c'est que maintenant aucun groupe n'a un niveau de fécondité suffisant pour assurer à moyen terme le remplacement des générations. Le groupe «autre» a perdu cette caractéristique au cours de la période 1976-1981[23].

---

21. À titre indicatif, nous avons également présenté dans le tableau III.9 les taux relatifs au reste du Canada. Ces chiffres étant basés sur des estimations (il n'y a pas d'enregistrement des naissances selon la langue d'usage de la mère), nous ne les commenterons pas.

22. Ces chiffres sont obtenus en répartissant au prorata les cas où la langue de la mère est inconnue, doublant cependant la part des anglophones et des allophones en faisant l'hypothèse que les femmes de ces deux groupes sont plus susceptibles de faire l'objet d'une déclaration erronée. Ils diffèrent donc de ceux obtenus par Tremblay (*op. cit.*), et Tremblay et Bourbeau (*loc. cit.*), qui utilisaient des hypothèses différentes, et qui confondaient par ailleurs les cas de bilinguisme français-anglais avec la catégorie «autre». Peu nombreux, ces cas ont été répartis au prorata des francophones et anglophones en doublant toutefois la part de ces derniers. Nous remercions Michel Paillé du Conseil de la langue française, qui nous a fourni ces données et ces précisions.

23. Cette dernière conclusion n'est cependant pas vérifiée lorsque l'on considère les résultats obtenus par d'autres auteurs (voir note 22 ci-dessus). Ainsi, Tremblay et Bourbeau (*loc. cit.*) obtiennent un indice de 2,2 (en 1981) pour le groupe allophone, au lieu de 1,9. On peut supposer que la différence entre ces deux chiffres est due essentiellement au mode de répartition des naissances dont la mère a un régime linguistique «inconnu».

Tableau III.10

**Indice synthétique de fécondité selon la langue d'usage,
Québec et régions, 1981**

Région	Indice synthétique de fécondité selon la langue d'usage			
	Français	Anglais	Autre	Ensemble
Montréal-Îles	1,33	1,34	1,68	1,37
Reste du Québec	1,77	1,20	2,48	1,74
Ensemble du Québec	**1,66**	**1,29**	**1,88**	**1,62**

Sources : Ministère des Affaires sociales, fichier des naissances, et Statistique Canada, recensement de 1981. Les calculs ont été réalisés par Michel Paillé, du Conseil de la langue française.

En comparant les régions, on constate une fois de plus la sous-fécondité de la région de Montréal-Îles par rapport au reste du Québec, sous-fécondité qui n'est cependant pas le cas de tous les groupes linguistiques : plus marquée pour les allophones, suivis des francophones, elle disparaît et s'inverse même légèrement pour les anglophones. Cette situation un peu étonnante pour les anglophones trouve probablement son explication dans la sous-estimation des niveaux de fécondité du groupe allophone à Montréal au profit du groupe anglophone. En effet, la comparaison des résultats précédents suivant la langue d'usage avec ceux obtenus suivant la langue maternelle pour l'année 1981 (tableau III.11) montre plus précisément que le niveau de fécondité des femmes de langue maternelle «autre» dépasse celui des femmes de langue d'usage «autre» à Montréal-Îles. Un examen plus détaillé des taux de fécondité par âge montre que ceci vaut à tout âge après 25 ans. Avant cet âge, les taux sont semblables.

Un tel résultat surprend, compte tenu de la situation inverse observée à tout âge à partir des données du recensement : elle nous paraît en fait peu vraisemblable, d'autant plus qu'elle disparaît ailleurs au Québec. On peut donc penser qu'un problème d'inadéquation entre les déclarations linguistiques au recensement et à l'état civil entraîne dans la région de Montréal-Îles la sous-estimation de la fécondité des femmes de langue d'usage «autre» et la surestimation de celle des femmes de langue d'usage anglaise. Ainsi, il pourrait s'agir de la surestimation du nombre de femmes de langue d'usage «autre» au recensement, ou encore de la sous-estimation du nombre de naissances dont la mère est de langue d'usage

Tableau III.11
Indice synthétique de fécondité selon la langue maternelle, Québec et régions, 1976 et 1981

| Région | Indice synthétique de fécondité selon la langue maternelle | | | | | | | |
| | 1981 | | | | 1976 | | | |
	Français	Anglais	Autre	Ensemble	Français	Anglais	Autre	Ensemble
Montréal-îles	1,30	1,26	1,84	1,37	1,43	1,19	2,71	1,53
Reste du Québec	1,76	1,31	2,34	1,74	1,97	1,50	3,56	1,95
Ensemble du Québec	**1,64**	**1,28**	**1,98**	**1,62**	**1,84**	**1,26**	**2,69**	**1,81**

Source : Voir tableau III.10.

«autre», ou d'une combinaison de ces diverses possibilités. Cette hypothèse paraît d'autant plus vraisemblable qu'elle permet d'expliquer deux éléments étonnants dans les résultats précédents, soit la surfécondité des anglophones de Montréal-Îles par rapport aux anglophones du reste du Québec et celle des femmes de langue maternelle «autre» par rapport aux femmes de langue d'usage «autre» à Montréal[24].

À l'extérieur de la région Montréal-Îles, les différences sont plus nettes entre les groupes linguistiques, mais reflètent une situation un peu différente de celle dégagée à partir du recensement par rapport aux anglophones et aux francophones : ici, les francophones ont un nombre moyen d'enfants plus élevé que les anglophones. La définition des régions ne coïncide cependant pas exactement dans les deux cas (Québec moins Montréal-Îles comparativement à Québec moins ensemble de Montréal), ce qui peut expliquer les différences observées.

L'indice synthétique de fécondité est le résultat du calcul de données réparties selon l'âge et traduites dans des taux de fécondité. Plus spécifiques, ces taux permettent de voir à quels âges les différences de fécondité sont les plus prononcées (tableau III.12 et graphique III.6). Ils traduisent dans l'ensemble la concentration très nette des naissances dans le groupe d'âge de 25 à 29 ans et la chute spectaculaire après 30 ans. À l'extérieur de la région de Montréal-Îles, la sous-fécondité des anglophones est généralisée à tout âge, tandis que les allophones connaissent les taux les plus élevés, sauf pour les femmes de 25 à 29 ans, qui sont devancées par les francophones. Chez les allophones, les taux de fécondité des femmes âgées de 20 à 24 ans sont aussi élevés que ceux des femmes du groupe d'âge suivant. Compte tenu du problème soulevé plus haut pour la région de Montréal-Îles, on ne peut guère discuter les différences observées ici selon l'âge. Chez les francophones, l'écart entre cette région et le reste du Québec tient à des différences de fécondité aux âges les plus féconds, soit entre 20 et 35 ans.

Des indices synthétiques de fécondité peuvent aussi être obtenus pour l'année 1976 suivant la langue maternelle seulement, puisque le recensement de cette année-là ne comportait pas de question relative à la langue d'usage. Plus fragiles parce que calculés avec une proportion plus grande de naissances pour lesquelles les caractéristiques linguistiques de la mère

---

24. Tremblay (*op. cit.*), avance d'autres éléments pour expliquer cette situation, éléments basés sur les niveaux de fécondité des femmes suivant la langue maternelle et la langue d'usage. Ces résultats nous paraissent pour notre part extrêmement fragiles à cause des limites respectives des sources utilisées : nous pensons plutôt que ce sont justement ces limites qui donnent lieu à des résultats un peu étonnants.

Tableau III.12

Taux de fécondité des femmes selon le groupe d'âge et la langue d'usage, Québec et régions, 1981

Taux de fécondité selon la région et la langue d'usage (0/00)

Groupe d'âge	Ensemble du Québec			Montréal-Îles			Québec moins Montréal-Îles		
	Français	Anglais	Autre	Français	Anglais	Autre	Français	Anglais	Autre
15-19	14,8	11,1	27,5	15,3	10,0	15,5	14,7	12,5	65,0
20-24	91,2	55,3	105,6	70,9	50,3	93,5	98,9	64,5	143,5
25-29	136,5	99,1	131,6	101,1	101,1	126,3	148,2	92,9	140,7
30-34	68,5	67,1	75,7	58,7	76,2	69,4	71,7	50,6	96,8
35-39	17,5	21,6	28,6	17,0	25,2	26,8	17,6	16,3	35,9
40-44	2,7	3,9	6,4	2,5	4,7	4,9	2,7	2,6	13,5

Source : Ministère des Affaires sociales, fichier des naissances ; Statistique Canada, recensement de 1981. Les calculs ont été réalisés par Michel Paillé du Conseil de la langue française.

Graphique III.6

Taux de fécondité (en 0/00) des femmes selon l'âge et la langue d'usage, Montréal-Îles et ensemble du Québec moins Montréal-Îles, 1981

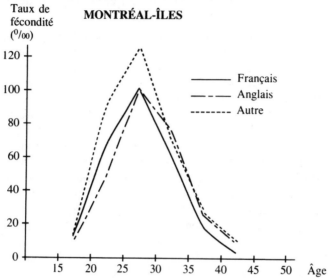

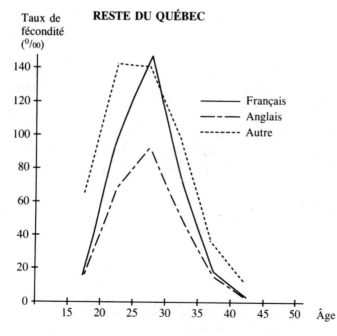

Source: Tableau III.12.

sont inconnues, ces indices peuvent néanmoins être comparés à ceux de 1981. Cette comparaison ne doit pas être trop stricte, puisqu'elle couvre deux recensements distincts affectés différemment par des problèmes de déclaration et de sous-dénombrement.

Comme la comparaison des recensements de 1971 et de 1981 effectuée précédemment en termes de nombre d'enfants mis au monde, celle des indices synthétiques de fécondité de 1976 et 1981 confirme la baisse générale de la fécondité (tableau III.11). Surtout marquée pour le tiers groupe, cette tendance disparaît toutefois pour le groupe anglais. Avec les niveaux de fécondité les plus faibles du Québec, il est possible que ce groupe ait maintenant atteint un seuil en dessous duquel il ne descendra plus guère, mais la différence enregistrée à cet égard entre la région de Montréal-Îles et le reste du Québec suggère plutôt un problème lié aux sources, qui a par ailleurs déjà été mis en évidence : en 1976, des personnes de langue maternelle «autre» se seraient plutôt déclarées de langue maternelle anglaise[25]. Une telle situation conduirait effectivement à sousestimer la fécondité du groupe anglais en 1976 et à surestimer celle du groupe autre, masquant pour l'un et accentuant pour l'autre l'évolution intervenue entre 1976 et 1981. Ailleurs que dans la région de Montréal-Îles, la baisse vaut pour chacun des groupes linguistiques et paraît plus prononcée pour le tiers groupe.

***

Au terme de cette analyse, le groupe allophone paraît donc avantagé d'une double façon quant à l'accroissement naturel de ses effectifs : d'une part parce qu'il connaît les plus hauts niveaux de fécondité de tous les groupes linguistiques, d'autre part parce qu'il jouit également des plus faibles niveaux de mortalité. Comme nous le verrons plus loin, cette situation avantageuse est cependant loin de compenser les pertes que subit le tiers groupe avec les transferts linguistiques en faveur de l'anglais ou du français.

---

25. Renée Malo, Robert Bourbeau et Norbert Robitaille, «Estimations résiduelles de l'émigration internationale selon la langue maternelle, Québec, 1971-1976», *Cahiers québécois de démographie*, vol. 11, n° 1, 1982, pp. 19-45.

La situation des deux autres groupes linguistiques est plus problématique : si les anglophones sont toujours avantagés par une mortalité plus faible que les francophones, ils connaissent par ailleurs des niveaux de fécondité plus bas qui compromettent sérieusement, plus encore que pour le groupe français, leur renouvellement interne. De façon générale, aucun des groupes linguistiques ne paraît aujourd'hui en mesure d'assurer son renouvellement par le seul jeu de la fécondité et de la mortalité.

Les conséquences de ces comportements de fécondité et de mortalité linguistiquement et régionalement différenciés, en termes d'accroissement naturel réel de la population, peuvent être évaluées en comparant les taux bruts de natalité et de mortalité (en n'oubliant pas cependant que ces taux reflètent également les différences dans la structure par âge des divers groupes). Ainsi, la structure par âge du groupe anglais est nettement plus vieille que celle des deux autres groupes, en particulier dans les Cantons de l'Est, ce qui a pour effet d'augmenter sensiblement les taux bruts de mortalité de ce groupe.

La différence entre les taux bruts de natalité du tableau III.9 et les taux bruts de mortalité du tableau III.1 permet de connaître les taux annuels moyens d'accroissement naturel entre 1976 et 1981. Quelle que soit la région, le taux d'accroissement naturel du groupe anglais est toujours le plus bas et celui du groupe «autre» le plus élevé (sauf dans les Cantons de l'Est où cependant l'effectif du groupe «autre» est trop faible pour donner des taux significatifs). On pourra constater que dans l'ensemble du Québec, le groupe anglais connaît un taux d'accroissement naturel inférieur à la moitié de celui des groupes français et «autre». On remarquera aussi que le groupe anglais a connu une croissance naturelle négative dans les Cantons de l'Est, et une croissance naturelle quasi nulle à Montréal (0,37 % par an). On retrouve donc ici l'observation faite précédemment, lors de la construction du bilan démolinguistique de la période 1976-1981, à savoir que le problème démographique du groupe anglais ne se limite pas à celui de la migration avec le reste du Canada. C'est l'ensemble de son comportement démographique qui doit être mis en cause.

CHAPITRE IV

La mobilité linguistique

Contrairement à l'accroissement naturel étudié dans le chapitre précédent, l'accroissement par mobilité linguistique (et celui par mobilité géographique, qui fera l'objet du chapitre suivant) a un contenu beaucoup plus «volontariste». Un individu ne décide pas de naître ni (dans la quasi-totalité des cas) de mourir. Bien sûr, il peut plus ou moins «décider» d'engendrer, mais encore est-ce dans des limites relativement étroites. Par contre, le choix d'une nouvelle langue (comme d'un nouveau lieu de résidence) dépend en dernier ressort de la personne concernée, du moins dans la plupart des situations. En termes plus spécifiques, on dira que l'accroissement naturel est un phénomène beaucoup plus «exogène» que la mobilité linguistique (et géographique), qui est, pour sa part, beaucoup plus liée au contexte socio-économique, et donc — du moins en théorie — plus facilement affectée par des mesures «politiques» et par les conditions de fonctionnement du système social.

Sans doute devrait-on nuancer considérablement cette affirmation. Il n'en reste pas moins que, comme phénomène plutôt «endogène», la mobilité linguistique (et géographique) peut connaître des variations dans le temps et dans l'espace, et des disparités entre sous-groupes de population beaucoup plus prononcées que la fécondité et la mortalité. C'est à l'étude de ces disparités et de ces variations de la mobilité linguistique qu'est consacré le présent chapitre.

Encore faudrait-il au préalable s'entendre sur le concept même de mobilité linguistique. La première section de ce chapitre présentera une telle discussion conceptuelle. Plus, sans doute, que pour les autres phénomènes démolinguistiques, les données relatives à la mobilité linguistique sont sujettes à caution. Une analyse critique de ces données est donc particulièrement indiquée. Elle fera l'objet de la deuxième section. Dans une troisième étape, nous tenterons de dégager un portrait d'ensemble de la mobilité linguistique au Québec, incluant une analyse du bilinguisme, passage quasi obligé vers un transfert linguistique. Cette analyse générale se poursuivra tout naturellement par l'examen, dans la quatrième section, de quelques caractéristiques individuelles, essentiellement socio-économiques, des personnes ayant effectué des transferts linguistiques. Enfin, puisqu'il y a des liens évidents entre la mobilité linguistique et l'exogamie, nous consacrerons une dernière section à l'étude de ces interrelations.

4.1. Définition et concepts

On entend généralement par mobilité linguistique le fait pour une personne d'utiliser couramment, à la maison, au travail, avec ses amis, une langue différente de celle qu'elle a d'abord apprise. Dans le cadre de ce travail, on parlera de mobilité linguistique dans le contexte familial, c'est-à-dire lorsque la langue d'usage, définie comme la langue parlée à la maison, est différente de la langue maternelle. Ce choix est d'ailleurs largement déterminé par les concepts utilisés dans les sources disponibles (recensements et registres).

Comme l'écrit Castonguay, «la langue maternelle est un élément fondamental de l'identité individuelle, et si la pratique linguistique de la société environnante n'entre pas en conflit avec celle du milieu familial, il y a peu de raisons pour l'individu de refuser cet élément de son identité première et d'adopter une autre langue comme langue d'usage au foyer»[1]. Au Québec, la mobilité linguistique constitue un phénomène important, qui s'explique en grande partie par sa situation historique dans un continent majoritairement anglais, ainsi que par l'importance de l'immigration internationale, qui conduit à de nombreux transferts d'une langue «autre» vers le français ou l'anglais.

Si la définition précédente du phénomène paraît simple, elle donne lieu dans la réalité à des situations souvent très complexes où se mêlent plusieurs éléments difficiles à isoler. Le cas de couples où les conjoints sont de langue maternelle différente et où plus d'une langue est utilisée dans le contexte familial illustre cette difficulté de définir aussi bien la langue des parents que celle des enfants issus de ces unions.

Castonguay identifie deux grands types de transferts linguistiques, soit les transferts «catastrophiques» qui mettent «généralement en jeu des facteurs produisant une pression linguistique puissante, directe et immédiate et entraînant à relativement court terme un renversement ou un réaccommodement par lequel une langue ravirait la première place à une autre», et, par contraste, les transferts de type «évolutif» qui se caractériseraient «par un déplacement à plus long terme de la préférence de l'individu pour

---

1. Charles Castonguay, «Les transferts linguistiques au foyer», *Recherches sociographiques*, vol. 17, n° 3, 1976, pp. 341-351, p. 341.

une langue à une autre, chacune déjà bien en place, suscité par l'action répétée de facteurs relativement indirects mais permanents»[2]. Le premier type de transfert peut être directement lié à un changement soudain comme la migration, tandis que le second opère en longue période. Évidemment, plusieurs types intermédiaires ou mixtes peuvent également exister.

Lachapelle[3] schématise pour sa part le phénomène de la façon suivante :

Première enfance   **Âge adulte**

Mobilité linguistique

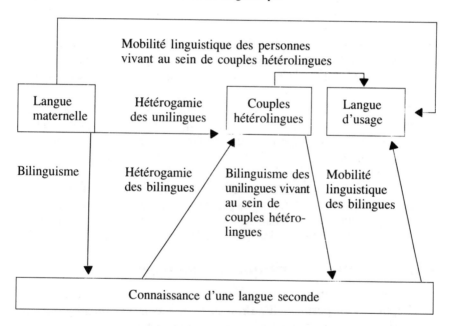

---

2. Charles Castonguay, «Le mécanisme du transfert linguistique», *Cahiers québécois de démographie*, vol. 6, n° 3, 1977, pp. 137-155, p. 142.

3. Réjean Lachapelle, «Définition et analyse des mobilités démographiques : l'exemple de la mobilité linguistique», dans : *Démographie et destin des sous-populations, Actes du Colloque de Liège (21-23 septembre 1981)*, Paris, Association internationale des démographes de langue française (AIDELF), 1983, pp. 237-248, p. 246.

Ce schéma fait ressortir l'importance du bilinguisme pour les transferts linguistiques, c'est-à-dire la nécessité préalable de connaître la nouvelle langue vers laquelle s'effectue le transfert. Il met également en évidence les liens privilégiés existant entre exogamie et mobilité linguistique. On peut à cet égard parler de mobilité intergénérationnelle entre les parents et les enfants de ces familles hétérolingues.

Les transferts linguistiques ne se produisent pas n'importe quand dans la vie d'un individu, et rarement plus d'une fois. En général, c'est entre 18 et 30 ans qu'ils sont les plus fréquents, fait qui n'est pas indépendant de certains autres types de «transferts», comme l'entrée sur le marché du travail, le mariage, la migration, voire la fréquentation d'établissements d'enseignement. Ils sont rares avant 15 ans et après 35 ou 40 ans[4]. De façon plus globale, le niveau et les modalités de la mobilité linguistique varient également en fonction de la composition linguistique d'une région, de même qu'en fonction de la dynamique spécifique existant entre les divers groupes.

Partant de ces éléments, et prenant appui sur les résultats d'analyses fondées surtout sur les données du recensement de 1971, le présent chapitre sera consacré à dégager le portrait le plus global possible de la mobilité linguistique au Québec au cours des dernières années : les variations régionales du phénomène, l'âge, le sexe, le degré de bilinguisme et d'exogamie, le lieu de naissance et le statut migratoire, de même que quelques caractéristiques socio-économiques seront considérés. Mais avant de présenter les résultats de ces analyses, il est particulièrement important de jeter un regard critique sur les données utilisées.

4.2. Présentation critique des données

Les recensements réalisés depuis 1971, ainsi que les fichiers de l'état civil depuis 1975, permettent de connaître de façon plus ou moins satisfaisante le nombre de transferts linguistiques et certaines de leurs caractéristiques. L'impact des limites qui affectent la qualité de ces données (voir annexe B) apparaît particulièrement important lorsqu'il s'agit de mesurer la mobilité linguistique, qui fait intervenir les données relatives à la fois à la langue maternelle et à la langue d'usage. En effet, les lacunes dans la distribution respective de ces deux variables entrent alors en interaction et la mesure du phénomène en est grandement affectée. Le traitement par Statistique Canada des cas de non-réponses et de déclarations multi-

---

4. Charles Castonguay, «Les transferts linguistiques au foyer», *Recherches sociographiques*, vol. 17, n° 3, 1976, pp. 341-351 ; Réjean Lachapelle, *loc. cit.*

ples à l'une ou l'autre de ces questions paraît particulièrement en cause ici, d'autant plus que leurs probabilités de se produire ne sont vraisemblablement pas indépendantes. Albert et Harrison ont démontré que «si le traitement des données n'a pas modifié de façon importante la composition linguistique de la population du Québec, il a cependant eu un impact significatif sur les croisements des données linguistiques»[5]. Ils concluaient que ces données linguistiques «présentent une fragilité certaine pour l'analyse du phénomène de la mobilité linguistique».

S'il est possible de connaître les règles utilisées pour le traitement des cas problématiques aux recensements de 1971 et de 1981 — règles qui diffèrent par ailleurs — les données pour en évaluer l'effet ne peuvent être connues que pour le recensement le plus récent. Quant aux statistiques provenant des fichiers de l'état civil, elles contiennent des données relatives aux cas de non-réponses et de déclarations multiples : étant donné toutefois le nombre important de personnes engagées dans la cueillette de ces informations, on ignore si tous les cas complexes sont bien traités de la même façon. Compte tenu de cette situation, l'évaluation qui suit a porté essentiellement sur les données du recensement de 1981, bien qu'elle comporte également certains éléments de comparaison avec le recensement de 1971. Nous résumons ici les conclusions de cette opération, dont les détails figurent à l'annexe B de cet ouvrage.

Au Québec, les cas de non-réponses ou de réponses multiples à l'une ou l'autre des variables linguistiques comptent pour seulement 5 % de toutes les réponses croisées de ces variables, ce qui laisse 95 % de cas où les deux réponses, uniques, satisfont aux règles de Statistique Canada. La résolution de ces cas problématiques en une réponse unique se traduit cependant par une augmentation impressionnante des cas de transferts : doublement des transferts de l'anglais vers le français, de même que des transferts du français ou de l'anglais vers une langue «autre» ; augmentation de 50 % des transferts du français à l'anglais et d'une langue «autre» au français ; augmentation du quart environ des transferts d'une langue «autre» à l'anglais[6]. On n'est pas sans remarquer que ce sont les transferts favo-

5. Luc Albert et Brian Harrison, *Les données linguistiques des recensements récents au Canada*, communication présentée au 52ᵉ congrès de l'Association canadienne-française pour l'avancement des sciences (ACFAS), section démographie, Québec, 10-11 mai 1984.
6. Charles Castonguay, «L'évolution des transferts linguistiques au Québec, selon les recensements de 1971 et 1981», dans : *L'état de la langue française au Québec. Bilan et prospective*, Québec, Conseil de la langue française, «Notes et documents», n° 58, 1986, t. 1., pp. 201-268 ; tableau IV.20, p. 264.

rables au français qui augmentent davantage, ce qui a déjà provoqué des réactions assez vives, au Québec particulièrement, contre les règles utilisées par Statistique Canada. Pour évaluer l'impact de ces règles, nous avons d'abord cherché à connaître la situation dans quelques autres provinces, pour voir si elle se différenciait de celle observée au Québec. Nous avons ensuite formulé de nouvelles hypothèses pour traiter les cas problématiques et en avons comparé l'effet sur la mesure de la mobilité linguistique. Enfin, nous avons cherché à connaître les caractéristiques des réponses «erronées» traitées par Statistique Canada de façon à mieux saisir le sens des transferts qui en ont résulté.

4.2.1. La situation ailleurs au Canada

L'examen des données relatives à l'Ontario et à la Colombie-Britannique montre que la situation linguistique saisie au Québec au moment du recensement de 1981 n'est pas exclusive à cette province en ce qui a trait aux réponses problématiques. En effet, on observe dans les deux autres provinces une proportion un peu plus grande de cas où le croisement de la langue maternelle et de la langue d'usage contient une déclaration multiple ou une non-réponse (6 %, comparativement à 5 % au Québec). De même, la résolution de ces réponses se traduit par une augmentation considérable de la mobilité linguistique, particulièrement importante dans le cas des transferts vers le français. Cette comparaison ne nous en apprend guère plus sur la valeur de la répartition des variables linguistiques, telle que publiée, mais elle révèle que le problème n'est pas limité au Québec.

4.2.2. Les règles utilisées pour distribuer les déclarations «erronées»

Nous avons adopté deux nouvelles hypothèses («nouvelles» par rapport à celles utilisées par Statistique Canada en 1981) pour répartir les cas de non-réponses et de déclarations multiples au recensement de 1981. La première correspond approximativement aux règles utilisées en 1971 par Statistique Canada, ce qui permet du même coup d'évaluer la comparabilité des données de ces deux recensements relativement à la mobilité linguistique. La seconde a été fixée par nous comme une hypothèse vraisemblable pour résoudre les cas-problèmes : elle consiste essentiellement à donner priorité à la langue d'usage, lorsqu'il s'agit du français ou de l'anglais, et n'accorde donc pas de viabilité aux langues «autres» lorsqu'elles apparaissent comme langue d'usage avec le français ou l'anglais (voir annexe B).

Contrairement aux arguments avancés par Castonguay[7] pour expliquer l'augmentation du nombre de transferts en 1981, nos résultats suggèrent que les règles de traitement utilisées par Statistique Canada en 1981 conduisent à une sous-estimation de la mobilité linguistique par rapport aux deux autres hypothèses. Ainsi, mesurée à partir des règles utilisées en 1971, la mobilité linguistique en 1981 augmente légèrement, sauf dans le cas des transferts de la langue «autre» vers l'anglais, les règles de 1971 étant plutôt à l'avantage des langues «autres». Et lorsque, dans la seconde «nouvelle» règle que nous avons posée, nous privilégions la «nouvelle» langue d'usage dans les cas de déclarations multiples, il en résulte une augmentation beaucoup plus nette (8 %) du nombre total de transferts. Quelle que soit la règle utilisée, la mobilité linguistique de chacun des groupes en 1981 dépasse celle de 1971.

Reste à savoir si le nombre de cas soumis à de telles règles est comparable en 1971 et en 1981. Bien qu'on ne connaisse pas avec précision ce nombre en 1971, il semble qu'il y ait eu moins de cas-problèmes en 1981 qu'au recensement de 1971, première année où le processus d'auto-dénombrement était mis en place. Ceci va à l'encontre de l'idée que cette différence puisse expliquer l'augmentation du niveau de mobilité. Dans l'ensemble, les statistiques de 1971 sur la mobilité linguistique pourraient bien être tout aussi discutables que celles de 1981, mais on ne dispose pas à l'heure actuelle de données pour répondre à cette question.

4.2.3. Les caractéristiques des déclarations «erronées»

Une autre façon de chercher à cerner le sens et la valeur des données publiées officiellement consiste à dégager certaines caractéristiques concernant les cas de déclarations multiples ou de non-réponses. Les don-

---

7. Charles Castonguay, «L'évolution des transferts linguistiques au Québec, selon les recensements de 1971 et 1981», dans : *L'état de la langue française au Québec. Bilan et prospective*, Québec, Conseil de la langue française, «Notes et documents», n° 58, 1986, t. 1, pp. 201-268.

nées disponibles, relatives aux langues déclarées, permettent de le faire en fonction des variables suivantes : l'âge, la connaissance du français et de l'anglais et l'origine ethnique[8].

Ces données indiquent d'abord des différences selon l'âge dans la distribution des réponses ayant dû être traitées : les cas de non-réponses sont en effet plus fréquents chez les jeunes de 0 à 14 ans que parmi les autres groupes, ce qui n'est pas le cas des déclarations multiples. Parmi ces dernières, celles qui impliquent aussi le français comme langue unique se retrouvent moins souvent chez les jeunes que celles qui impliquent l'anglais ou une langue «autre». La même situation générale vaut au Québec et dans l'ensemble du Canada.

L'examen des déclarations multiples de type français-anglais, qui constituent le cas le plus fréquent de déclaration erronée traitée par Statistique Canada, montre une nette surreprésentation des personnes connaissant à la fois le français et l'anglais par rapport aux cas de réponses uniques «français» ou «anglais»[9]. Cette surreprésentation est encore plus prononcée chez les 0-14 ans : alors que respectivement 5 % et 37 % des personnes de langue maternelle unique française et anglaise de cet âge sont déclarées bilingues, cette proportion atteint 79 % dans le cas des doubles déclarations français-anglais. Il paraît alors assez évident que ces cas concernent un sous-ensemble spécifique de la population, largement plus bilingue que le reste de la population, et vivant donc en contact beaucoup plus étroit avec les deux langues.

Les données relatives à l'origine ethnique font surgir quant à elles quelques questions fondamentales à propos de certains types de transferts. Ainsi, Castonguay a déjà mis en évidence qu'une proportion importante des transferts de l'anglais vers le français provient de personnes qui se déclarent d'origine ethnique française, alors que le cas est différent pour la langue française ou les langues «autres». La même chose avait été observée au recensement de 1971[10]. Ce fait est troublant, même si le concept d'origine ethnique au recensement peut être critiqué quant à sa signification

---

8. Pour une analyse détaillée selon ces variables, voir : Charles Castonguay, «Transferts et semi-transferts linguistiques au Québec d'après le recensement de 1981», *Cahiers québécois de démographie*, vol. 14, n° 1, 1985, pp. 59-84, et Jacques Henripin, «Les Québécois dont la langue est flottante et la mobilité linguistique», *Cahiers québécois de démographie*, vol. 14, n° 1, 1985, pp. 87-97.

9. Luc Albert et Brian Harrison, *op. cit.*

10. Charles Castonguay, «L'évolution des transferts linguistiques au Québec, selon les recensements de 1971 et 1981», dans : *L'État de la langue française au Québec. Bilan et prospective*, Québec, Conseil de la langue française, «Notes et documents», n° 58, 1986, t. 1, p. 229 et p. 231.

gine ethnique au recensement peut être critiqué quant à sa signification et à sa perception par les personnes répondantes. Un examen plus approfondi de cette question selon le type de déclaration linguistique montre que parmi les seules réponses uniques, 50 % des transferts de l'anglais vers le français proviennent de gens d'origine ethnique déclarée française, 36 % seulement de gens d'origine britannique et 5 % d'origine britannique-française. Les transferts du français vers l'anglais proviennent quant à eux de personnes d'origine française dans une proportion de 84 %. Mis à part les cas de doubles non-réponses, qui sont largement concentrés chez les autochtones, les déclarations linguistiques traitées par Statistique Canada, telles les doubles déclarations français-anglais, proviennent majoritairement de personnes d'origine ethnique française. Seules les déclarations impliquant l'anglais comme langue unique proviennent surtout de personnes d'origine britannique. Chez les jeunes de 0-14 ans, 45 % des doubles déclarations français-anglais sont le fait de personnes déclarant une double origine ethnique britannique-française. Cela confirme qu'une bonne partie d'entre eux vit dans des familles «bilingues».

Les données précédentes, les premières de ce type disponibles depuis que les recensements permettent de mesurer directement le phénomène de la mobilité linguistique, soulèvent des questions importantes quant à la pertinence des concepts utilisés pour définir les variables linguistiques. En effet, au delà des erreurs et des omissions accidentelles qui peuvent toujours se produire en répondant au questionnaire du recensement, il semble bien que la plupart des «erreurs» traitées par Statistique Canada proviennent d'un sous-groupe assez spécifique de la population, celui qui vit des situations linguistiques plus complexes, du moins dans le contexte familial. D'autres études[11] confirment cette idée et mettent ainsi en cause la thèse de Statistique Canada selon laquelle les non-réponses et les déclarations multiples constituent des «erreurs» qu'il faut corriger. Bien plus, les résultats présentés selon la variable «origine ethnique» suggèrent que dans certains cas, même les réponses uniques ne sont peut-être pas aussi fiables qu'on pourrait le penser, surtout dans les cas, certes possibles, de «va-et-vient» linguistique entre les générations.

L'impact quantitatif de ce problème est considérable, et varie suivant les groupes considérés. Ainsi, le rapport du taux de mobilité linguistique calculé d'après les données officiellement publiées au taux de mobilité cal-

11. Charles Castonguay, «Transfert et semi-transferts linguistiques au Québec d'après le recensement de 1981», *Cahiers québécois de démographie*, vol. 14, n° 1, 1985, pp. 87-97; Jacques Henripin, *loc. cit.*

culé sur la base des seules réponses uniques montre une augmentation considérable de la mobilité d'une mesure à l'autre (graphique IV.1). Cette évolution, normale dans une certaine mesure puisque la plupart des cas traités correspondent probablement à des situations de transferts en cours, est particulièrement importante dans le cas des transferts de l'anglais vers le français ; elle est en général plus prononcée chez les plus jeunes et les personnes plus âgées, et moins marquée chez les 25-34 ans, et ce quel que soit le type de transfert.

L'analyse des données sur la mobilité linguistique, telle que présentée dans ce chapitre, ne peut donc pas se faire sans certaines restrictions évidentes. Par rapport à l'âge d'abord, notre analyse se concentrera sur les groupes de jeunes adultes, visiblement les moins affectés par le problème de qualité des données. Même à l'intérieur de ces limites, la valeur des transferts de l'anglais vers le français reste difficile à apprécier, étant donné ce qu'on connaît de l'origine ethnique des personnes ayant effectué ces transferts. De plus, compte tenu de la position objective des langues au Québec, qui a toujours été à l'avantage de l'anglais, il nous paraît évident qu'il y a des problèmes dans le mode d'attribution de transferts «fictifs» de l'anglais vers le français. Ces transferts devront être analysés avec le maximum de prudence.

Un dernier point important concerne la comparabilité des résultats obtenus à partir des recensements de 1971 et de 1981. Cette comparabilité est particulièrement fragile, étant donné le manque d'informations disponibles sur le recensement de 1971. Faisant l'hypothèse que les mêmes restrictions posées pour l'analyse des résultats du recensement de 1981 valent pour celui de 1971, il paraît néanmoins acceptable de comparer les résultats de certains groupes d'âge et de certains types de transferts, les moins affectés par les problèmes de qualité des données. Une analyse longitudinale est même envisageable, surtout dans le cas des personnes qui étaient âgées de 25 à 34 ans en 1971, du moins pour le groupe français, le moins affecté par des modifications dans sa composition.

Graphique IV.1
Rapport du taux de mobilité linguistique calculé après répartition des non-réponses et des réponses multiples au taux de mobilité linguistique calculé sur la base des seules réponses uniques, selon l'âge et le type de transfert, Québec, 1981

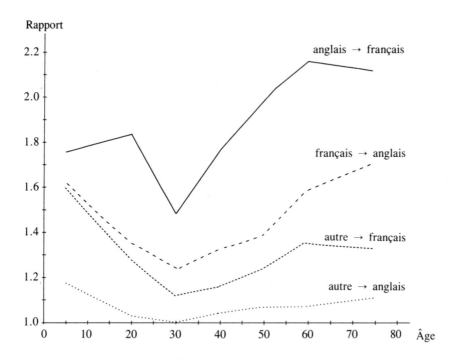

Sources: Statistique Canada, compilations spéciales du recensement de 1981, et données non publiées obtenues auprès de Statistique Canada.

4.3. Analyse générale de la mobilité linguistique

4.3.1. L'indice de continuité linguistique

L'indice de continuité linguistique constitue une mesure très générale de la mobilité linguistique, qui rend compte de la capacité d'un groupe linguistique d'assurer son renouvellement. Le rapport des effectifs d'une langue d'usage donnée aux effectifs de cette même langue maternelle indique de façon générale si un groupe linguistique est dominant, c'est-à-dire s'il s'alimente aux autres groupes par le biais des transferts linguistiques, ou si au contraire il perd des membres au profit des autres groupes.

Au Québec en 1981, les indices de continuité linguistique montrent que le groupe anglais est un groupe gagnant par rapport aux autres groupes linguistiques, que le tiers groupe est un groupe essentiellement déficitaire, alors que le groupe français maintient globalement la taille de ses effectifs (tableau IV.1). La même situation vaut pour chacune des régions, de façon plus ou moins prononcée. Les gains du groupe anglais en matière de mobilité linguistique paraissent les plus forts dans la région de Montréal et les plus faibles partout ailleurs au Québec, mais dans une moindre mesure dans l'Outaouais. À l'exception des régions de la Gaspésie et du Nord, où les autochtones forment une part importante de la population du groupe «autre» et gardent davantage leur langue maternelle, les pertes du groupe «autre» sont les plus importantes à l'extérieur de Montréal. Cette situation tient probablement à la présence dans la région de Montréal de communautés culturelles plus fortes, ce qui favorise le maintien de la langue maternelle comme langue d'usage, de même qu'à la concentration dans cette région de personnes arrivées au pays depuis peu de temps. La situation du groupe français paraît la moins variable des trois, avec cependant un indice légèrement au-dessous de 100 dans l'Outaouais. Ces résultats ne sont pas sans rappeler certains aspects du portrait tracé précédemment (chapitre II), traduisant la plus grande fragilité de la situation du groupe français dans l'Outaouais et à Montréal, et la plus grande force du groupe anglais dans ces mêmes régions.

La comparaison avec les données du recensement de 1971, limitée cette fois à la population âgée de 25 à 44 ans, indique peu de changement entre les deux recensements pour chacun des trois groupes linguistiques, si ce n'est une certaine détérioration de la situation du tiers groupe au profit des deux autres (tableau IV.2). Dans les régions, la situation s'est améliorée dans l'Outaouais pour le groupe français pendant qu'elle se détériorait pour le groupe anglais dans cette même région et en Gaspésie-Nord. Elle s'est légèrement améliorée pour le groupe anglais dans l'ensemble de Montréal pendant qu'elle se détériorait pour le tiers groupe dans la même région. On peut penser que ces résultats, obtenus pour la population de 25 à 44 ans seulement, traduisent des tendances récentes. Comparés à ceux obtenus pour l'ensemble de la population, ils suggèrent une meilleure situation du français chez les jeunes adultes de l'Outaouais et de l'anglais chez les jeunes adultes de Montréal, le contraire valant évidemment en contrepartie pour le groupe «autre».

Tableau IV.1
Indice de continuité linguistique[a], Québec et régions, 1981

Région	Langue maternelle		
	Français	**Anglais**	**Autre**
Outaouais	98,9	110,4	63,1
Ensemble de Montréal[b]	100,4	119,1	70,5
— Montréal-Îles	100,5	121,0	72,2
— Région métropolitaine de recensement	100,4	119,6	70,7
Cantons de l'Est	99,9	104,9	59,2
Intérieur	100,2	103,5	64,6
Gaspésie-Nord	99,9	108,5	91,1
Québec	**100,2**	**116,4**	**71,2**

a : Cet indice est obtenu en rapportant les effectifs d'une langue d'usage donnée aux effectifs de cette même langue maternelle.

b : Les deux régions qui suivent constituent deux sous-ensembles particuliers de la vaste région «Ensemble de Montréal». On notera que celle de Montréal-Îles est aussi comprise dans la région métropolitaine de recensement.

Source : Statistique Canada, compilations spéciales du recensement de 1981.

L'utilisation de l'indice de continuité linguistique pour apprécier le phénomène de la mobilité linguistique atteint cependant vite certaines limites, qu'il faut dépasser en recourant à d'autres outils méthodologiques. En effet, basé sur les effectifs totaux des langues maternelle et d'usage, cet indice ne comporte pas de distinction entre les différentes catégories de transferts linguistiques, et rend donc seulement compte des effets nets de la mobilité linguistique. Pour apprécier chacun des types de mouvements d'une langue vers une autre, on aura recours dans un premier temps aux nombres de transferts de chaque type, puis aux taux de mobilité linguistique, qui mesurent la propension des personnes d'un groupe linguistique donné à effectuer un transfert.

Tableau IV.2

Indice de continuité linguistique[a] dans la population âgée de 25 à 44 ans, Québec et régions, 1971 et 1981

	Langue maternelle					
	Français		**Anglais**		**Autre**	
Région	**1971**	**1981**	**1971**	**1981**	**1971[b]**	**1981**
Outaouais	97,5	99,0	119,2	116,7	—	54,3
Ensemble de Montréal	100,2	100,5	120,7	122,6	70,9	65,3
Cantons de l'Est	100,3	100,1	105,4	105,5	—	51,6
Intérieur	100,5	100,4	99,3	99,4	—	56,0
Gaspésie-Nord	100,2	100,1	108,6	105,2	—	85,9
Québec	**100,2**	**100,3**	**118,3**	**119,2**	**69,5**	**67,5**

a : Voir la note a du tableau IV.1.

b : Données non disponibles pour les régions en 1971, sauf pour la région métropolitaine de recensement de Montréal, telle que définie par Statistique Canada (données fournies par le ministère de l'Immigration et des Communautés culturelles du Québec).

Sources : Pour les données de 1971, Réjean Lachapelle et Jacques Henripin, *La situation démolinguistique au Canada, évolution passée et prospective*, Montréal, L'Institut de recherches politiques, 1980, xxxii-391 p., p. 168 ; pour les données de 1981, Statistique Canada, compilations spéciales du recensement de 1981.

4.3.2. Nombre et répartition des transferts

Le type de transfert le plus fréquent, en termes de nombres absolus, est le transfert du français vers l'anglais, suivi de peu par celui d'une langue «autre» vers l'anglais, puis de l'anglais vers le français ; vient ensuite le transfert d'une langue «autre» vers le français, suivi de loin par ceux du français ou de l'anglais vers une langue «autre», mouvement qui sont nettement marginaux par rapport à l'ensemble (tableau IV.3). On peut d'ailleurs s'interroger sur le sens à donner à ces derniers transferts, qui résultent dans la moitié des cas du traitement des réponses problématiques par Statistique Canada. Aussi les négligerons-nous dans l'analyse des taux de mobilité linguistique.

Tableau IV.3
**Population selon la langue maternelle et la langue d'usage,
Québec, 1981**

Langue maternelle	Langue d'usage			Toutes langues
	Français	Anglais	Autre	
Français	5 128 130	106 365	13 940	5 248 435
Anglais	82 135	601 155	11 630	694 920
Autre	46 560	101 625	277 530[a]	425 715
Toutes langues	**5 256 825**	**809 145**	**303 100**	**6 369 070**

a : Comprend les cas où les deux langues «autres» sont les mêmes (271 785) et ceux où elles sont différentes (5 745).

Source : Statistique Canada, Recensement de 1981, *Population. Langue maternelle, langue officielle et langue parlée à la maison*, catalogue n° 92-910, Ottawa.

Si la situation linguistique était comparable sur l'ensemble du territoire québécois, on pourrait s'attendre à ce que de chaque région provienne un nombre de transferts proportionnel à son seul poids démographique par rapport à l'ensemble. Tel n'est évidemment pas le cas, et la répartition des transferts selon le type et la région met en évidence leur concentration dans la région de Montréal principalement (tableau IV.4). Ceci découle en bonne partie du poids démographique de cette région et de la concentration des groupes anglais et «autre» qu'on peut y observer, spécialement dans la sous-région de Montréal-Îles. Même si elle ne représente que 31 % de la population totale du Québec, cette dernière sous-région accapare à elle seule près de 60 % de tous les transferts linguistiques observés au Québec en 1981, surtout ceux qui impliquent une langue «autre». Le regroupement des régions de l'Intérieur, de la Gaspésie et du Nord donne également un nombre relativement élevé de transferts, ceci évidemment à cause de sa taille importante ; mais ce nombre de transferts est proportionnellement beaucoup moins grand (16 %) que le poids de cette macro-région dans l'ensemble québécois (41 %). Les autres régions ont moins de 5 % du nombre total de transferts.

Deux régions comptent une plus forte proportion de transferts du français vers l'anglais que de l'anglais vers le français : il s'agit de l'Outaouais et de la région de Montréal, ce qui traduit une fois de plus le caractère plus hétérogène de la situation linguistique ainsi que la plus grande fragilité de la situation du groupe français dans ces deux régions. De même, la vaste région de Montréal et ses deux sous-ensembles de Montréal-Îles et de la région métropolitaine comptent une plus forte proportion de trans-

Tableau IV.4
Répartition des transferts selon le type et la région, Québec, 1981

Région	Type de transfert						
	Français vers anglais	Français vers autre	Anglais vers français	Anglais vers autre	Autre vers français	Autre vers anglais	Total
Outaouais	7 645 7,2 %	255 1,8 %	4 865 5,9 %	150 1,3 %	980 2,1 %	1 760 1,7 %	15 655 4,3 %
Ensemble de Montréal[a]	68 675 64,6 %	11 620 83,4 %	49 850 60,7 %	11 030 94,8 %	38 650 83,0 %	96 000 94,5 %	275 825 76,1 %
— Montréal-îles	45 980 43,2 %	10 280 73,8 %	31 320 38,1 %	9 930 85,3 %	31 490 67,6 %	82 335 81,0 %	211 335 58,3 %
— Région métropolitaine de recensement	64 240 60,4 %	11 520 82,7 %	46 030 56,0 %	10 960 94,2 %	37 690 80,9 %	94 715 93,2 %	265 155 73,2 %
Cantons de l'Est	5 965 5,6 %	215 1,6 %	4 920 6,0 %	80 0,7 %	970 2,1 %	1 125 1,1 %	13 275 3,7 %
Intérieur-Gaspésie-Nord	24 090 22,6 %	1 840 13,2 %	22 500 27,4 %	375 3,2 %	5 965 12,8 %	2 745 2,7 %	57 515 15,9 %
Ensemble du Québec[b]	106 375 100,0 %	13 930 100,0 %	82 135 100,0 %	11 635 100,0 %	46 65 100,0 %	101 630 100,0 %	362 270 100,0 %

a : Voir la note b du tableau IV.1.
b : À cause de l'arrondissement aléatoire, les chiffres totaux du tableau IV.4 ne correspondent pas nécessairement à ceux du tableau IV.3.
Source : Statistique Canada, compilations spéciales du recensement de 1981.

ferts d'une langue «autre» vers l'anglais que vers le français. Étant donné leur nombre, cette situation conditionne largement ce qu'on observe dans l'ensemble du Québec.

La comparaison avec les données du recensement de 1971 et avec celles obtenues des mères ayant donné naissance à un premier enfant entre 1976 et 1980[12] n'indique pas de changement dans la répartition des transferts en provenance du tiers groupe : tant dans l'ensemble du Québec qu'à Montréal, environ deux transferts sur trois s'effectuent vers l'anglais et un seul vers le français.

4.3.3. Taux de mobilité linguistique

En termes de probabilités, le tiers groupe connaît évidemment les plus fortes propensions à effectuer un transfert linguistique, suivi du groupe anglais, puis du groupe français (tableau IV.5). Cet ordre vaut dans chacune des régions, à l'exception du regroupement des régions Intérieur-Gaspésie-Nord, où le tiers groupe, majoritairement autochtone, effectue proportionnellement moins de transferts que le groupe anglais, nettement minoritaire. Le groupe français connaît les plus hauts taux de mobilité linguistique vers l'anglais dans l'Outaouais et dans la région de Montréal, surtout dans Montréal-Îles, deux régions où, comme nous l'avons observé à plusieurs reprises, la situation du français apparaît plus fragile. Le contraire vaut pour le groupe anglais, dont le niveau de mobilité linguistique est le plus faible à Montréal.

La situation du tiers groupe confirme à sa façon cet état de choses. En effet, la mobilité linguistique de ce groupe vers le français y est la moins forte dans la région de Montréal, tandis que la mobilité vers l'anglais est importante partout, sauf dans la région Intérieur-Gaspésie-Nord où le groupe français est largement majoritaire. Il est intéressant par ailleurs de constater que dans la région de Montréal, le groupe anglais et le groupe «autre» connaissent des propensions assez comparables à effectuer un transfert vers le français : le contexte linguistique montréalais paraît agir de façon comparable sur l'un comme sur l'autre, même si leur situation objective diffère passablement.

Les femmes et les hommes du groupe français connaissent des taux de mobilité linguistique semblables, de même que les femmes et les hommes du groupe «autre» qui font un transfert vers l'anglais. Dans les deux autres types de transferts, c'est-à-dire ceux du groupe anglais et ceux du

---

12. Michel Paillé, *Contribution à la démolinguistique du Québec*, Québec, Conseil de la langue française, «Notes et documents», n° 48, 1985, 246 p., pp. 51-61.

Tableau IV.5

Taux de mobilité linguistique vers le français et vers l'anglais, selon le sexe et la langue maternelle, Québec et régions, 1981

	Taux de mobilité linguistique (%)											
Région	Français vers anglais			Anglais vers français			Autre vers français			Autre vers anglais		
	Femme	Homme	H/F	Femme	Homme	H/F	Femme	Homme	H/F	Femme	Homme	H/F
Outaouais	3,9	4,0	1,03	11,4	11,7	1,03	12,9	17,6	1,36	23,6	31,4	1,33
Ensemble de Montréal[a]	3,0	3,0	1,00	8,2	10,1	1,23	8,5	11,8	1,39	25,3	25,3	1,00
— Montréal-Îles	3,8	3,6	0,95	6,8	8,3	1,22	8,0	10,7	1,34	24,2	24,8	1,02
— Région métropolitaine de recensement	3,2	3,1	0,97	8,0	9,8	1,23	8,4	11,6	1,38	25,3	25,3	1,00
Cantons de l'Est	1,9	2,2	1,16	10,5	12,5	1,19	15,8	27,2	1,72	24,3	26,4	1,09
Intérieur-Gaspésie-Nord	0,9	1,0	1,11	30,7	37,8	1,23	13,6	19,5	1,43	7,4	7,9	1,07
Ensemble du Québec	**2,0**	**2,0**	**1,00**	**10,6**	**13,1**	**1,24**	**9,1**	**1 2,7**	**1,40**	**23,8**	**23,9**	**1,00**

a : Voir la note b du tableau IV.1.

Source : Statistique Canada, compilations spéciales du recensement de 1981.

groupe «autre» vers le français, les hommes sont davantage mobiles que les femmes. Peut-on penser qu'il s'agit là d'un type un peu différent de mobilité linguistique, davantage le fait d'hommes d'âge actif, par opposition à une autre forme de mobilité linguistique de type plus familial ? Si tel était le cas, l'exception dans l'Outaouais pour les transferts de l'anglais vers le français suggérerait que dans cette région les transferts sont davantage le fait de couples ou de familles.

4.3.4. Mobilité linguistique et bilinguisme

Comme l'ont déjà mis en évidence plusieurs auteurs (par exemple, Lachapelle et Henripin[13]), le bilinguisme français-anglais est un phénomène important pour permettre de saisir la dynamique des transferts linguistiques au sein surtout des groupes français et anglais, puisqu'il constitue une étape essentielle du passage de l'une à l'autre de ces langues. Dans le cas du tiers groupe, la prise en compte du bilinguisme indique la préférence en matière de transferts linguistiques de la part des personnes qui, au moment du recensement, connaissent autant le français que l'anglais[14]. Le fait de connaître ces deux langues ne conduit cependant pas nécessairement une personne à effectuer un transfert d'une langue vers l'autre, le bilinguisme pouvant aussi constituer une fin en soi, qui ne met pas en cause la première langue apprise[15]. Qu'en est-il aujourd'hui de ce rapport entre mobilité linguistique et bilinguisme ?

Pour répondre à cette question, nous avons calculé des taux de mobilité linguistique sur la base des seules personnes bilingues au sein des groupes linguistiques. Le sens à donner à de tels taux varie d'un groupe à l'autre. Dans le cas des groupes français et anglais, ces taux, calculés sur un dénominateur plus restreint, permettent d'éliminer les différences de mobilité linguistique liées aux proportions différentes de bilingues d'un groupe à l'autre. Ils rendent donc compte de la mobilité linguistique par rapport aux seules personnes réellement susceptibles d'effectuer un transfert, celles qui connaissent à la fois le français et l'anglais. Dans le cas du groupe «autre», toutes les personnes susceptibles d'effectuer un transfert ne sont pas prises en compte ici, puisque les personnes unilingues françaises ou

---

13. Réjean Lachapelle et Jacques Henripin, *op. cit.*, p. 138.

14. On ne peut savoir si ces personnes étaient bilingues avant d'effectuer ce transfert linguistique.

15. Stanley Lieberson, «Bilinguism in Montreal: A Demographic Analysis», *American Journal of Sociology*, n° 71, 1974, pp. 10-25.

anglaises sont exclues : les taux calculés traduisent alors la propension respective des personnes du groupe «autre» qui connaissent (au moment du recensement) à la fois le français et l'anglais, à effectuer un transfert vers l'une ou l'autre de ces langues.

Les résultats de nos calculs, présentés dans le tableau IV.6, montrent que, dans l'ensemble du Québec, les personnes du tiers groupe connaissant le français et l'anglais au moment du recensement ont effectué deux fois plus souvent des transferts vers l'anglais que vers le français, essentiellement le même rapport que celui décrit précédemment pour l'ensemble du groupe. Des différences plus importantes existent cependant entre les régions. Ainsi, c'est dans la région de Montréal que l'écart entre les deux langues est le plus prononcé en faveur de l'anglais, tandis qu'il disparaît dans l'Outaouais, où les personnes bilingues du groupe «autre» effectuent autant de transferts vers le français que vers l'anglais. Dans les autres régions, surtout celles à très forte majorité francophone, les transferts des bilingues vont proportionnellement plus vers le français que vers l'anglais.

Les nouveaux taux calculés pour les groupes français et anglais sont évidemment plus élevés que ceux obtenus précédemment, puisque les mêmes transferts sont maintenant rapportés à un nombre réduit de personnes. Ceux du groupe français augmentent davantage, puisque la proportion de personnes bilingues au sein de ce groupe est inférieure à celle du groupe anglais. Les taux de mobilité linguistique de ce dernier groupe vers le français continuent, malgré ce rapprochement, de dépasser les taux de mobilité du groupe français vers l'anglais ; c'est toujours dans la région de Montréal que l'écart entre les deux est le moins important.

Les différences observées dans la mobilité linguistique des femmes et des hommes des différents groupes se trouvent modifiées par ce nouveau calcul. En effet, si l'on tient compte des différences de bilinguisme selon le sexe, tous les rapports des taux masculins aux taux féminins se trouvent diminués, les hommes étant de façon générale plus bilingues que les femmes. Les femmes du groupe français et celles du groupe «autre» paraissent alors effectuer davantage de transferts vers l'anglais que les hommes, tandis que le contraire vaut toujours, mais dans une moindre mesure, pour les transferts vers le français. Dans le premier cas, le lien entre bilinguisme et mobilité linguistique paraît donc plus fort chez les femmes, tandis que dans l'autre, il est plus fort chez les hommes. Ces différences pourraient être liées à des comportements différentiels au sein des couples exogames et sur le marché du travail, où les hommes continuent d'être plus présents. Nous reviendrons à ces questions après une analyse de la mobilité linguistique selon l'âge.

Tableau IV.6
Taux de mobilité linguistique des bilingues vers le français et vers l'anglais, selon le sexe et la langue maternelle, Québec et régions, 1981

	Taux de mobilité linguistique des bilingues (%)											
	Français vers anglais			Anglais vers français			Autre vers français			Autre vers anglais		
Région	Femme	Homme	H/F	Femme	Homme	H/F	Femme	Homme	H/F	Femme	Homme	H/F
Outaouais	7,5	6,7	0,89	25,2	24,3	0,96	18,6	29,6	1,59	21,3	29,3	1,38
Ensemble de Montréal[a]	8,2	6,4	0,78	14,1	16,2	1,15	12,2	16,2	1,33	33,7	30,1	0,89
— Montréal-Îles	8,8	6,8	0,77	11,9	13,5	1,13	11,5	14,6	1,27	33,4	29,9	0,90
— Région métropolitaine de recensement	8,3	6,4	0,77	13,6	15,7	1,15	12,1	16,0	1,32	33,6	30,0	0,89
Cantons de l'Est	7,4	6,2	0,84	19,9	19,9	1,00	22,3	35,9	1,61	28,9	26,5	0,92
Intérieur-Gaspésie-Nord	7,0	5,2	0,74	38,2	45,9	1,20	35,9	44,2	1,23	21,7	18,3	0,84
Ensemble du Québec	**7,8**	**6,0**	**0,77**	**17,6**	**20,3**	**1,15**	**13,3**	**17,9**	**1,35**	**33,0**	**29,5**	**0,89**

a   : Voir la note b du tableau IV.1.

Source : Statistique Canada, compilations spéciales du recensement de 1981.

4.3.5. Taux de mobilité linguistique selon l'âge et le sexe

Jusqu'à présent, les différents indices utilisés pour rendre compte de la mobilité linguistique ont porté sur l'ensemble des personnes, tous âges confondus. On sait cependant que ce phénomène apparaît surtout à certains âges. Ainsi, on s'attend à ce qu'il y ait peu de transferts réels avant 15 ans, de même qu'après 40 ou 45 ans. Les données disponibles donnent une image un peu différente du phénomène, mais on sait qu'elles ne sont pas exemptes d'erreurs, surtout à certains âges : pour pallier ces inconvénients, l'analyse suivante portera essentiellement sur les groupes d'âge compris entre 15 et 45 ans.

Les courbes représentant les taux de mobilité linguistique selon l'âge, entre 15 et 45 ans, épousent évidemment l'ordre général déjà mentionné pour l'ensemble des groupes d'âge, les taux de mobilité du tiers groupe vers l'anglais étant les plus élevés, suivis de ceux de ce groupe et du groupe anglais vers le français, qui empruntent des tracés semblables, et enfin des taux du groupe français vers l'anglais (graphiques IV.2.A à IV.2.E). Ces derniers taux paraissent constants d'un groupe d'âge à l'autre, sauf dans les régions de l'Outaouais et de Montréal où les plus jeunes semblent avoir une moindre mobilité linguistique que leurs aînés.

L'évolution selon l'âge est cependant beaucoup plus marquée dans le cas des autres catégories de transferts. Les transferts du groupe anglais vers le français apparaissent moins importants parmi les générations les plus récentes, cette évolution étant cependant moins accentuée dans la région de Montréal. La propension à effectuer un transfert linguistique au sein du groupe «autre» évolue quant à elle en augmentant avec l'âge lorsqu'il s'agit des transferts vers le français, et en diminuant avec l'âge dans le cas de l'anglais : cela signifie qu'un écart plus grand à l'avantage de l'anglais caractérise aujourd'hui les jeunes générations du tiers groupe, qui sont nées ici dans une bien plus grande proportion que leurs aînés.

L'analyse des taux de mobilité linguistique des bilingues (graphique IV.3) nous amène à des conclusions semblables, même si la prudence s'impose ici davantage dans le cas des plus jeunes, dont le niveau maximal de bilinguisme n'est probablement pas encore atteint à 15-19 ans. Ceci peut expliquer les niveaux de mobilité plus élevés observés chez les jeunes de cet âge parmi le groupe français, le fait d'être bilingue à cet âge pouvant être plus directement lié à un transfert linguistique.

Graphique IV.2
**Taux de mobilité linguistique selon la langue maternelle et l'âge, Québec
et régions, 1981**

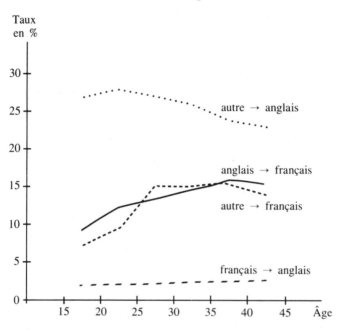

ENSEMBLE DU QUÉBEC

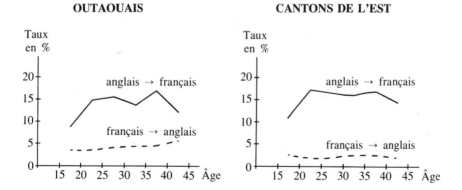

Graphique IV.2 (suite)

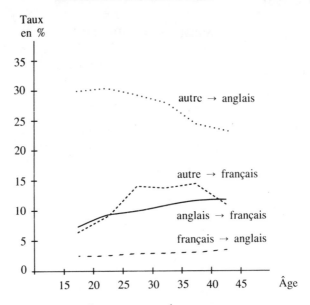

ENSEMBLE DE MONTRÉAL

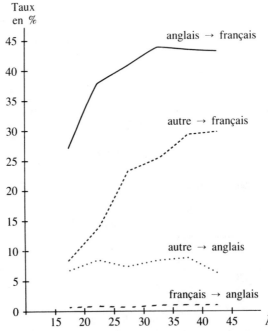

INTÉRIEUR-GASPÉSIE-NORD

Source : Statistique Canada, compilations spéciales du recensement de 1981.

L'examen des données selon à la fois l'âge et le sexe (graphiques IV.4.A et IV.4.B) montre par ailleurs que lorsqu'elles existent, les différences de mobilité linguistique apparaissent essentiellement après 20 ans, tout comme d'ailleurs les différences dans les proportions de bilingues. Les transferts vers le français en constituent l'exemple le plus frappant et suggèrent encore une fois un lien entre ce type de mobilité et le marché du travail. Il est à noter que dans le cas des transferts du groupe «autre» vers l'anglais, il n'y a plus de différence après 25 ans, et qu'avant cet âge, ce sont les femmes, et non – comme dans les autres cas – les hommes, qui ont les taux les plus élevés.

Graphique IV.3
**Taux de mobilité linguistique des bilingues,
selon la langue maternelle et l'âge, Québec, 1981**

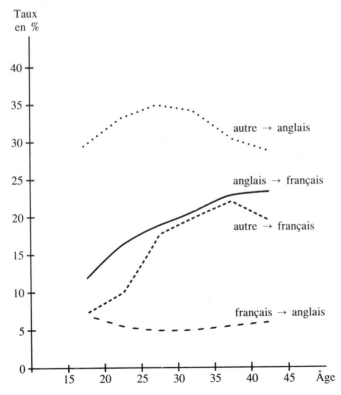

Source : Statistique Canada, compilations spéciales du recensement de 1981.

Graphique IV.4
Taux de mobilité linguistique selon la langue maternelle, l'âge et le sexe, Québec, 1981

LANGUE MATERNELLE FRANÇAISE OU ANGLAISE

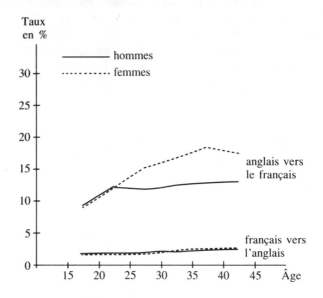

LANGUE MATERNELLE «AUTRE»

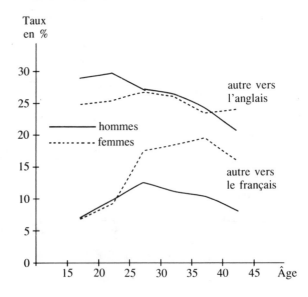

Source : Statistique Canada, compilations spéciales du recensement de 1981.

4.3.6. Évolution des taux de mobilité linguistique entre 1971 et 1981

Malgré les limites dans la comparabilité des recensements de 1971 et de 1981 en ce qui concerne la mobilité linguistique, une comparaison nous paraît possible pour les groupes de jeunes adultes. Cette comparaison a été faite sur une base longitudinale (tableau IV.7) et transversale (tableau IV.8), tant pour la mobilité linguistique de l'ensemble que pour celle des seules personnes bilingues, sauf dans le cas du tiers groupe où les modifications dans la composition de ce groupe imposaient une analyse limitée à la seule comparaison transversale (tableau IV.9).

Entre 1971 et 1981, la mobilité linguistique des personnes âgées de 25 à 44 ans en 1971 (c'est-à-dire celles nées entre le 1er juin 1926 et le 31 mai 1946) connaît une augmentation qui est plus importante pour le groupe anglais. Cette évolution à la hausse est normale dans une certaine mesure puisque la mobilité linguistique augmente avec l'âge pour un même groupe de générations. Elle s'estompe cependant lorsque la mobilité linguistique des seules personnes bilingues est prise en compte, c'est-à-dire qu'une partie importante de la hausse des taux est liée à l'augmentation de la proportion des bilingues. La différence est surtout marquée pour le groupe anglais, dont le taux de mobilité linguistique, au lieu d'augmenter de près de 80 % (lorsqu'on considère l'ensemble des personnes âgées de 25 à 44 ans en 1971), n'augmente plus que de 20 % lorsqu'on ne tient compte que des bilingues de ces générations.

Dans les régions, la forte augmentation de la mobilité linguistique des jeunes adultes du groupe anglais ressort surtout à Montréal, mais elle s'étend à l'ensemble des régions, sauf celle des Cantons de l'Est, où l'augmentation est faible. Du côté français, l'Outaouais et la région de Montréal, deux régions qui connaissent les taux les plus élevés de mobilité linguistique vers l'anglais, sont caractérisées par des hausses moins importantes, l'Outaouais enregistrant même un taux à peu près constant chez les personnes bilingues.

Par rapport à ces indices longitudinaux, la mesure transversale du même phénomène permet de mieux en apprécier les tendances récentes, le groupe des générations plus âgées (celles âgées de 35 à 44 ans en 1971) étant alors remplacé par un groupe de générations plus récentes (celles âgées de 15 à 24 ans en 1971). Les résultats (tableau IV.8) indiquent une augmentation moins grande de la mobilité linguistique, indice d'un certain ralentissement de la mobilité linguistique chez les plus jeunes par rapport à leurs aînés. Les commentaires précédents valent de façon générale pour les deux groupes, de même que dans les régions.

Tableau IV.7
Taux de mobilité linguistique, proportion de bilingues et taux de mobilité linguistique des bilingues, selon la langue maternelle, pour les personnes âgées de 25 à 44 ans en 1971 (générations 1926-1946), Québec et régions, 1971 et 1981

Région	Langue maternelle française						Langue maternelle anglaise					
	Taux de mobilité vers l'anglais (%)		Proportion de bilingues (%)		Taux de mobilité des bilingues vers l'anglais (%)		Taux de mobilité vers le français (%)		Proportion de bilingues (%)		Taux de mobilité des bilingues vers le français (%)	
	1971	1981	1971	1981	1971	1981	1971	1981	1971	1981	1971	1981
Outaouais	4,8	5,0	66,1	68,9	7,3	7,2	9,5	15,1	36,0	47,0	26,4	31,2
Ensemble de Montréal	3,0	3,5	50,0	51,6	6,1	6,7	6,2	11,9	43,1	56,3	14,4	18,9
Cantons de l'Est	1,8	2,4	39,8	40,8	4,6	5,9	11,2	14,4	52,4	61,0	21,4	21,2
Intérieur	0,7	1,1	23,7	24,2	3,0	4,4	38,3	53,5	77,2	84,7	49,6	50,8
Gaspésie-Nord	1,0	1,3	20,5	19,6	4,8	6,5	18,2	33,2	47,5	59,0	38,3	47,1
Ensemble du Québec	**2,1**	**2,5**	**37,8**	**38,6**	**5,6**	**6,2**	**8,6**	**15,4**	**44,9**	**57,6**	**19,2**	**23,5**

Sources : Pour les chiffres de 1971, Réjean Lachapelle et Jacques Henripin, *op. cit.*, p. 139 ; pour les chiffres de 1981, Statistique Canada, compilations spéciales du recensement de 1981.

Tableau IV.8
Taux de mobilité linguistique, proportion de bilingues et taux de mobilité linguistique des bilingues, selon la langue maternelle, pour les personnes âgées de 25 à 44 ans en 1971 et 1981, Québec et régions

| Région | Langue maternelle française | | | | | | Langue maternelle anglaise | | | | | |
| | Taux de mobilité vers l'anglais (%) | | Proportion de bilingues (%) | | Taux de mobilité des bilingues vers l'anglais (%) | | Taux de mobilité vers le français (%) | | Proportion de bilingues (%) | | Taux de mobilité des bilingues vers le français (%) | |
	1971	1981	1971	1981	1971	1981	1971	1981	1971	1981	1971	1981
Outaouais	4,8	4,4	66,1	70,4	7,3	6,1	9,5	14,7	36,0	49,0	26,4	28,8
Ensemble de Montréal	3,0	3,3	50,0	52,2	6,1	6,1	6,2	11,2	43,1	61,8	14,4	16,6
Cantons de l'Est	1,8	2,2	39,8	41,4	4,6	5,2	11,2	16,1	52,4	66,7	21,4	21,8
Intérieur	0,7	1,0	23,7	25,0	3,0	3,9	38,3	54,3	77,2	85,2	49,6	53,9
Gaspésie-Nord	1,0	1,2	20,5	20,7	4,8	5,6	18,2	32,1	47,5	61,5	38,2	43,1
Ensemble du Québec	**2,1**	**2,2**	**37,8**	**39,1**	**5,6**	**5,6**	**8,6**	**14,8**	**44,9**	**62,4**	**19,2**	**21,2**

Sources : Pour les chiffres de 1971, Réjean Lachapelle et Jacques Henripin, *op. cit.*, p. 139; pour les chiffres de 1981, Statistique Canada, compilations spéciales du recensement de 1981.

Tableau IV.9

Taux de mobilité linguistique, proportion de bilingues et taux de mobilité linguistique des bilingues de langue maternelle «autre», pour les personnes âgées de 25 à 44 ans en 1971 et 1981, Québec et région métropolitaine de recensement de Montréal

Région	Taux de mobilité vers le français (%)		Taux de mobilité vers l'anglais (%)		Proportion de bilingues (%)		Taux de mobilité des bilingues vers le français (%)		Taux de mobilité des bilingues vers l'anglais (%)	
	1971	1981	1971	1981	1971	1981	1971	1981	1971	1981
Ensemble du Québec	11,3	14,5	22,8	25,1	35,4	51,7	19,3	20,0	28,3	32,3
Région métropolitaine[a] de recensement de Montréal	9,7	13,1	23,0	26,3	35,7	53,3	17,1	17,9	28,2	33,1

a : En 1971, cette région recouvre exactement la région métropolitaine de recensement de Montréal, tandis qu'en 1981 il s'agit de l'approximation que nous en avons faite, utilisée partout ailleurs au cours de ce travail (voir annexe sur le découpage géographique).

Sources : Pour les chiffres de 1971, compilations spéciales de Statistique Canada pour le ministère de l'Immigration et des Communautés culturelles du Québec ; pour les chiffres de 1981, compilations spéciales de Statistique Canada pour le recensement de 1981.

La mobilité linguistique des personnes âgées de 25 à 44 ans de langue maternelle «autre» (tableau IV.9) augmente aussi de 1971 à 1981. Cette augmentation est plus importante dans le cas des transferts vers le français que vers l'anglais, indice d'un changement de tendances que nous analyserons de façon plus approfondie ultérieurement[16]. Les taux calculés à partir des seules personnes bilingues (c'est-à-dire celles qui, au moment du recensement, connaissent à la fois l'anglais et le français), beaucoup plus nombreuses en 1981 qu'en 1971, ne montrent plus cependant cette hausse de la mobilité vers le français, tandis que celle vers l'anglais persiste. On peut en conclure que la hausse de la mobilité vers le français provient bien davantage de personnes du tiers groupe qui ne connaissent que le français, tandis que l'écart entre les préférences linguistiques des personnes bilingues (français-anglais) se maintient et s'accroît même un peu en faveur de l'anglais. On peut penser que la sélection exercée par le Québec en faveur de l'arrivée de personnes qui pourraient plus facilement apprendre le français, et les moyens mis en oeuvre pour que se fasse cet apprentissage (par exemple, par le biais des Centres d'orientation et de formation des immigrants, ou COFI), ne sont pas étrangers à cette évolution récente.

4.4. Mobilité linguistique suivant quelques caractéristiques socio-économiques

Après avoir dégagé, pour chaque région du Québec, les principales caractéristiques de la mobilité linguistique (suivant la langue maternelle, l'âge, le sexe et le niveau de bilinguisme des personnes susceptibles d'effectuer un transfert linguistique), il importe maintenant d'aller au delà de ce premier regard sur le phénomène, de façon à mieux cerner les circonstances qui l'accompagnent.

Dans un premier temps (section 4.4), les transferts linguistiques seront analysés en fonction de quelques caractéristiques socio-économiques individuelles (lieu de naissance, statut migratoire, formation scolaire, catégorie de revenu). Puis, dans un second temps (section 4.5), nous étudierons ces transferts en fonction du contexte familial dans lequel ils s'inscrivent, soit plus précisément en fonction du phénomène des unions exogames. Ces deux aspects, l'un plus privé et l'autre plus «social», ne sont d'ailleurs pas indépendants, puisque le choix d'un conjoint est certes lié aux réseaux scolaires et professionnels dans lesquels un individu s'ins-

---

16. Voir la sous-section suivante consacrée à l'intégration de la variable «lieu de naissance».

crit, et vice versa. Chacun à leur façon, mais de manière cohérente, ils devraient rendre compte des conditions concrètes entourant le phénomène des transferts linguistiques et nous amener ainsi à mieux le comprendre.

4.4.1. Mobilité linguistique suivant le lieu de naissance

L'analyse de la mobilité linguistique suivant le lieu de naissance permet de lier ce phénomène à l'expérience migratoire des individus. Dans le cas du tiers groupe en particulier, elle permet de saisir le comportement des immigrants internationaux en comparaison avec celui de leurs enfants nés au Québec ou ailleurs au Canada. L'intérêt de cette analyse pour les groupes français et anglais se comprend pour sa part davantage en fonction du territoire canadien.

Les immigrants internationaux de langue maternelle autre que le français et l'anglais et qui résident toujours au Québec au moment du recensement de 1981 ont effectué un transfert linguistique dans une proportion globale de 33 % (tableau IV.10). Ces transferts étaient deux fois plus nombreux vers l'anglais que vers le français, mais l'analyse plus détaillée des données selon la période d'immigration indique un changement récent des tendances à cet égard. Alors que près de trois fois plus de transferts parmi les personnes arrivées avant 1966 ont eu lieu vers l'anglais, ce rapport n'a cessé de diminuer depuis cette date, le nombre de transferts vers le français parmi les immigrants internationaux de langue «autre» arrivés depuis 1971 dépassant même celui des transferts vers l'anglais. De plus en plus marquée, cette tendance pourrait tenir à des changements dans la composition de l'immigration internationale au cours de cette période[17], eux-mêmes liés à la sélection plus grande exercée par le Québec en cette matière. Elle pourrait aussi résulter de changements dans le contexte linguistique (loi 22, loi 101, etc.) et de la mise en place de moyens concrets (par exemple les COFI, centres d'orientation et de formation des immigrants) pour l'apprentissage du français par les personnes immigrantes.

---

17. Mireille Baillargeon, «L'évolution et les caractéristiques linguistiques des échanges migratoires interprovinciaux et internationaux du Québec depuis 1971», dans : *L'état de la langue française au Québec, Bilan et prospective*, Québec, Conseil de la langue française, «Notes et documents», n° 58, 1986, t. 1, pp. 127-200.

Tableau IV.10
**Taux de mobilité linguistique (en %) selon la langue maternelle,
le lieu de naissance et la période d'immigration, Québec, 1981**

Lieu de naissance et période d'immigration	Taux de mobilité selon la langue maternelle			
	Français vers anglais	**Anglais vers français**	**«Autre» vers français**	**«Autre» vers anglais**
Personnes nées au Québec	1,8	13,7	9,7	28,6
Personnes nées ailleurs au Canada	8,4	9,2	8,7	57,7
Personnes nées à l'extérieur du Canada, suivant la période d'immigration				
— Ensemble	5,9	6,4	11,4	21,3
— Avant 1966	7,7	6,8	9,7	27,9
— 1966-1970	6,6	5,6	13,4	17,9
— 1971-1975	4,4	5,9	14,5	13,6
— 1976-1978	3,7	7,5	15,7	10,4
— 1979-1981	2,7	4,6	10,7	6,4

Source : Statistique Canada, compilations spéciales du recensement de 1981.

Le contexte régional dans lequel vivent les immigrants internationaux de langue maternelle «autre» semble influencer fortement leur propension à la mobilité linguistique. En effet, si l'on distingue ces immigrants selon leur lieu de résidence en 1981, on observe (tableau IV.11) que ceux qui se sont établis au Québec en dehors de Montréal-Îles ont une propension à adopter le français comme langue d'usage beaucoup plus élevée que ceux établis dans cette sous-région, et ce quelle que soit la période d'immigration. Par contre, ils manifestent une propension plus élevée à faire un transfert vers l'anglais s'ils sont établis dans la région de Montréal-Îles plutôt que dans le reste du Québec, du moins s'ils ont immigré après 1970. Ceux qui sont arrivés avant cette date ont des taux de transfert vers l'anglais plus élevés s'ils résident en région plutôt qu'à Montréal-Îles.

Tableau IV.11
Taux de mobilité linguistique (en %) des immigrants internationaux selon le lieu de résidence en 1981 et la période d'immigration

Lieu de résidence et période d'immigration	Taux de mobilité selon la langue maternelle			
	Français vers anglais	Anglais vers français	«Autre» vers français	«Autre» vers anglais
Montréal-Îles				
— Ensemble	7	4	9	21
— Avant 1966	11	4	7	27
— 1966-1970	8	4	11	17
— 1971-1975	4	4	13	14
— 1976-1978	4	5	14	11
— 1979-1981	3	3	10	8
Reste du Québec				
— Ensemble	4	12	22	22
— Avant 1966	5	13	23	34
— 1966-1970	4	9	28	21
— 1971-1975	5	11	22	13
— 1976-1978	3	15	25	9
— 1979-1981	1	12	12	4

Source : Statistique Canada, compilations spéciales du recensement de 1981.

Le résultat global de ces disparités régionales démontre qu'à Montréal-Îles il y a au delà de deux fois plus de chances de trouver un immigrant international de langue maternelle «autre» ayant l'anglais pour langue d'usage que d'en trouver un ayant adopté le français, alors que dans le reste du Québec les chances sont égales. Les immigrants récents, c'est-à-dire ceux arrivés après 1975, manifestent cependant un comportement différent : même s'ils sont établis à Montréal-Îles, ils ont des taux de mobilité vers le français supérieurs aux taux de transfert vers l'anglais ; mais l'avantage du français y est faible, alors qu'il est considérable pour ceux établis dans le reste du Québec.

Les personnes de langue maternelle «autre» qui sont nées au Québec, majoritairement les enfants des personnes arrivées au Québec avant 1966, adoptent un comportement identique à celui de leurs parents, effectuant comme eux près de trois fois plus de transferts vers l'anglais que vers le français (voir tableau IV.10). Cette situation n'étonne guère puisqu'il s'agit vraisemblablement d'un processus qui s'effectue largement dans le cadre familial. Appliquant le même raisonnement à la situation des immigrants plus récents, il semblerait que le français soit bientôt en mesure de réaliser certains gains auprès des enfants de personnes récemment arrivées au Québec. Le ralentissement de l'immigration internationale depuis plusieurs années atténue cependant fortement l'impact de cet avantage.

Les personnes de langue maternelle «autre» nées ailleurs au Canada, beaucoup moins nombreuses que les précédentes, effectuent quant à elles proportionnellement encore plus de transferts vers l'anglais, soit près de sept fois plus que vers le français. Elles sont aussi beaucoup plus nombreuses à avoir effectué un transfert linguistique.

Comme l'avait déjà fait ressortir Castonguay[18] avec les données du recensement de 1971, la propension des personnes de langue maternelle française, nées au Québec, à effectuer un transfert vers l'anglais est bien inférieure à celle des personnes nées ailleurs au Canada. L'inverse vaut toujours pour les personnes de langue maternelle anglaise nées au Québec, dont la mobilité linguistique dépasse celle des personnes nées ailleurs au Canada. Dans les deux cas cependant, l'écart entre les deux catégories paraît s'être réduit entre 1971 et 1981.

Les immigrants internationaux de langue maternelle française, bien qu'ils arrivent en connaissant déjà la langue officielle du Québec, effectuent des transferts vers l'anglais dans une proportion plus importante que les personnes nées ici. Cette proportion n'a cessé toutefois de diminuer avec les groupes les plus récents, ceci tenant aussi en partie au fait que ces personnes ont été soumises moins longtemps au risque de mobilité linguistique. De la même façon, de cinq à sept pour cent des personnes de langue maternelle anglaise ayant immigré au Québec effectuent un transfert vers le français, cette proportion dépassant la précédente pour la première fois avec le groupe des arrivants de 1971 à 1975, situation que l'on peut rapprocher de celle déjà observée dans le cas des autres immigrants internationaux.

Les différences de comportement linguistique observées ci-dessus entre groupes linguistiques distingués selon le lieu de naissance, la période d'immigration et le lieu de résidence valent pour l'ensemble des âges. Comme la structure par âge peut sensiblement varier d'un groupe ou d'un sous-groupe à l'autre, et puisque les taux de mobilité linguistique n'ont pas la même signification selon le groupe d'âge considéré, il est impor-

---

18. Charles Castonguay, «Le mécanisme du transfert linguistique», *Cahiers québécois de démographie*, vol. 6, n° 3, 1977, pp. 137-155, p. 142.

tant d'introduire le facteur âge dans notre analyse. Le tableau IV.12 présente les taux de mobilité linguistique selon la langue maternelle, le lieu de naissance et la période d'immigration, pour les personnes âgées de 25 à 44 ans en 1981, en distinguant en outre les immigrants internationaux selon leur région de résidence en 1981. Nous avons choisi ce groupe d'âge parce que, comme nous l'avons vu précédemment, la plupart des transferts linguistiques ont été ou sont accomplis une fois ces âges atteints.

Les chiffres du tableau IV.12 confirment pour l'essentiel les résultats obtenus précédemment pour l'ensemble des groupes d'âge. Comparés aux taux «tous âges» du tableau IV.10, ceux du groupe âgé de 25 à 44 ans sont presque toujours plus élevés, ce qui n'est guère une surprise. En règle générale, les différences ne sont cependant pas très considérables, sauf pour les personnes nées au Québec : dans ce cas, les taux de mobilité des groupes anglais et «autre» sont nettement plus élevés pour la classe d'âge 25-44 ans que pour l'ensemble. Il en va de même pour les immigrants internationaux de langue maternelle «autre» ayant effectué un transfert vers le français : dans ce cas également, le taux de mobilité est beaucoup plus élevé pour le groupe des 25-44 ans que pour l'ensemble des âges, et ce quelle que soit la période d'immigration. De plus, la différence entre le taux «tous âges» et le taux des 25-44 ans est beaucoup plus forte pour les transferts vers le français (le taux passant de 11 % à 15 %) que pour les transferts vers l'anglais (le taux passant dans ce cas de 21 % à 23 %). Ceci reflète sans doute le fait que l'attraction plus forte du français parmi les immigrants de langue maternelle autre est un phénomène récent : ceux qui, en 1981, viennent d'entrer sur le marché du travail (25 ans) ou qui y sont depuis 10 ou 20 ans doivent de plus en plus adopter le français comme langue d'usage. Remarquons que ceci ne semble guère valoir pour les immigrants de langue maternelle anglaise, sauf ceux arrivés avant 1966.

Ce qui vient d'être dit pour l'ensemble du Québec s'observe également dans les régions : la comparaison entre les taux du tableau IV.11 et les taux correspondants du tableau IV.12 montre que les similitudes et les différences observées pour l'ensemble du Québec valent en règle générale aussi bien pour les immigrants établis à Montréal-Îles que pour ceux qui résident «en région».

Pour résumer le résultat net de ces divers transferts d'un groupe linguistique à un autre, on peut utiliser, comme précédemment (section 4.3.1), l'indice de continuité linguistique, cette fois en distinguant selon le lieu de naissance des individus. Le tableau IV.13 présente ces indices, selon que le lieu de naissance est au Québec, dans le reste du Canada ou dans le reste du monde, ceci par sexe et groupe d'âge.

Tableau IV.12

Taux de mobilité linguistique (en %) selon la langue maternelle, le lieu de naissance, la période d'immigration et la région de résidence en 1981, population âgée de 25 à 44 ans, Québec, 1981

Lieu de naissance, période d'immigration et région de résidence	Taux de mobilité selon la langue maternelle			
	Français vers anglais	Anglais vers français	«Autre» vers français	«Autre» vers anglais
Personnées nées au Québec	2	19	14	38
Personnes nées ailleurs au Canada	9	11	10	66
Personnées nées à l'extérieur du Canada résidant en 1981 :				
À Montréal-îles	8	5	12	23
ayant immigré :				
— avant 1966	15	6	10	32
— en 1966-1970	8	4	12	19
— en 1971-1975	4	4	14	15
— en 1976-1978	4	6	16	15
— en 1979-1981	3	4	13	10
Dans le reste du Québec	4	12	28	24
ayant immigré :				
— avant 1966	5	16	31	38
— en 1966-1970	4	9	32	23
— en 1971-1975	3	8	26	15
— en 1976-1978	4	10	28	11
— en 1979-1981	3	7	14	6
Dans l'ensemble du Québec	6	7	15	23
ayant immigré :				
— avant 1966	10	9	13	33
— en 1966-1970	6	5	16	20
— en 1971-1975	4	5	16	15
— en 1976-1978	4	6	18	14
— en 1979-1981	3	5	13	9

Source : Statistique Canada, compilations spéciales du recensement de 1981.

Tableau IV.13
Indice de continuité linguistique selon le lieu de naissance, le sexe, l'âge et la langue maternelle, Québec, 1981

Groupe d'âge	Femmes			Hommes			Total		
	F	**A**	**O**	**F**	**A**	**O**	**F**	**A**	**O**
Lieu de naissance : Québec									
0-14	100	111	85	100	110	86	100	111	85
15-24	99	118	63	100	113	72	100	116	68
25-44	99	116	51	100	107	61	100	111	56
45-59	100	115	34	100	107	38	100	111	36
60 +	100	109	36	100	107	35	100	108	36
Total	**100**	**114**	**67**	**100**	**109**	**72**	**100**	**112**	**70**
Lieu de naissance : reste du Canada									
0-14	100	102	70	100	101	83	100	101	78
15-24	101	101	55	100	101	57	101	101	55
25-44	101	101	31	102	100	34	101	100	33
45-59	98	106	20	100	104	17	99	105	18
60 +	97	107	21	101	102	29	99	105	25
Total	**100**	**103**	**38**	**101**	**101**	**45**	**100**	**102**	**41**
Lieu de naissance : reste du monde									
0-14	105	108	89	108	104	89	107	106	89
15-24	109	128	78	111	130	79	110	129	79
25-44	112	151	75	136	165	64	124	158	69
45-59	121	165	76	142	203	67	132	182	71
60 +	119	137	75	134	160	68	125	146	72
Total	**114**	**143**	**76**	**130**	**159**	**68**	**122**	**151**	**72**

Note : Signification des sigles : F désigne le groupe de langue maternelle française, A désigne le groupe anglais et O le groupe «autre».

Source : Statistique Canada, compilations spéciales du recensement de 1981.

En ce qui concerne les indices du groupe de langue maternelle française, il n'y a guère de différence entre les individus nés au Québec et ceux nés dans le reste du Canada, sauf peut-être pour le groupe des femmes âgées qui, lorsqu'elles sont nées dans une autre province, connaissent un faible déficit, explicable sans doute par le fait que ces femmes ont vécu longtemps dans un environnement (matrimonial, par exemple) où l'anglais dominait. Par contre, pour ceux nés en dehors du Canada, les indices du groupe français sont nettement supérieurs à 100. Ceci reflète bien sûr les gains réalisés grâce aux transferts effectués par les immigrants de langue «autre», mais est dû également à ce que, du moins récemment (voir tableau IV.12), les immigrants de langue maternelle française connaissent de très faibles taux de transfert. Il ne faut également pas oublier que ces immigrants, comme d'ailleurs ceux des autres groupes linguistiques, arrivent en général au Québec à un âge déjà relativement avancé, ce qui rend d'autant plus difficile une éventuelle mobilité linguistique. À noter que les immigrantes ont des indices nettement plus faibles que les immigrants.

Quel que soit l'âge ou le sexe, le groupe des individus de langue maternelle anglaise nés dans le reste du Canada a des indices nettement plus faibles (quoique toujours supérieurs à 100) que le groupe de ceux nés au Québec. Cette constatation est à première vue surprenante, puisqu'on pourrait penser que ces immigrants interprovinciaux ayant été exposés plus longtemps et plus intensément à un environnement anglais que ceux nés au Québec, ils ne devraient pas connaître beaucoup de pertes et ne devraient faire que des gains. Ce groupe connaît en effet un gain, mais il ne peut être que faible, car son «marché», si l'on peut dire, est très réduit, contrairement à celui du groupe de ceux nés au Québec. En effet, parmi les autres groupes de ceux nés dans une autre province, ceux du groupe français connaissent des taux de transfert très bas (voir tableau IV.12) et ceux du groupe «autre», même s'ils connaissent des taux de transfert élevés, sont très peu nombreux[19].

Par contre, lorsqu'il s'agit de ceux nés en dehors du Canada, le «marché» du groupe de langue maternelle anglaise est relativement étendu, car il y a proportionnellement beaucoup d'immigrants internationaux de langue autre. Aussi, les indices du groupe anglais sont-ils particulièrement élevés pour cette catégorie. Dans le cas des hommes de 45 à 59 ans, l'indice dépasse même 200, indiquant que pour ce sous-groupe, il y a deux fois

---

19. Comme le montrait déjà le tableau I.1, il y a très peu d'immigrants interprovinciaux du groupe «autre».

plus de personnes qui parlent l'anglais au foyer qu'il n'y en a de langue maternelle anglaise. Autrement dit, au Québec en 1981, un immigrant sur deux de ce groupe d'âge et qui parle anglais n'avait pas l'anglais comme langue maternelle !

Corrélativement aux observations précédentes, les indices du groupe de langue maternelle «autre» sont toujours nettement inférieurs à 100. On remarquera que les indices totaux (tous âges confondus) sont quasiment identiques, que l'on considère ceux nés au Québec ou ceux nés en dehors du Canada. Ceci peut paraître surprenant si l'on songe que ces derniers ont normalement été exposés moins longtemps au risque d'effectuer un transfert. En fait, cela s'explique essentiellement par des structures par âge très différentes. Les immigrants internationaux sont en moyenne assez âgés : dans ce cas, ce sont les indices des groupes d'âge de 25 à 60 ans et plus (indices se situant autour de 70) qui déterminent l'indice moyen. Par contre, ceux nés au Québec sont en moyenne beaucoup plus jeunes, de telle sorte que ce sont alors les indices des groupes de 0 à 24 ans qui sont déterminants. Enfin, les indices de ceux nés dans une autre province sont très bas mais portent sur des petits nombres, ce qui explique que les indices des deux autres groupes ne s'éloignent guère de 100.

4.4.2. Mobilité linguistique et mobilité interrégionale

Le lien entre mobilité linguistique et mobilité géographique a déjà été examiné (dans la sous-section précédente) lorsque nous avons analysé les taux de mobilité linguistique des immigrants internationaux. Il s'agit cependant là d'un type particulier de migrants, pour lesquels un transfert linguistique n'a pas la même signification que pour les autres. Par exemple, une partie non négligeable et croissante des transferts linguistiques effectués par les immigrants internationaux est sans doute, comme nous l'avons souligné, en quelque sorte prédéterminée, dans la mesure du moins où une certaine priorité est accordée lors de la procédure d'octroi des visas d'immigration, à des candidats «francisables» ou déjà francisés.

Dans le cas des personnes qui ont migré à l'intérieur du territoire canadien, on peut, par contre, supposer que les transferts linguistiques sont beaucoup plus «spontanés», en tous cas, moins prédéterminés. De ce point de vue, l'examen des transferts linguistiques selon le lieu de résidence au Canada en 1976 et le lieu de résidence au Canada en 1981 devrait permettre de dégager une image plus complète, et sans doute plus claire, de la relation entre mobilité linguistique et mobilité géographique.

Le tableau IV.14 présente, pour chaque région de résidence en 1976 et pour chacun des trois groupes linguistiques définis selon la langue maternelle, la probabilité pour un individu de se retrouver cinq ans plus tard dans la même région, dans une autre région du Québec ou dans une autre province, tout en ayant effectué (avant 1976 ou après) un transfert linguistique. Remarquons que seuls sont pris en considération les migrants et non-migrants de la période censitaire 1976-1981 qui survivent au Canada en 1981. Soulignons surtout que nous ne pouvons connaître le moment où s'est effectué le transfert linguistique. Par conséquent, il est impossible de savoir dans quel sens opère une éventuelle relation entre mobilité linguistique et mobilité géographique, c'est-à-dire de déterminer si c'est la migration qui a entraîné le transfert linguistique ou si un tel transfert a permis et facilité une migration.

Considérons d'abord la relation entre les deux types de mobilité pour les seules migrations interprovinciales. Les chiffres du tableau IV.14 montrent que le groupe de langue maternelle anglaise résidant au Québec en 1976 a perdu entre 1976 et 1981 environ 18 % de ses effectifs par migration vers le reste du Canada. En outre, environ 11 % parlaient en 1981 une langue autre que l'anglais et n'avaient pas quitté le Québec. Comme les deux types de mobilité renvoient à des périodes différentes (la mobilité interprovinciale à la période 1976-1981, la mobilité linguistique à la période entre la naissance et l'année 1981), on ne peut simplement les additionner. Cependant, même si tous les transferts linguistiques avaient été effectués entre 1976 et 1981, ce qui est évidemment loin d'être le cas, il n'en resterait pas moins que le groupe québécois de langue maternelle anglaise (résidant au Québec en 1976) aurait perdu beaucoup plus par mobilité géographique que par mobilité linguistique. L'inverse est vrai pour les deux autres groupes.

Lorsqu'on prend en compte non seulement la migration interprovinciale, mais également la mobilité entre régions du Québec, les comparaisons sur la capacité de rétention d'un groupe linguistique à l'intérieur d'une même région sont évidemment sujettes à caution, puisque l'étendue territoriale de la région exerce une influence importante. On remarquera cependant, et ce n'est pas une surprise, que ceux qui en 1976 résidaient dans l'Outaouais avaient une bien plus grande probabilité de se retrouver cinq ans plus tard dans une autre province, de telle sorte que maintenant même le groupe français (et plus seulement le groupe anglais) perd plus par migration interprovinciale que par mobilité linguistique «locale». La situation géographique de cette région explique évidemment une grande partie du phénomène.

Tableau IV.14
Migration et mobilité linguistique, Québec et régions, 1981

Région de résidence en 1976	L.M.	Part (%) des non-migrants selon L.U.			Part (%) des migrants vers RQ selon L.U.			Part (%) des migrants vers RC selon L.U.			Total
		F	A	O	F	A	O	F	A	O	
Outaouais	F	87,1	3,6	0,1	5,2	0,1	0,0	3,0	0,9	0,0	100,0
	A	9,6	67,8	0,2	0,5	1,0	0,0	0,9	19,9	0,1	100,0
	O	12,0	25,1	46,4	0,4	0,4	1,4	1,0	7,8	5,5	100,0
Montréal-Îles	F	83,2	3,3	0,5	11,7	0,2	0,0	0,7	0,4	0,0	100,0
	A	6,2	70,5	1,8	0,6	2,6	0,0	0,2	18,0	0,1	100,0
	O	8,5	24,4	59,3	0,5	0,7	1,2	0,1	2,9	2,4	100,0
Reste de Montréal	F	88,2	2,0	0,1	8,6	0,3	0,0	0,6	0,2	0,0	100,0
	A	11,0	64,2	0,5	1,0	6,9	0,0	0,3	16,1	0,0	100,0
	O	15,1	30,1	41,0	1,8	3,0	3,1	0,2	3,5	2,2	100,0
Cantons de l'Est	F	89,3	1,9	0,0	7,7	0,2	0,0	0,7	0,2	0,0	100,0
	A	9,8	74,2	0,1	0,9	3,7	0,0	0,3	11,0	0,0	100,0
	O	20,2	23,8	36,7	3,9	2,8	6,1	0,3	3,1	3,1	100,0
Intérieur-Gaspésie-Nord	F	94,2	0,9	0,1	3,9	0,1	0,0	0,6	0,2	0,0	100,0
	A	26,8	46,2	0,4	1,9	5,7	0,1	1,0	17,8	0,1	100,0
	O	15,0	7,4	65,4	1,5	2,1	2,8	0,4	3,0	2,4	100,0
Total Québec	**F**	**96,8**	**2,0**	**0,2**	**—**	**—**	**—**	**0,7**	**0,3**	**0,0**	**100,0**
	A	**10,3**	**70,7**	**1,3**	**—**	**—**	**—**	**0,3**	**17,3**	**0,1**	**100,0**
	O	**10,5**	**24,6**	**59,3**	**—**	**—**	**—**	**0,1**	**3,1**	**2,4**	**100,0**
Canada-Québec	**F**	**62,7**	**33,3**	**0,2**	**—**	**—**	**—**	**3,4**	**0,4**	**0,0**	**100,0**
	A	**0,3**	**98,9**	**0,6**	**—**	**—**	**—**	**0,0**	**0,2**	**0,0**	**100,0**
	O	**0,1**	**55,1**	**44,6**	**—**	**—**	**—**	**0,0**	**0,0**	**0,1**	**100,0**

Note : Signification des sigles : F désigne le groupe de langue maternelle (L.M.) ou d'usage (L.U.) française ; A désigne le groupe anglais et O le groupe «autre» ; RQ désigne le reste du Québec et RC le reste du Canada.

Source : Statistique Canada, compilations spéciales du recensement de 1981.

Pour saisir cependant de façon plus significative la relation entre mobilité linguistique et mobilité géographique, il importe de considérer des probabilités conditionnelles, c'est-à-dire qu'il nous faut calculer la probabilité d'effectuer (ou plutôt d'avoir effectué) un transfert linguistique, étant
donné qu'en 1981 on avait tel ou tel statut migratoire. Tout comme précédemment, nous distinguerons trois statuts migratoires : le statut de non-
migrant, celui de migrant vers le reste du Québec, et celui de migrant interprovincial. Le tableau IV.15 présente le résultat de nos calculs.

On remarquera tout d'abord, et à nouveau ce n'est guère une surprise,
qu'un membre du groupe de langue maternelle française ou autre résidant
au Québec en 1976 a une probabilité d'avoir effectué un transfert linguistique vers l'anglais beaucoup plus grande si entre 1976 et 1981 il a aussi
effectué une migration vers une autre province. Par contre, un membre
du groupe anglais a une plus grande probabilité de garder sa langue maternelle comme langue d'usage s'il émigre vers le reste du Canada. Une telle
constatation vaut pour chacune des régions québécoises, avec cependant
des nuances. En effet, un membre du groupe francophone québécois qui
a émigré vers le reste du Canada a une «chance» de perdre sa langue maternelle au profit d'une autre langue d'usage (à toutes fins utiles, l'anglais)
encore bien plus grande si, au départ, c'est-à-dire en 1976, il résidait dans
la sous-région de Montréal-Îles. Ceci est sans doute dû au fait qu'un résidant de cette région est beaucoup plus préparé à un environnement anglophone qu'un habitant d'une autre région du Québec (comme en témoigne
le niveau nettement plus élevé du taux de bilinguisme du groupe français
à Montréal-Îles – voir tableau II.10). Une telle explication semble con-
tredite par le fait que les habitants de langue maternelle française qui résident dans l'Outaouais, lui aussi fortement ouvert aux «influences» anglaises, ont par contre une chance relativement plus élevée que les autres émigrants de garder le français comme langue d'usage lorsqu'ils émigrent vers
le reste du Canada. Cette contradiction n'est qu'apparente, car dans ce
dernier cas, on a pu vérifier que la majorité des émigrants interprovinciaux s'installent simplement de l'autre côté de la frontière provinciale,
dans une région où la présence française est importante.

En termes quantitatifs, un membre du groupe français a 14 fois plus
de chances d'avoir effectué un transfert vers l'anglais si entre 1976 et 1981,
il a aussi effectué une migration vers le reste du Canada, tandis qu'un membre du groupe «autre» double cette probabilité. Au total cependant, ce dernier a aussi deux fois plus de chances d'être passé à l'anglais que son con-
frère migrant du groupe français. Par contre, un membre du groupe autre
voit sa probabilité d'avoir effectué un transfert vers le français baisser considérablement (de 11,1 % à 2,5 %) s'il a émigré vers le reste du Canada.

Tableau IV.15
Probabilité conditionnelle (en %) d'un transfert linguistique, selon le statut migratoire, Québec et régions, 1981

Région de résidence en 1976	L.M.	Probabilité d'un non-migrant de parler			Probabilité d'un migrant vers RQ de parler			Probabilité d'un migrant vers RC de parler		
		F	A	O	F	A	O	F	A	O
Outaouais	F	96,0	3,9	0,1	97,8	2,2	0,0	76,1	23,6	0,3
	A	12,3	87,5	0,2	34,1	65,1	0,8	4,4	95,2	0,4
	O	14,4	30,1	55,5	19,2	19,2	61,6	6,8	54,7	38,5
Montréal-îles	F	95,7	3,7	0,6	97,7	2,2	0,1	61,3	38,2	0,5
	A	7,9	89,9	2,2	19,2	79,6	1,2	1,0	98,3	0,7
	O	9,2	26,5	64,3	20,2	28,0	51,8	1,8	53,9	44,3
Reste de Montréal	F	97,7	2,2	0,1	97,0	2,9	0,1	69,1	30,9	0,0
	A	14,5	84,8	0,7	12,5	87,0	0,5	1,6	98,3	0,1
	O	17,6	34,9	47,5	23,3	37,8	38,9	2,5	60,1	37,4
Cantons de l'Est	F	97,9	2,1	0,0	97,7	2,0	0,3	74,8	25,2	0,0
	A	11,7	88,2	0,1	20,1	79,6	0,3	2,4	97,6	0,0
	O	25,0	29,5	45,5	30,0	22,2	47,8	4,4	47,8	47,8
Intérieur-Gaspésie-Nord	F	99,0	0,9	0,1	97,9	1,9	0,2	79,8	20,2	0,0
	A	36,5	63,0	0,5	24,8	73,8	1,4	5,5	94,2	0,3
	O	17,1	8,4	74,5	24,0	32,0	44,0	6,6	52,0	41,4
Total Québec	**F**	**97,8**	**2,0**	**0,2**	—	—	—	**72,3**	**27,5**	**0,2**
	A	**12,6**	**85,9**	**1,5**	—	—	—	**1,9**	**97,6**	**0,5**
	O	**11,1**	**26,0**	**62,9**	—	—	—	**2,5**	**54,3**	**43,2**
Canada-Québec	F	65,2	34,6	0,2	—	—	—	89,1	10,6	0,3
	A	0,3	99,2	0,5	—	—	—	6,6	92,7	0,7
	O	0,2	55,2	44,6	—	—	—	10,5	47,9	41,6

Note : Voir la note du tableau IV.14.

Dans le sens inverse, c'est-à-dire lorsqu'on considère la migration du reste du Canada vers le Québec, on observe que très logiquement un membre du groupe français augmente significativement la probabilité de garder comme langue d'usage sa langue maternelle s'il est venu résider au Québec entre 1976 et 1981, et qu'un membre du groupe anglais voit cette probabilité diminuer. On notera cependant que cette baisse est beaucoup plus faible (de 99 % à 93 %) que celle observée dans l'autre sens pour ceux du groupe français (de 98 % à 72 %). Il semble également intéressant de relever qu'un membre du groupe «autre», s'il voit la probabilité de garder sa langue maternelle baisser considérablement (de 63 % à 43 %) s'il a émigré du Québec vers le reste du Canada entre 1976 et 1981, a par contre presque autant de chances de la garder s'il a émigré dans l'autre sens. Tout ceci illustre une fois de plus le fait que le pouvoir d'attraction du français au Québec est beaucoup moins fort que celui de l'anglais dans le reste du Canada.

Les migrations interrégionales à l'intérieur du Québec ont apparemment une relation beaucoup moins forte avec la mobilité linguistique que les migrations interprovinciales. Il n'y a rien d'inattendu à cela, dans la mesure où ces migrations interrégionales impliquent normalement un changement moins net dans l'environnement socio-culturel. On remarquera que les membres du groupe de langue maternelle française résidant dans l'Outaouais ou à Montréal-Îles en 1976 ont augmenté leur probabilité de garder le français comme langue d'usage si, entre 1976 et 1981, ils ont quitté leur région de résidence pour une autre région du Québec ; par contre ceux des autres régions voient cette probabilité diminuer. Il n'y a là, encore, rien de très surprenant, puisque ces dernières régions ont aussi une «présence» anglaise moins forte.

Les gens de langue maternelle anglaise voient la probabilité de garder leur langue maternelle diminuer si, résidant en 1976 dans l'Outaouais, Montréal-Îles ou les Cantons de l'Est, ils ont quitté ces régions entre 1976 et 1981, ce qui, encore une fois, est normal puisqu'en quittant ces régions à forte minorité anglophone, ils se retrouvent, au moins pour partie, dans des régions plus francophones. On remarquera que les non-migrants de langue maternelle anglaise de l'Outaouais, de Montréal-Îles et des Cantons de l'Est ont une probabilité de non-mobilité linguistique variant entre 88 % et 90 %, alors que pour ceux de la macro-région Intérieur-Gaspésie-Nord, cette probabilité n'est que de 63 %. Ce dernier chiffre semble confirmer l'hypothèse selon laquelle, en deçà d'un certain seuil de minorisation, il est très difficile de garder sa langue maternelle comme langue d'usage, et que pour la garder, il faut soit quitter sa région pour une région proche où cette langue est moins minorisée (ceux qui ont émigré vers une

autre région du Québec ont une probabilité de rétention de 74 % au lieu
de 63 % pour les non-migrants), soit vers une région où elle est majoritaire (ceux qui ont émigré vers une autre province ont une probabilité de
rétention de 94 %).

4.4.3. Mobilité linguistique suivant la formation scolaire et le revenu

L'étude de la répartition selon la formation scolaire et la catégorie
de revenu des divers groupes linguistiques a déjà fait ressortir l'avantage
du groupe anglais, qui se retrouve à la fois plus scolarisé et dans des catégories de revenu plus élevées que les deux autres groupes (voir sections
2.3.2 et 2.3.3). Nous voulons maintenant voir comment s'effectuent les
transferts linguistiques en fonction de ces deux caractéristiques socio-
économiques, c'est-à-dire examiner, pour chacune de ces deux variables,
la position spécifique par rapport à leur groupe linguistique d'origine des
personnes linguistiquement mobiles. L'analyse suivante portera sur les seules personnes âgées de 25 à 44 ans, d'une part parce qu'on a vu que les
données les concernant paraissent plus fiables, et d'autre part parce qu'elles
constituent un groupe plus homogène en ce qui a trait aux caractéristiques
étudiées.

Dans l'ensemble du Québec, les personnes du groupe français, peu
mobiles en général, effectuent d'autant plus de transferts vers l'anglais
que leur niveau de scolarité est élevé (tableau IV.16). Ce fait ne paraît
pas étranger au niveau de bilinguisme plus important chez les personnes
plus instruites. L'inverse vaut cependant pour le groupe anglais, associant
ainsi une fois de plus l'anglais à une position dominante ou socialement
avantageuse, et le français à une position inférieure. Des données régionales (non présentées ici) montrent que c'est dans la région de Montréal
que cette situation est la plus évidente.

Parmi les personnes de langue maternelle autre que le français ou
l'anglais, les plus scolarisées effectuent proportionnellement plus de transferts que les autres. Mais alors que les personnes ayant complété seulement un cours primaire effectuent ces transferts autant vers le français
que vers l'anglais, les personnes les plus scolarisées orientent quant à elles
deux fois plus souvent leur transfert vers l'anglais que vers le français.
Cette situation, qui rejoint celle déjà mise en évidence pour les groupes
français et anglais, caractérise surtout la région de Montréal et ses sous-
régions, où sont largement concentrés les transferts de ce type.

Tableau IV.16
**Taux de mobilité linguistique selon la langue maternelle et
le niveau de scolarité atteint parmi les personnes âgées de 25 à 44 ans,
Québec, 1981**

Niveau de scolarité atteint	Taux de mobilité selon la langue maternelle			
	Français vers anglais %	Anglais vers français %	«Autre» vers français %	«Autre» vers anglais %
Primaire	1,7	22,5	8,5	8,8
Secondaire sans autre formation	2,2	18,0	14,1	25,3
Secondaire avec autre formation	2,2	17,8	21,0	31,9
Universitaire	3,0	8,3	17,8	39,9
Ensemble	**2,2**	**14,8**	**14,5**	**25,2**

Source : Statistique Canada, compilations spéciales du recensement de 1981.

La catégorie de revenu dans laquelle s'inscrivent les individus n'étant certes pas indépendante de leur formation scolaire, des résultats semblables devraient apparaître dans l'analyse de cette seconde variable. C'est aussi ce que suggèrent quelques études sur la question. Ainsi, Veltman constate que «l'élite anglophone ne cesse d'être renforcée par l'arrivée d'élites tirées des autres groupes linguistiques. Les francophones quant à eux s'appauvrissent relativement puisqu'une proportion de la couche supérieure s'anglicise»[20].

Les avantages associés à un transfert vers la langue anglaise paraissent évidents, même s'il est en fait difficile d'établir s'il s'agit là d'une cause ou d'une conséquence de la mobilité linguistique.

Les données issues du recensement de 1981, bien qu'il soit difficile de les comparer directement à celles publiées dans les études faites à partir du recensement de 1971 (parce que les individus ou les groupes considérés ne sont pas exactement les mêmes), confirment généralement les

---

20. Calvin Veltman, «Les incidences du revenu sur les transferts linguistiques dans la région métropolitaine de Montréal», *Recherches sociographiques*, vol. 17, n° 3, 1976, pp. 323-339.

conclusions précédentes (tableau IV.17). Il ressort ainsi que la mobilité linguistique du groupe français est la plus importante parmi les catégories de revenu les plus élevées et celle du groupe anglais la moins importante parmi ces mêmes catégories. La mobilité linguistique des personnes de langue maternelle «autre» augmente très fortement avec le revenu, en même temps que s'accroît l'écart en faveur des transferts vers l'anglais (au point que près de la moitié de ceux qui, en 1981, gagnaient plus de 30 000 $ avaient effectué un transfert vers l'anglais !). Comme dans le cas du niveau de scolarité, cette situation est particulièrement nette dans la région de Montréal.

4.5. Mobilité linguistique et exogamie

Indépendamment de leurs caractéristiques individuelles, les personnes qui effectuent un transfert linguistique vivent des situations familiales qui ne sont pas indépendantes de leurs choix linguistiques. Même si l'on ne peut établir d'ordre chronologique absolu entre le transfert linguistique et le mariage avec un conjoint d'une langue maternelle différente, l'existence d'un lien entre les deux ressort clairement[21]. Avant d'analyser ce lien, nous tracerons un portrait général du phénomène de l'exogamie, cette façon privilégiée qu'ont les groupes linguistiques d'interagir.

4.5.1. Groupes linguistiques et exogamie

Dans l'ensemble du Québec, le groupe anglais enregistre les plus fortes proportions de conjoints appartenant à des couples exogames, suivi du tiers groupe[22], puis du groupe français (tableau IV.18). En nombres cependant, ces couples sont surtout formés de conjoints de langue mater-

---

21. Charles Castonguay, «Exogamie et transferts linguistiques chez les populations de langue maternelle française au Canada», dans : *Démographie et destin des sous-populations, Actes du Colloque de Liège (21-23 septembre 1981)*, Paris, Association internationale des démographes de langue française (AIDELF), 1983, pp. 209-215; *idem*, «L'évolution de l'exogamie et de ses incidences sur les transferts linguistiques chez les populations provinciales de langue maternelle française au Canada entre 1971 et 1981», dans : *L'état de la langue française au Québec, Bilan et prospective*, Québec, Conseil de la langue française, «Notes et documents», n° 58, 1986, t. 1, pp. 269-317.

22. La comparaison de ce groupe avec les deux autres est imparfaite à deux points de vue : d'une part, plusieurs de ces unions ont été formées à l'extérieur du pays, avant le moment de l'immigration, et d'autre part, l'homogamie linguistique d'un couple formé de deux conjoints de langue «autre» ne constitue pas une situation d'homogamie absolue, puisque plusieurs langues sont rassemblées sous cette appellation générale.

Tableau IV.17
**Taux de mobilité linguistique selon la langue maternelle et
la catégorie de revenu parmi les personnes âgées de 25 à 44 ans,
Québec, 1981**

Catégorie de revenu	Taux de mobilité selon la langue maternelle			
	Français vers anglais %	**Anglais vers français** %	**«Autre» vers français** %	**«Autre» vers anglais** %
Aucun revenu	1,8	14,0	10,5	18,8
Moins de 10 000 $	2,1	15,1	12,6	19,7
10 000 $ — 19 999 $	2,4	15,9	14,7	25,0
20 000 $ — 29 999 $	2,3	15,1	19,1	35,7
30 000 $ et plus	3,1	11,2	21,6	44,5
Ensemble	**2,2**	**14,8**	**14,5**	**25,2**

Source : Statistique Canada, compilations spéciales du recensement de 1981.

nelle française et anglaise (tableau IV.19). Du côté du groupe «autre», il y a davantage de couples dont les conjoints sont respectivement de langue française et «autre» qu'anglaise et «autre» : cette situation découle de l'importance relative des effectifs français et anglais, comme nous le verrons plus loin.

Les proportions observées de couples exogames varient selon le sexe et d'une région à l'autre. Les femmes du groupe français font un peu plus souvent partie de couples exogames que les hommes de ce groupe, mais le contraire vaut pour le groupe anglais. La différence est beaucoup plus marquée pour le groupe «autre» où les hommes, plus nombreux que les femmes, sont plus facilement amenés à choisir une conjointe en dehors de leur groupe linguistique. Cette situation vaut globalement pour chacune des régions. La plus forte proportion de conjoints de langue maternelle française appartenant à des couples exogames est enregistrée dans l'Outaouais et à Montréal (Montréal-Îles surtout), ce qui n'est pas sans rappeler l'importance du bilinguisme de ce groupe dans ces régions et l'hétérogénéité linguistique de celles-ci. Ainsi, c'est à Montréal-Îles que la proportion d'exogames atteint son maximum pour le groupe français, alors que celle du groupe anglais y atteint son niveau le moins élevé. Très mino-

Tableau IV.18

Proportion des conjoints faisant partie d'un couple exogame selon la langue maternelle et le sexe, Québec et régions, 1981

Région et sexe	Langue maternelle		
	Français %	Anglais %	«Autre» %
Outaouais	8,1	35,9	35,6
Femmes	8,6	35,7	26,1
Hommes	7,5	36,1	43,5
Ensemble de Montréal[a]	6,6	28,3	17,0
Femmes	7,9	27,6	12,1
Hommes	5,4	29,0	21,4
— Montréal-Îles	8,3	25,5	15,1
Femmes	10,1	24,8	10,9
Hommes	6,5	26,2	19,0
— Région métropolitaine de recensement	6,9	27,9	16,7
Femmes	8,3	27,1	11,9
Hommes	5,6	28,6	21,1
Cantons de l'Est	4,5	27,4	38,1
Femmes	4,8	27,2	27,1
Hommes	4,2	27,8	45,6
Intérieur-Gaspésie-Nord	1,8	58,6	28,8
Femmes	2,1	55,9	23,5
Hommes	1,6	61,0	33,3
Ensemble du Québec	**4,3**	**31,9**	**18,2**
Femmes	**5,0**	**30,9**	**13,1**
Hommes	**3,6**	**32,9**	**22,8**

a : Voir note b, tableau IV.1.

Source : Statistique Canada, compilations spéciales du recensement de 1981.

Tableau IV.19
Familles époux-épouses selon la langue maternelle respective des conjoints, Québec, 1981

Langue maternelle de l'époux	Langue maternelle de l'épouse			
	Français	Anglais	«Autre»	Toutes langues
Français	1 147 640	35 365	7 630	1 190 635
Anglais	43 185	101 555	6 550	151 285
«Autre»	17 680	9 975	93 775	121 425
Toutes langues	**1 208 505**	**146 890**	**107 950**	**1 463 350**

Source : Statistique Canada, compilations spéciales du recensement de 1981.

ritaire dans la région Intérieur-Gaspésie-Nord, le groupe anglais y connaît ses plus fortes proportions d'exogamie (59 %) qui, dans toutes les régions, atteignent au moins 25 % des conjoints de ce groupe. Quant au tiers groupe, c'est dans les Cantons de l'Est et dans l'Outaouais que ses membres forment le plus souvent des couples exogames. La plus faible proportion enregistrée pour ce groupe à Montréal-Îles résulte probablement du fait que plusieurs de ces unions ont été contractées à l'extérieur du pays, donc avant le moment de l'immigration. Elle peut aussi dépendre en partie de l'existence dans cette région de communautés linguistiques et ethniques plus nombreuses et mieux constituées.

De toute évidence, les proportions précédentes sont fortement en corrélation avec la place objective qu'occupe chaque groupe linguistique dans les diverses régions[23]. En effet, la taille des effectifs pose des limites concrètes au choix du conjoint, ou permet au contraire une homogamie linguistique beaucoup plus grande. Afin de mesurer de façon plus exacte la propension des conjoints des différents groupes linguistiques à former un couple avec une personne d'un autre groupe, il faut calculer un indice qui tienne compte de la taille des groupes. Sur la base de la répartition selon la langue maternelle de l'ensemble des épouses et des époux, nous avons calculé ici les proportions d'exogamie qui seraient observées si les couples se formaient uniquement en fonction des proportions de chaque groupe linguistique dans le bassin des conjoints potentiels. Ces nouvelles proportions «attendues» dans une telle hypothèse aléatoire parfaite ont été comparées aux proportions observées dans les faits (tableau IV.20).

Tableau IV.20

Proportions — observées et attendues — de conjoints faisant partie de couples exogames, selon la langue maternelle, Québec et régions, 1981

Région et proportion	Français	Anglais	«Autre»	Total
Outaouais				
— Proportions observées	8,1 %	35,9 %	35,6 %	13,8 %
— Proportions attendues	20,4 %	82,6 %	96,9 %	33,6 %
Rapport	0,40	0,44	0,37	0,41
Ensemble de Montréal[a]				
— Proportions observées	6,6 %	28,3 %	17,0 %	11,5 %
— Proportions attendues	29,6 %	85,0 %	85,9 %	46,1 %
Rapport	0,22	0,33	0,20	0,25
— Montréal-Îles				
— Proportions observées	8,3 %	25,5 %	15,1 %	12,9 %
— Proportions attendues	39,3 %	81,7 %	79,6 %	55,5 %
Rapport	0,21	0,31	0,19	0,23
— Région métropolitaine de recensement				
— Proportions observées	6,9 %	27,9 %	16,7 %	11,8 %
— Proportions attendues	31,2 %	84,2 %	84,9 %	47,8 %
Rapport	0,22	0,33	0,20	0,25
Cantons de l'Est				
— Proportions observées	4,5 %	27,4 %	38,1 %	8,1 %
— Proportions attendues	14,8 %	87,1 %	100,0 %	25,7 %
Rapport	0,30	0,32	0,38	0,32
Intérieur-Gaspésie-Nord				
— Proportions observées	1,8 %	58,6 %	28,8 %	3,7 %
— Proportions attendues	3,9 %	96,2 %	100,0 %	7,5 %
Rapport	0,46	0,61	0,29	0,49
QUÉBEC				
— Proportions observées	**4,3 %**	**31,9 %**	**18,2 %**	**8,2 %**
— Proportions attendues	**18,0 %**	**89,9 %**	**92,2 %**	**31,1 %**
Rapport	**0,24**	**0,36**	**0,20**	**0,26**

a : Voir note b, tableau IV.1.

Source : Calculs faits à partir de compilations spéciales du recensement de 1981.

Les proportions attendues de conjoints appartenant à des couples exogames dépassent toujours largement les proportions observées. En effet, le hasard ne saurait présider seul au choix du conjoint[24], et la relative fermeture des groupes linguistiques les uns par rapport aux autres favorise les mariages homogames. Dans l'ensemble du Québec, c'est le groupe anglais qui réalise le plus l'hypothèse aléatoire (avec un rapport d'exogamie observée à l'exogamie attendue de 0,36), suivi du groupe français (0,24), qui devance ici le tiers groupe (0,20) ; on connaît toutefois les limites déjà mentionnées pour l'interprétation des résultats de ce dernier groupe.

La différence la plus remarquable vient probablement des groupes français et «autre», dont les effectifs, trop importants d'un côté (groupe français) et trop réduits de l'autre (tiers groupe), masquaient les propensions véritables à des mariages exogames. Un tel renversement vaut pour chacune des régions où, sauf dans les Cantons de l'Est, le groupe français devance toujours légèrement le groupe «autre» en termes de réalisation de l'hypothèse aléatoire parfaite. Il est intéressant de constater que c'est dans la région de Montréal, et particulièrement dans Montréal-Îles, que le rapport d'exogamie réalisée est le plus faible, et ce pour chacun des groupes. Plutôt que de favoriser l'exogamie, l'hétérogénéité linguistique de la région montréalaise paraît donc renforcer les positions des divers groupes et favoriser les unions au sein même de ceux-ci. À l'opposé, l'Outaouais enregistre des proportions importantes pour chacun des groupes, indice d'une interaction peut-être plus grande entre les groupes linguistiques. Le regroupement des régions Intérieur, Gaspésie et Nord se distingue enfin par des rapports très élevés pour le groupe anglais et pour le groupe français, avec de petits nombres cependant dans les deux cas.

Le recours à un indice qui tienne compte des effectifs respectifs des divers groupes linguistiques permet également de mieux cerner la propension des personnes du groupe «autre» à former des unions avec des personnes de langue maternelle française ou anglaise. Ainsi, bien que le nombre des unions entre conjoints de langue française et «autre» dépasse celui des unions «autre»-anglais, comme on l'a vu plus haut, de nouveaux calculs montrent que dans l'ensemble du Québec, le premier type d'union représente un pourcentage d'exogamie réalisée de 13 % comparativement à 71 % pour les unions avec le groupe anglais. Contrairement à l'impression première, les liens entre groupes anglais et «autre» paraissent donc se concrétiser beaucoup plus aisément qu'entre groupes français et «autre».

24. Alain Girard, *Le choix du conjoint,* Paris, Institut national d'études démographiques, 1974, 202 p.

Les couples dont il vient d'être question sont formés de conjoints de tous âges, réunis depuis peu ou depuis très longtemps. On peut se demander si les tendances qui se dégagent de leur examen rendent également compte des tendances plus récentes, bref, s'il y a depuis peu des modifications dans la propension à choisir un conjoint homogame. À ce propos, une comparaison avec les données du recensement de 1971 pour les couples dont l'époux appartient au groupe d'âge 25-44 ans indique peu de différences avec le portrait précédent, sauf pour le groupe anglais dont les taux d'exogamie en 1971 étaient largement inférieurs à ceux de 1981, tant pour les femmes que pour les hommes[25]. Cette situation doit cependant être interprétée à la lumière des changements importants qui ont caractérisé la population de langue maternelle anglaise entre 1971 et 1981 (baisse des effectifs) et qui ont pu affecter davantage les couples dont les deux conjoints étaient de langue maternelle anglaise.

Les mariages enregistrés au Québec depuis 1975 suggèrent quant à eux une légère tendance à l'augmentation de l'exogamie linguistique depuis cette date (tableau IV.21). Mesure plus appropriée pour le tiers groupe parce qu'il relève uniquement les mariages conclus ici, ce calcul indique par ailleurs un fort taux d'exogamie au sein de cette population, un peu plus important même que celui de la population de langue maternelle anglaise.

Mentionnons enfin que les informations relatives à la langue d'usage des conjoints, également tirées du recensement, dessinent pour leur part un portrait beaucoup plus homogame de la situation des couples québécois. Il n'y a rien d'étonnant à cela, et nous verrons maintenant comment le jeu des transferts linguistiques intervient au sein des couples pour engendrer cette nouvelle situation.

4.5.2. Transferts linguistiques et exogamie

Les proportions de transferts provenant de personnes appartenant à un couple exogame dépassent nettement les proportions d'exogamie enregistrées au sein des divers groupes (tableau IV.22)[26]. Cela témoigne

---

25. Réjean Lachapelle et Jacques Henripin, *op. cit.*, p. 153.

26. Ces chiffres rappellent par ailleurs curieusement les proportions de transferts qui résultent du traitement par Statistique Canada des réponses «erronées» aux questions linguistiques. Sans que l'on puisse établir de lien formel entre les deux éléments, ce fait appuie l'hypothèse qui veut que plusieurs de ces réponses «erronées» soient la conséquence de situations linguistiques complexes que le recensement n'arrive pas à saisir avec ses concepts.

Tableau IV.21

Proportion de conjoints appartenant à des couples exogames parmi les mariages récents, selon la langue maternelle des conjoints, Québec, 1975 à 1982

Année	Français %	Anglais %	«Autre» %
1975[a]	3,9	25,8	30,7
1976	3,9	25,8	30,8
1977	4,1	27,6	32,4
1978	4,2	27,5	34,3
1979	4,0	28,3	34,9
1980	4,2	29,7	35,4
1981	4,6	29,5	32,5
1982	4,7	29,7	30,3

(colonnes groupées sous: **Langue maternelle**)

a : Première année où des questions relatives à la langue maternelle des conjoints apparaissent dans le formulaire d'enregistrement des mariages.

Source : Ministère des Affaires sociales, Québec, fichier des mariages.

d'une concentration évidente de la mobilité linguistique au sein de ce type de familles, surtout lorsqu'on tient également compte des enfants issus de ces couples, qui sont probablement touchés de la même façon par le phénomène. Cette concentration est la plus marquée dans le cas du groupe anglais, tandis que la mobilité du groupe «autre» vers l'anglais paraît se produire le plus souvent en dehors d'un contexte familial d'exogamie[27]. Voyons donc plus précisément l'orientation linguistique des différents types de couples.

Sauf au sein du tiers groupe, il y a évidemment peu de couples endogames qui parlent à la maison une autre langue que leur propre langue maternelle (tableau IV.23). Ainsi, dans l'ensemble du Québec, 98 % des couples dont les deux conjoints sont de langue maternelle française et 96 % de ceux de langue maternelle anglaise parlent respectivement le français et l'anglais à la maison, les autres se répartissant entre les catégories de

---

27. Maheu et Paillé trouvent un résultat semblable à partir des données du fichier des naissances : Robert Maheu, «Les transferts linguistiques au Québec entre 1975 et 1977», *Cahiers québécois de démographie*, vol. 7, n° 3, 1978, pp. 109-131 ; Michel Paillé, *Contribution à la démolinguistique du Québec*, Québec, Conseil de la langue française, «Notes et documents», n° 48, 1985, 246 p., pp. 49-61.

Tableau IV.22

Proportion des transferts provenant de personnes appartenant à un couple exogame, selon le type de transfert, Québec, 1981

	Type de transfert			
	Français vers anglais	**Anglais vers français**	**«Autre» vers français**	**«Autre» vers anglais**
Proportion	28 %	48 %	34 %	19 %

Source : Charles Castonguay, «L'évolution de l'exogamie et de ses incidences sur les transferts linguistiques chez les populations provinciales de langue maternelle française au Canada entre 1971 et 1981», dans : *L'état de la langue française au Québec. Bilan et prospective*, Québec, Conseil de la langue française, «Notes et documents», n° 58, 1986, t. 1, tableau V.8, p. 295.

«bilingues» (surtout chez les français) ou toute autre combinaison impliquant une langue «autre» (surtout chez les anglais). Comme on pouvait s'y attendre, les couples français de l'Outaouais et de la région de Montréal gardent un peu moins bien leur langue maternelle commune qu'ailleurs au Québec, tandis que le contraire vaut pour les couples anglais de la région Intérieur-Gaspésie-Nord ; ceux-ci vont toutefois plus souvent vers une autre langue que le français.

Les couples dont les deux conjoints sont de langue maternelle «autre» parlent l'anglais à la maison dans une proportion de 15 %, et le français dans une proportion de 4 %, soit environ quatre fois moins souvent que l'anglais. Cette répartition témoigne une fois de plus des gains importants réalisés par le groupe anglais auprès de ce groupe. Le regroupement des régions Intérieur-Gaspésie-Nord se distingue à cet égard, d'une part par un plus grand maintien des langues «autres», et d'autre part par les préférences exprimées en faveur du français.

Les couples dont les conjoints sont respectivement de langue française et anglaise parlent d'abord le français dans une proportion de 46 %, tandis qu'un nombre à peu près égal parlent l'anglais (29 %) ou les deux langues (24 %) (voir tableau IV.24). Cela représente environ 20 000 couples québécois qui communiquent en français et en anglais, certains d'entre eux voyant d'ailleurs les deux conjoints parler respectivement la langue maternelle de l'autre... La proportion des couples bilingues varie peu d'une région à l'autre, les proportions les plus fortes étant cependant enregistrées dans l'Outaouais et dans les Cantons de l'Est. Les couples utilisant

Tableau IV.23
Orientation linguistique des couples endogames en termes de langue d'usage, selon la langue maternelle des conjoints, Québec et régions, 1981

| | Langue maternelle des conjoints | | | | | | | | | |
| | Français-français Orientation linguistique (en %) | | | Anglais-anglais Orientation linguistique (en %) | | | «Autre-autre» Orientation linguistique (en %) | | | |
Région	Français	Bilingue	«Autre»[a]	Anglais	Bilingue	«Autre»[a]	Français	Anglais	Bilingue	«Autre»[a]
Outaouais	96,7	2,6	0,7	96,7	1,6	1,7	4,4	15,8	1,3	78,5
Ensemble de Montréal[b]	97,0	2,3	0,7	95,9	1,5	2,6	3,5	15,9	0,9	79,7
— Montréal-Îles	96,4	2,6	1,0	95,9	1,4	2,7	3,2	15,6	0,9	80,3
— Région métropolitaine de recensement	96,9	2,4	0,7	95,9	1,5	2,6	3,4	15,8	0,9	79,9
Cantons de l'Est	98,0	1,8	0,2	97,5	1,0	1,5	5,7	17,0	0,6	76,7
Intérieur-Gaspésie-Nord	98,4	1,5	0,1	90,8	2,0	7,2	6,4	4,6	0,1	88,9
Ensemble du Québec	**97,7**	**1,9**	**0,4**	**95,7**	**1,6**	**2,7**	**3,7**	**15,3**	**0,8**	**80,2**

a : Comprend toute autre orientation linguistique non mentionnée explicitement ici.

b : Voir note b, tableau IV.1.

Source : Statisque Canada, compilations spéciales du recensement de 1981.

Tableau IV.24

Orientation linguistique des couples exogames en termes de langue d'usage, selon la langue maternelle des conjoints, Québec et régions, 1981

Région	Français-Anglais Orientation linguistique (en %)				Langue maternelle des conjoints Français-«Autre» Orientation linguistique (en %)				Anglais-«Autre» Orientation linguistique (en %)			
	Français	Anglais	Bilingue	«Autre»[a]	Français	Anglais	Bilingue	«Autre»[a]	Français	Anglais	Bilingue	«Autre»[a]
Outaouais	33,3	37,8	28,6	0,3	44,2	25,3	22,7	7,8	3,1	87,7	2,0	7,2
Ensemble de Montréal[b]	40,8	33,6	24,6	1,0	56,3	14,4	12,0	17,3	2,1	78,7	2,4	16,8
— Montréal-Îles	37,7	36,3	24,4	1,6	54,8	14,2	11,7	19,3	2,0	78,3	2,2	17,5
— Région métropolitaine de recensement	40,3	34,1	24,5	1,1	56,0	14,4	11,9	17,7	2,2	78,5	2,4	16,9
Cantons de l'Est	43,7	28,6	27,6	0,1	61,9	11,2	14,2	12,7	1,6	93,5	—	4,9
Intérieur-Gaspésie-Nord	65,6	13,1	21,1	0,2	70,4	7,3	5,8	16,5	7,7	63,2	7,7	21,4
Ensemble du Québec	**45,9**	**29,0**	**24,4**	**0,7**	**58,0**	**13,7**	**11,6**	**16,7**	**2,4**	**78,8**	**2,5**	**16,3**

a : Comprend, en plus des tierces langues, toute combinaison comprenant l'une de ces langues.
b : Voir note b, tableau IV.1.

Source : Statistique Canada, compilations spéciales du recensement de 1981.

uniquement l'anglais à la maison sont proportionnellement plus nombreux dans l'Outaouais, puis dans la région de Montréal, le contraire étant observé pour le français.

Cette répartition suit de toute évidence la composition linguistique des diverses régions et la valorisation relative de l'anglais mentionnée antérieurement.

Les couples exogames dont l'un des conjoints est de langue maternelle «autre» parlent évidemment le plus souvent la langue de l'autre conjoint, soit le français ou l'anglais. Toutefois, davantage de couples français-«autre» utilisent l'anglais ou sont bilingues (français-anglais) à la maison que les couples anglais-«autre». Cette situation est la plus marquée dans l'Outaouais et dans la région de Montréal ; à l'opposé, les couples anglais-«autre» parlent plus souvent le français dans la région Intérieur-Gaspésie-Nord qu'ailleurs au Québec.

La comparaison avec des données de même type pour le recensement de 1971 indique en premier lieu une légère diminution de la stabilité linguistique des couples endogames au cours de la période 1971-1981, surtout parmi ceux de langue maternelle «autre». L'importante augmentation des taux de mobilité linguistique enregistrée en 1981 en faveur du français parmi le groupe anglais provoque par ailleurs une augmentation du nombre de couples français-anglais qui utilisent le français à la maison. Enfin, les préférences des couples français-«autre» et anglais-«autre» vont moins souvent vers l'anglais en 1981, en faveur surtout des langues «autres»[28]. Une analyse plus fine des comportements des couples exogames en fonction de l'âge de l'épouse ne permet guère de mieux cerner cette évolution récente, puisqu'elle fait surtout ressortir la plus grande fréquence, chez les couples où la femme est plus jeune, des situations où plus d'une langue est utilisée à la maison : cela n'étonne guère, dans la mesure où ces personnes plus jeunes sont probablement engagées dans un processus de transfert linguistique qui n'est pas encore complété. Les jeunes enfants élevés dans un tel contexte sont probablement marqués de la même façon par ce processus.

De façon générale, au sein des couples exogames les hommes effectuent davantage de transferts linguistiques que les femmes, surtout dans le cas des couples où les deux conjoints sont respectivement de langue maternelle française et anglaise (tableaux IV.25 et IV.26). Les couples

---

28. Charles Castonguay, «L'évolution de l'exogamie et de ses incidences sur les transferts linguistiques chez les populations provinciales de langue maternelle française au Canada entre 1971 et 1981», dans : *L'état de la langue française au Québec. Bilan et prospective*, Québec, Conseil de la langue française, «Notes et documents», n° 58, 1986, t. 1, pp. 201-268.

formés de conjoints de langue maternelle anglaise et «autre» font exception à cette observation. Dans le cas des transferts du groupe français vers l'anglais, il y a donc une différence avec ce qui avait été observé précédemment, mais il faut voir que ce résultat ne vaut ici que pour les seuls transferts provenant des couples exogames, qui représentent seulement le tiers des transferts de ce groupe. Comme le note également Castonguay[29], on remarque que les femmes conservent davantage leur langue maternelle au sein des mariages mixtes. Mais loin d'interpréter cela comme une sorte de «supériorité féminine», comme le fait Castonguay, nous pensons plutôt que ce serait une conséquence de la moins grande proportion de bilingues observée chez les femmes. Le terme «supériorité» serait alors impropre, cette situation renvoyant plutôt au confinement des femmes dans le travail domestique et à leur moins bonne position sur le marché du travail.

Les données du ministère des Affaires sociales relativement aux naissances permettent à leur tour de mesurer la mobilité linguistique des femmes ayant donné naissance à un enfant au cours des dernières années. Des taux ont donc été calculés sur la base de la répartition des naissances suivant la langue maternelle et la langue d'usage de la mère, de même que la langue maternelle du père. Ces taux, basés sur un sous-ensemble spécifique de la population féminine, ne sont pas directement comparables aux précédents, mais permettent d'apprécier certaines tendances récentes.

Contrairement à ce qui ressortait des données du recensement, les femmes de langue maternelle française dont l'époux est de langue maternelle anglaise ont ici des taux de mobilité vers l'anglais plus importants que les femmes de langue maternelle anglaise dont l'époux est de langue maternelle française (tableau IV.27). On note chez les premières une légère tendance à la baisse de ces taux. Par ailleurs, les femmes de langue maternelle française au sein des couples français-«autre» continuent d'effectuer beaucoup plus de transferts vers l'anglais que n'en font vers le français les femmes anglaises au sein des couples anglais-«autre». La même chose vaut pour les femmes de langue maternelle «autre» au sein de couples exogames, lorsqu'elles font un transfert vers la langue qui n'est pas celle de leur époux (tableau IV.28). Le pouvoir d'attraction de l'anglais continue donc d'être important, sans que des tendances très précises puissent être dégagées des données disponibles ici, étant donné la période réduite d'observation.

---

29. Charles Castonguay, *ibid.*

Tableau IV.25

Taux de mobilité linguistique des conjoints au sein des couples français-anglais, selon la langue maternelle et le sexe des conjoints, Québec et régions, 1981

Région	Taux de mobilité vers le français des époux anglais			Taux de mobilité vers l'anglais des époux français		
	Épouse anglaise époux français (1) %	Époux anglais épouse française (2) %	(2)/(1)	Épouse française époux anglais (1) %	Époux français épouse anglaise (2) %	(2)/(1)
Outaouais	35,4	36,6	1,0	36,2	45,4	1,3
Ensemble de Montréal[a]	37,9	48,8	1,3	31,7	43,3	1,4
— Montréal-Îles	35,9	44,8	1,2	34,9	45,6	1,3
— Région métropolitaine de recensement	37,5	48,3	1,3	32,0	44,1	1,4
Cantons de l'Est	41,1	51,3	1,2	27,2	35,6	1,3
Intérieur-Gaspésie-Nord	57,6	76,1	1,3	10,5	21,5	2,0
Ensemble du Québec	**42,3**	**54,2**	**1,3**	**27,0**	**38,1**	**1,4**

a : Voir note b, tableau IV.1.

Source : Statistique Canada, compilations spéciales du recensement de 1981.

Tableau IV.26

Taux de mobilité linguistique des conjoints de langue maternelle «autre» au sein des couples français-«autre» et anglais-«autre», selon la langue maternelle et le sexe des conjoints, Québec et régions, 1981

| Région | Couples français-«autre» | | | | | | Couples anglais-«autre» | | | | | |
| | Taux de mobilité vers le français | | | Taux de mobilité vers l'anglais | | | Taux de mobilité vers l'anglais | | | Taux de mobilité vers le français | | |
	Femme de langue «autre» (1) %	Homme «autre» (2) %	(2)/(1)	Femme de langue «autre» (1) %	Homme «autre» (2) %	(2)/(1)	Femme de langue «autre» (1) %	Homme «autre» (2) %	(2)/(1)	Femme de langue «autre» (1) %	Homme «autre» (2) %	(2)/(1)
Outaouais	50,0	47,7	1,0	28,2	36,4	1,3	88,9	87,7	1,0	b	b	b
Ensemble de Montréal[a]	50,8	62,5	1,2	15,4	20,7	1,3	78,4	82,8	1,1	4,4	3,4	0,8
— Montréal-Îles	49,8	60,6	1,2	15,7	19,2	1,2	78,4	82,7	1,1	4,2	3,5	0,8
— Région métropolitaine de recensement	50,4	62,1	1,2	15,4	20,5	1,2	79,0	82,6	1,0	4,5	3,5	0,8
Cantons de l'Est	51,3	69,8	1,4	13,4	15,8	1,2	95,5	92,5	1,0	b	b	b
Intérieur-Gaspésie-Nord	63,9	77,1	1,2	8,3	10,3	1,2	65,4	68,7	1,1	b	b	b
Ensemble du Québec	**53,0**	**64,0**	**1,2**	**14,9**	**19,2**	**1,3**	**79,4**	**82,8**	**1,0**	**4,6**	**3,5**	**0,8**

a : Voir note b, tableau IV.1.
b : Nombre de transferts trop faible pour calculer des taux qui soient significatifs.
Source : Statistique Canada, compilations spéciales du recensement de 1981.

Tableau IV.27

Taux de mobilité linguistique (en %) des femmes de langue maternelle française et anglaise ayant donné naissance à un enfant, selon la langue maternelle du père, Québec, 1976 à 1983

Année	Taux de mobilité vers l'anglais des femmes de langue maternelle française dont le conjoint est de langue maternelle				Taux de mobilité vers le français des femmes de langue maternelle anglaise dont le conjoint est de langue maternelle			
	Française	Anglaise	«Autre»	Ensemble	Française	Anglaise	«Autre»	Ensemble
1976	0,1	48,0	14,2	0,9	37,6	0,7	1,2	6,8
1977	0,1	46,6	16,7	1,1	38,1	0,5	2,0	7,2
1978	0,1	42,1	13,5	0,8	39,8	0,8	1,8	7,1
1979	0,1	44,0	13,4	0,9	35,3	1,3	2,8	6,9
1980	0,2	39,4	11,4	0,8	35,1	1,3	1,2	6,6
1981	0,1	43,7	11,8	1,0	38,5	2,2	3,2	8,3
1982	0,2	42,1	11,5	1,0	36,1	1,4	2,9	6,9
1983	0,1	43,2	12,7	1,0	36,2	1,4	3,1	7,2

Source : Ministère des Affaires sociales, fichier des naissances.

Tableau IV.28
Taux de mobilité linguistique (en %) des femmes de langue maternelle «autre» ayant donné naissance à un enfant, selon la langue maternelle du père, Québec, 1976 à 1983

Année	Taux de mobilité vers le français des femmes de langue maternelle «autre» dont le conjoint est de langue maternelle				Taux de mobilité vers l'anglais des femmes de langue maternelle «autre» dont le conjoint est de langue maternelle			
	Française	Anglaise	«Autre»	Ensemble	Française	Anglaise	«Autre»	Ensemble
1976	73,0	1,8	6,1	9,2	19,7	95,1	15,7	19,3
1977	67,8	1,4	6,1	9,7	21,8	94,4	19,7	23,4
1978	65,0	1,3	7,3	11,4	19,0	86,3	20,4	24,0
1979	65,1	2,0	7,9	11,7	16,0	84,2	20,0	23,6
1980	62,9	4,0	9,1	12,7	20,3	88,7	18,6	22,6
1981	68,5	2,5	9,9	13,9	17,9	89,2	19,2	23,0
1982	64,0	2,5	11,1	14,6	20,4	91,2	23,3	27,3
1983	66,2	2,8	12,3	16,0	22,4	88,6	22,3	26,8

Source : Ministère des Affaires sociales, fichier des naissances.

Tableau IV.29

Proportion (en %) des transferts provenant de femmes ayant donné naissance à un enfant qui vont vers la langue maternelle du père, suivant le type de transfert, Québec, 1976 à 1983

Année	Proportion des transferts du français vers l'anglais provenant des mères dont le conjoint est de langue maternelle anglaise	Proportion des transferts de l'anglais vers le français provenant des mères dont le conjoint est de langue maternelle française	Proportion des transferts d'une langue «autre» vers le français provenant des mères dont le conjoint est de langue française	Proportion des transferts d'une langue «autre» vers l'anglais provenant des mères dont le conjoint est de langue anglaise
1976	68	91	39	21
1977	69	92	43	20
1978	65	90	44	20
1979	63	83	40	22
1980	61	83	36	21
1981	67	76	37	22
1982	64	81	34	21
1983	66	83	33	21

Source : Ministère des Affaires sociales, fichier des naissances.

Ces mêmes données rendent également compte de l'évolution de la proportion des transferts de chaque type qui proviennent de couples exogames (tableau IV.29). Calculés sur la base des seules femmes ayant donné naissance à un enfant au cours des dernières années, ces chiffres montrent bien que les transferts des mères anglaises vers le français coïncident presque toujours avec une situation d'exogamie, tandis que les transferts des mères de langue «autre», surtout vers l'anglais, sont les plus susceptibles de se produire en dehors d'une telle situation. Cela témoigne de l'attraction différente qu'exercent les milieux français et anglais en dehors de ces situations d'exogamie[30]. On observe cependant, depuis 1978, un certain ralentissement de cette tendance dans le cas des transferts vers le français, tandis qu'il y a relative stabilité des comportements dans le cas des transferts vers l'anglais.

---

30. Robert Maheu, *loc. cit.*

CHAPITRE V
La migration

Que la migration soit l'«enfant pauvre» de la démographie n'est certes pas une constatation réjouissante[1]. Que faut-il alors penser de la migration des groupes linguistiques ? Depuis le constat de quasi-carence dégagé par Lachapelle et Henripin en 1980 («on connaît [...] fort peu de choses sur les composantes ainsi que sur les facteurs linguistiques des courants migratoires»[2]), on connaît mieux, aujourd'hui, les caractéristiques linguistiques de la migration au Québec, grâce, entre autres, aux travaux de Duchesne[3] et Baillargeon[4]. Mais fondamentalement, la situation n'a guère changé : au delà de l'émoi provoqué par l'«hémorragie» anglophone des années 1977-1978, on a continué à réserver un intérêt marginal à la composante migratoire de l'évolution démolinguistique.

Et pourtant, il suffit de revenir un instant aux chiffres des tableaux I.2 et I.5, qui présentent le bilan démolinguistique du Québec entre 1976 et 1981, respectivement par langue maternelle et par langue d'usage, pour constater à quel point la migration (interprovinciale en ce qui concerne le groupe anglais, internationale pour le groupe «autre») a dominé l'évolution démolinguistique de cette période. Étant donné les très bas niveaux de fécondité actuels, et le déclin concomitant de l'accroissement naturel, on peut s'attendre à ce que la migration prenne une place encore plus grande dans l'avenir, comme l'illustrent d'ailleurs les dernières projections du B.S.Q.[5]

1. Marc Termote, «La place de la migration dans la recherche démographique», *Cahiers québécois de démographie*, vol. 12, n° 2, 1983, p. 175-179.

2. Réjean Lachapelle et Jacques Henripin, *La situation démolinguistique au Canada, évolution passée et prospective*, Montréal, L'Institut de recherches politiques, 1980, xxxii - 391 p., p. 185.

3. Louis Duchesne, *Les migrations interprovinciales québécoises, 1961-1981*, Gouvernement du Québec, Comité interministériel sur la population et l'immigration, 1982 (miméo).

4. Mireille Baillargeon, «L'évolution et les caractéristiques linguistiques des échanges migratoires interprovinciaux et internationaux du Québec depuis 1971», dans *L'état de la langue française au Québec. Bilan et prospective*, Québec, Conseil de la langue française, «Notes et documents», n° 58, 1986, t. 1, pp. 127-200.

5. Bureau de la statistique du Québec, *Perspectives provisoires de la population selon le sexe et l'âge, Québec, 1981 -2001*, 1983, iii − 72 p. ; *Démographie québécoise : passé, présent, perspectives*, 1983, 457 p. ; *L'avenir démographique du Québec*, 1985, 219 p.

La raison essentielle de cet écart entre l'importance du phénomène migratoire et le peu de place qui lui est accordé dans les études démolinguistiques tient sans nul doute à la pauvreté de l'information statistique. Il n'y a en fait qu'une seule source permettant d'obtenir des données migratoires réparties selon la langue, et c'est le recensement, avec toutes les limites que ce dernier impose. Nous commencerons donc cette étape de notre analyse par une brève présentation de ces données.

5.1. Problèmes de données

Nous ne reviendrons pas ici sur les multiples problèmes «techniques» que pose l'utilisation des recensements canadiens pour l'étude du phénomène migratoire : sous-dénombrement et échantillonnage (qui tous deux varient d'un recensement à l'autre), non-réponse (on ne répond pas à la question sur le lieu de résidence antérieur), réponse incomplète (on n'indique que la province de résidence antérieure, non la municipalité), absence de migrations multiples (on estime que sur une période censitaire de cinq ans, chaque migrant effectue en moyenne deux migrations) et donc de migrations de retour (un migrant qui retourne à son point de départ devient un non-migrant), impossibilité de dénombrer les migrants décédés et ceux ayant quitté le pays, etc. Seules quelques propriétés des données censitaires seront brièvement discutées ici, à savoir celles qui affectent particulièrement notre analyse.

Tout d'abord, par définition, nous ne pouvons connaître ni l'émigration internationale, ni la migration interne (à l'intérieur du Canada) effectuée par les émigrants internationaux avant leur départ. Seules des estimations indirectes de la composante linguistique de l'émigration internationale sont possibles : soit par résidu, comme dans les tableaux du chapitre I, soit à partir de sources secondaires, en l'occurrence le fichier des allocations familiales du Québec. Comme on le verra, ces estimations sont peu fiables, et c'est là presque un euphémisme.

Puisqu'il nous faut coupler la variable «résidence antérieure» à la variable linguistique, toutes les caractéristiques, donc toutes les limites, des informations censitaires relatives à cette dernière variable doivent être prises en considération. Plus particulièrement, le fait que la langue d'usage n'ait été demandée qu'aux recensements de 1971 et 1981 (si l'on oublie celui de 1911) nous limite à deux observations temporelles (1966-1971 et 1976-1981) pour la migration des groupes linguistiques définis selon la langue d'usage. Pour la langue maternelle, nous disposons cependant d'une observation intermédiaire, relative à la période 1971-1976.

Or, ainsi qu'il ressortira clairement de l'analyse qui suit, et comme d'ailleurs le constataient déjà Lachapelle et Henripin[6], les résultats peuvent être très différents selon que l'on définit les groupes linguistiques en termes de langue maternelle ou en termes de langue d'usage. Puisque cette dernière est plus significative que la première dans la détermination des propensions à migrer, nous avons choisi, contrairement à ces auteurs, de privilégier une analyse selon la langue d'usage.

Le recensement étant la source unique (donc obligée) de nos données statistiques, il s'ensuit, comme nous l'avons déjà mentionné, que nous ne disposons que de deux observations temporelles (trois si l'on considère la langue maternelle). Cela est bien peu pour analyser un phénomène aussi changeant que la migration. En outre, cela implique que nous ne pouvons pas dire grand-chose de l'évolution récente (depuis 1981), qui, comme nous le savons par ailleurs, est fort différente de celle qui a prévalu à la fin des années soixante-dix. Toute prévision des mouvements migratoires par groupe linguistique est donc nécessairement basée sur des fondements très fragiles...

Ayant à l'esprit ces diverses propriétés des données migratoires disponibles, nous esquisserons, dans la prochaine section de ce chapitre, une vue d'ensemble de l'évolution des migrations par groupe linguistique entre 1966 et 1981. Une troisième section sera plus spécifiquement consacrée aux disparités régionales et aux relations entre régions. Enfin, dans une dernière section, nous examinerons, pour chaque groupe linguistique, l'effet démographique de la migration, c'est-à-dire qu'après avoir introduit la structure par âge, nous analyserons les interrelations entre la migration et les autres phénomènes démographiques, plus précisément l'impact de la migration sur la fécondité et la mortalité.

5.2. Vue d'ensemble

L'examen du bilan démolinguistique, au chapitre I, a déjà permis de constater l'importance que prend la migration dans l'évolution récente des groupes linguistiques au Québec. Cette importance varie beaucoup d'un groupe à l'autre. Que l'on définisse le groupe linguistique selon la langue maternelle ou selon la langue d'usage, que l'on tienne compte ou non du sous-dénombrement, on peut observer que si la migration ne joue qu'un rôle marginal dans l'évolution du groupe français, elle joue par contre un rôle dominant dans celle des groupes anglais et «autre». En simplifiant un peu les choses, on pourrait dire que l'évolution démographique du groupe

---

6. Réjean Lachapelle et Jacques Henripin, *op. cit.*, p. 222.

français dépend presque totalement de l'accroissement naturel, celle du groupe anglais de la migration interprovinciale et de la mobilité linguistique, et celle du groupe «autre» de la migration internationale et de la mobilité linguistique.

Puisque, en l'absence de toute information directe sur l'émigration internationale par groupe linguistique, les estimations du solde migratoire international sont très peu fiables, nous examinerons dans une première étape l'évolution du solde migratoire interne. Comme l'évolution de ces soldes migratoires n'est connue pour l'ensemble de la période 1966-1981 que pour la seule langue maternelle, c'est cette définition des groupes linguistiques que nous considérerons d'abord.

Le tableau V.1 présente, pour chacune des périodes censitaires 1966-1971, 1971-1976 et 1976-1981, et pour chacun des trois groupes linguistiques, le solde des échanges migratoires du Québec avec le reste du Canada. Nous y avons ajouté l'évolution du solde migratoire (interprovincial et intraprovincial) de l'Outaouais et de la macro-région de Montréal (comprenant Montréal-Îles, le reste de la région métropolitaine de Montréal et le reste de la région administrative de Montréal). Le choix de Montréal se fonde évidemment sur son poids dans l'ensemble québécois, tandis que celui de l'Outaouais se justifie par le fait qu'elle constitue une région-charnière importante avec le reste du Canada. Il y avait aussi une autre raison pour considérer à part ces deux régions : ce sont les deux seules régions québécoises analysées de façon spécifique par Lachapelle et Henripin, ce qui nous permettait de comparer nos résultats pour 1976-1981 avec leurs résultats pour 1966-1971 et 1971-1976.

Les chiffres du tableau V.1 montrent à quel point la situation migratoire de 1976-1981 est exceptionnelle par rapport aux deux lustres précédents. Le solde négatif du Québec dans ses échanges avec le reste du Canada était resté constant entre 1966-1971 et 1971-1976 pour le groupe anglais, et il avait significativement baissé pour les deux autres groupes. Mais entre 1971-1976 et 1976-1981, il a doublé pour le groupe anglais, triplé pour le groupe «autre» et quadruplé pour le groupe français[7]. La part de chaque groupe linguistique dans la perte totale reste cependant remarquablement constante. Les groupes français, anglais et «autre» représentaient respectivement 13 %, 75 % et 12 % du solde négatif de 1976-1981, soit exactement les mêmes pourcentages que ceux observés pour l'ensemble de la décennie précédente.

---

7. La légère différence entre les chiffres de 1976-1981 du tableau V.1 et les chiffres correspondants du tableau I.1 est due au fait que, par souci de comparabilité avec les chiffres des périodes antérieures, nous n'avons considéré ici que la population âgée de cinq ans et plus (au moment du recensement), et non, comme précédemment, la population totale.

Tableau V.1

Évolution du solde migratoire interne, population de 5 ans et plus, par langue maternelle, Québec et régions, 1966-1971 à 1976-1981

		Solde migratoire avec					
		Reste du Québec			Reste du Canada		
Région	LM[a]	1966-1971	1971-1976	1976-1981	1966-1971	1971-1976	1976-1981
Outaouais	F	2 100	4 000	−1 505	3 300	4 300	−1 235
	A	300	800	−20	−1 000	1 700	−5 680
	O	0	200	95	100	300	−365
	Total	2 400	5 000	−1 430	2 400	6 300	−7 280
Montréal	F	43 500	29 000	14 145	−4 500	−3 500	−7 235
	A	4 700	6 800	2 270	−38 300	−41 900	−81 150
	O	700	1 400	680	−8 400	−5 400	−7 070
	Total	48 900	37 200	17 095	−51 200	−50 800	−95 455
Reste du Québec	F	−45 600	−33 000	−12 640	−12 300	−4 900	−9 620
	A	−5 000	−7 600	−2 250	−12 900	−12 000	−19 480
	O	−700	−1 600	−775	−1 500	−600	−9 900
	Total	−51 300	−42 200	−15 665	−26 700	−17 500	−39 000
Total Québec	F	—	—	—	−13 500	−4 100	−18 090
	A	—	—	—	−52 200	−52 200	−106 310
	O	—	—	—	−9 800	−5 700	−17 335
	Total	—	—	—	−75 500	−62 000	−141 735

a : F désigne le groupe de langue maternelle française, A le groupe anglais et O le groupe «autre».

Sources : Pour 1966-1971 et 1971-1976 : Réjean Lachapelle et Jacques Henripin, *op. cit.*, p. 199, 231 et 235 ; pour 1976-1981, Statistique Canada, compilations spéciales du recensement de 1981.

Ce n'est pas seulement par rapport aux périodes censitaires antérieures que la situation migratoire de 1976-1981 est exceptionnelle. On devra bien sûr attendre les résultats du recensement de 1986 pour connaître l'évolution migratoire des groupes linguistiques depuis 1981. On peut cependant déjà avoir une certaine idée de la tendance qui s'en dégagera en examinant l'évolution annuelle du solde migratoire interprovincial du Québec. Cette évolution est estimée par Statistique Canada à partir des données de l'impôt et des transferts d'allocations familiales. Il est évident que les niveaux de migration ainsi obtenus ne sont pas comparables avec ceux obtenus à partir du recensement. On peut cependant légitimement supposer que les tendances sont plus ou moins correctement saisies. Le graphique V.1 présente (sous forme de taux) cette évolution annuelle du solde migratoire interprovincial du Québec, pour la période 1961-1985. Il s'agit bien sûr du solde total, tous groupes linguistiques confondus, puisque aucune répartition selon la langue maternelle (ou la langue d'usage) n'est disponible.

Ce graphique permet de dégager quelques indications intéressantes. Tout d'abord, il apparaît que la situation «normale» du Québec en est une d'un léger déficit annuel : si l'on excepte les deux années 1969-1971 et les quatre années 1976-1980, le taux de migration interprovinciale nette du Québec a toujours fluctué entre 0 o/oo et −4 o/oo. Ensuite, les deux périodes «exceptionnelles» de 1969-1971 et 1976-1980, tout en étant évidemment déterminées par les événements politiques que l'on connaît (crise d'octobre 1970 et accession au pouvoir du Parti Québécois en novembre 1976), sont également dans le prolongement d'une tendance antérieure au déclin migratoire : les bas taux de 1969-1971 reflètent l'accélération d'un déclin qui avait commencé au début des années soixante, et le minimum historique de 1977-1978 continue un déclin amorcé en 1975-1976, soit avant la victoire du Parti Québécois aux élections de novembre 1976. Troisièmement, on constate qu'après les à-coups «politiques» de 1969-1971 et 1977-1978, on retrouve très rapidement un «rythme de croisière» de l'ordre de −2 o/oo à −4 o/oo. Depuis 1977-1978, les taux manifestent une nette tendance à la hausse, ce qui donne pour l'ensemble de la période 1981-1985 un solde nettement plus favorable que celui de 1976-1981.

La moyenne annuelle de 1976-1981, toujours selon ces estimations annuelles, est en effet de −5 o/oo, alors que celle de 1981-1985 s'élève à −3 o/oo. Cela signifie, si les chiffres de 1985-1986 ne s'écartent pas trop de ceux de 1984-1985, que l'on aurait en 1981-1986 un solde négatif d'environ la moitié de celui de 1976-1981, soit, en termes de migrants censitaires, une perte d'environ 70 000 personnes au lieu des 142 000 du lustre précédent. En outre, si la constance dans la répartition linguistique de ce

Graphique V.1
Évolution annuelle des taux (en 0/00) de migration interprovinciale nette, Québec, 1961-1985[a]

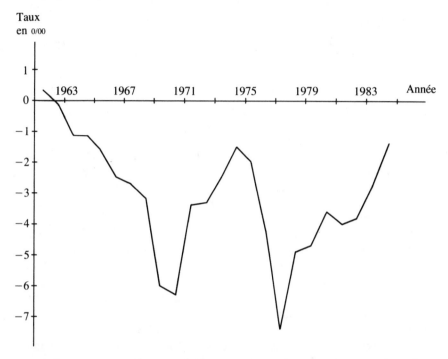

a : Les taux sont obtenus en divisant les chiffres de chaque année (il s'agit d'années censitaires) par la population de l'année correspondante (tableau 1, p. 35 du catalogue 91-210, volume 3).

Source : Statistique Canada, *Estimations annuelles postcensitaires de la population suivant l'état matrimonial, l'âge, le sexe et composantes de l'accroissement, Canada, provinces et territoires au 1er juin 1985*, catalogue n° 91-210, volume 3, 1986, 102 p., tableau 8, p. 57.

solde, telle qu'observée en 1966-1981, se poursuit en 1981-1986, il en résultera que le solde du groupe français sera d'environ −9 000 (13 % de 70 000) au lieu de −18 000, celui du groupe anglais d'environ −53 000 (75 % de 70 000) au lieu de −106 000, et celui du groupe «autre» de −8 000 (12 % de 70 000) au lieu de −17 000. Il est clair, dans ces conditions, que la situation migratoire de 1976-1981 est vraiment exceptionnelle et qu'elle ne devrait pas servir de base à une quelconque prévision (sauf si l'on prévoit un «à-coup politique» pour les prochaines années…).

Les données régionales du tableau V.1 nous fournissent quelques informations intéressantes sur les évolutions respectives de la migration à l'intérieur du Québec et de la migration interprovinciale, ainsi que sur le rôle de chaque région dans la formation du solde interprovincial de l'ensemble du Québec.

On observe tout d'abord que la région de Montréal, qui représente la moitié de la population québécoise, est responsable des deux tiers de la perte totale du Québec (plus de 80 % en 1971-1976). Ceci est bien sûr essentiellement dû à la concentration de la population anglaise dans cette région. On remarquera aussi que les pertes montréalaises pour les groupes français et «autre» sont relativement faibles (environ 40 % du total québécois, dans les deux cas).

L'important déficit qu'a connu la région de Montréal dans ses échanges migratoires avec le reste du Canada est cependant quelque peu compensé par un gain dans ses échanges avec le reste du Québec. En 1966-1971 encore, ce gain compensait presque totalement le déficit interprovincial, mais au cours des années soixante-dix, le pouvoir d'attraction de la région montréalaise s'est considérablement amenuisé : en 1976-1981, ce gain représentait à peine le tiers du gain réalisé dix ans plus tôt. Ceci reflète sans doute le phénomène de «contre-urbanisation» qui, depuis le début des années soixante-dix, a marqué le Québec, comme d'ailleurs le Canada et la plupart des pays industrialisés[8]. La faible capacité actuelle d'attraction de Montréal sur le reste du Québec est surtout manifeste dans le cas des groupes anglais et «autre» : la région de Montréal ne doit guère compter sur son «arrière-pays» québécois pour compenser les pertes importantes qu'elle connaît vis-à-vis du reste du Canada pour les groupes anglais et «autre», alors que pour le groupe français, même en 1976-1981, le gain «québécois» (14 000) est encore le double du déficit avec le reste du Canada (7 000).

La région de l'Outaouais avait enregistré pour les deux premiers lustres des gains importants, non seulement dans ses échanges migratoires avec le reste du Québec, mais également dans ses relations avec le reste du Canada, et ce pour chacun des trois groupes linguistiques (sauf pour le groupe anglais en 1966-1971). La situation s'est considérablement détériorée en 1976-1981, au point que cette région a alors connu un déficit dans tous ses échanges et pour tous les groupes (sauf pour le groupe «autre» lorsqu'il s'agit des migrations vers le reste du Québec). Cette détériora-

---

8. Marc Termote et Jaël Mongeau, «L'ampleur de la contre-urbanisation au Québec», dans Yves Brunet (éd.), *Actes du colloque sur «L'exode urbain, ses causes, ses implications et son avenir»*, Montréal, Université de Montréal, Département de géographie, 1983, pp. 77-88.

tion est particulièrement marquée pour le groupe anglais dans ses échanges avec le reste du Canada, mais elle est très prononcée également pour le groupe français, aussi bien dans les échanges interprovinciaux qu'intraprovinciaux. Sans doute ce renversement est-il lié au contexte politique des années 1976-1978, mais il est sans nul doute également le reflet du ralentissement du processus de décentralisation dans l'administration fédérale et du déclin de la suburbanisation (vers la banlieue québécoise) d'Ottawa, phénomène commun à la plupart des régions métropolitaines.

Le corollaire de ces diverses évolutions se retrouve évidemment, puisque la migration est un jeu à somme nulle, dans la troisième région de notre système, à savoir le reste du Québec. Cette dernière région a connu, tout au long des trois lustres considérés, et, pour chacun des trois groupes linguistiques, un déficit migratoire parfois considérable, et ce aussi bien dans ses échanges avec le reste du Québec que dans ses relations avec le reste du Canada. Dans l'ensemble, cette région a cependant vu sa situation s'améliorer, mais cela est dû essentiellement au fait que le groupe français se retrouve aujourd'hui dans une situation de quasi-équilibre dans ses échanges avec les autres régions du Québec, c'est-à-dire essentiellement Montréal : son déficit intraprovincial a été réduit de près des trois quarts en 10 ans, de −46 000 à −13 000 (soit moins de 3 000 par an, un taux de −1 $^0/_{00}$).

Il convient de souligner que, jusqu'à présent, nous n'avons considéré que des soldes par langue maternelle. Il est évident qu'une telle mesure ne permet guère de saisir le comportement migratoire des divers groupes linguistiques. Dans une première étape, nous présentons, au tableau V.2, les flux d'émigration et d'immigration entre le Québec et le reste du Canada pour la période 1976-1981, et ce en termes aussi bien de langue maternelle que de langue d'usage. Les soldes ainsi obtenus sont comparés à ceux de 1966-1971, seule période censitaire antérieure pour laquelle l'information est également disponible pour les deux définitions.

On constate qu'il y a effectivement de fortes différences selon que l'on considère la langue maternelle ou la langue d'usage. Le groupe anglais a par exemple perdu 23 000 personnes de plus par émigration vers le reste du Canada si on le définit en termes de langue d'usage plutôt que de langue maternelle. Il s'agit, bien sûr, de personnes qui ont fait des transferts linguistiques. Corrélativement, en termes de langue d'usage, il y a 11 000 émigrants du groupe français en moins, et 12 000 en moins du groupe «autre», dont le flux d'émigration se trouve ainsi réduit de moitié. Ces différences vont dans le sens attendu. C'est la langue d'usage, bien plus que la langue maternelle, qui détermine les mouvements migratoires, surtout lorsqu'il s'agit des relations entre le Québec et le reste du Canada. Comme la langue d'usage en dehors du Québec est essentiellement l'anglais, il est normal qu'il y ait plus d'émigrants de langue d'usage anglaise et moins d'émigrants de langue d'usage française et «autre».

Tableau V.2

Migrants (de 5 ans et plus) entre le Québec et le reste du Canada, langue maternelle (LM) et langue d'usage (LU), 1966-1971 et 1976-1981 (en milliers)

Groupe linguistique	1976-1981						1966-1971	
	Immigration		Émigration		Solde		Solde	
	LM	LU	LM	LU	LM	LU	LM	LU
Français	32	30	50	39	−18	−9	−14	−9
Anglais	25	29	132	155	−106	−126	−52	−61
Autre	4	2	22	10	−17	−8	−10	−5
Total	**61**	**61**	**203**	**203**	**−142**	**−142**	**−76**	**−76**

Note : À cause des arrondissements, le total (ou le solde) n'est pas nécessairement égal à la somme (différence) des composantes.

Source : Pour les chiffres de 1966-1971 : Réjean Lachapelle et Jacques Henripin, *op. cit.,* p. 199 et 202 ; pour 1976-1981, Statistique Canada, compilations spéciales du recensement de 1981.

Les chiffres d'immigration en provenance du reste du Canada ne sont guère affectés, du moins en valeur absolue, ce qui est normal puisque les effectifs d'immigration sont faibles de toute manière. Il en résulte que les soldes sont très affectés par le passage de la langue maternelle à la langue d'usage : le solde négatif des groupes français et «autre» se trouve réduit de moitié, tandis que celui du groupe anglais est encore plus défavorable, à raison de 20 %. Les mêmes différences, dans le même sens et avec la même intensité, pouvaient déjà être observées pour la période 1966-1971.

La conclusion nous semble évidente : puisque, tout comme pour la fécondité et la mortalité, le comportement migratoire (ou plutôt les disparités linguistiques dans ce comportement) est déterminé bien plus par la langue d'usage que par la langue maternelle, et puisqu'il y a des différences significatives selon que l'on prend l'une ou l'autre définition linguistique, il est de loin préférable de mener notre analyse du comportement migratoire des groupes linguistiques en définissant ceux-ci selon la langue d'usage. Cela limite bien sûr les possibilités de comparaison avec les périodes antérieures, puisqu'aucune information n'a été recueillie sur la langue d'usage lors du recensement de 1976, et que pour la période censitaire 1966-1971, les données disponibles, grâce aux travaux de Lachapelle et Henripin[9], sont essentiellement limitées à la langue maternelle. Mais cela nous permettra aussi d'obtenir des résultats plus pertinents, tout en assurant l'homogénéité par rapport à l'analyse de la fécondité et de la mortalité, qui elle aussi, tout naturellement, a été faite en termes de langue d'usage.

Passer des soldes aux flux d'émigration et d'immigration n'est évidemment pas suffisant si l'on veut analyser le comportement migratoire. Encore faut-il rapporter ces flux aux populations soumises au risque de migrer, c'est-à-dire calculer des taux. Le tableau V.3 présente, pour chaque groupe linguistique, les taux annuels d'émigration du Québec vers le reste du Canada et de ce dernier vers le Québec, ainsi que les taux annuels de migration nette pour chacune de ces deux entités territoriales. Afin de permettre une comparaison significative avec les périodes censitaires antérieures, nous avons d'abord considéré la migration selon la langue maternelle pour la population âgée de cinq ans et plus (au moment du recensement), puisque l'information disponible pour 1966-1971 et 1971-1976 se limite à ces catégories. Pour mesurer la sensibilité de nos résultats à un changement de définition linguistique, nous avons ensuite calculé les taux, toujours pour la population âgée de cinq ans et plus, en définissant nos groupes selon la langue d'usage. Il n'y a cependant aucune raison de se limiter à la seule population âgée de cinq ans et plus. Sans doute, la question du formulaire du recensement relative au lieu de résidence «il y a cinq ans» ne permet-elle, par définition, de connaître que les seuls migrants âgés de cinq ans et plus au moment du recensement. Mais il est une autre question qui, elle, permet de connaître la migration de ceux qui sont nés pendant la période censitaire, à savoir celle sur le lieu de naissance : toute personne née durant la période censitaire dans une province et résidant au moment du recensement dans une autre province est une personne âgée de zéro à quatre ans qui a migré. Les taux de migration pour la population totale (selon la langue d'usage) sont donc comparés, dans le tableau V.3, aux taux obtenus pour la population âgée de cinq ans et plus.

Les chiffres du tableau V.3 révèlent des disparités considérables dans le comportement migratoire interprovincial des groupes linguistiques. Le groupe français du Québec, défini en termes de langue maternelle, n'a presque aucun contact migratoire avec le reste du Canada, avec un taux annuel d'émigration très faible et remarquablement constant (autour de 2 0/00). Le taux du groupe «autre» varie entre 7 0/00 et 10 0/00, soit à un

---

9. Réjean Lachapelle et Jacques Henripin, *op. cit.*, pp. 185-244.

Tableau V.3

Taux annuels (en 0/00) de migration entre le Québec et le reste du Canada, de 1966-1971 à 1976-1981[a]

	Groupe linguistique		
	Français	**Anglais**	**«Autre»**
ÉMIGRATION			
du Québec vers le reste du Canada			
1966-1971 (LM 5+)[b]	2,1	26,7	9,9
1971-1976 (LM 5+)	1,8	24,8	6,6
1976-1981 (LM 5+)	2,0	38,7	10,4
1976-1981 (LU 5+)	1,6	40,0	7,1
1976-1981 (LU 0+)	1,7	39,2	7,1
du reste du Canada vers le Québec			
1966-1971 (LM 5+)	8,0	0,9	0,5
1971-1976 (LM 5+)	8,9	0,7	0,4
1976-1981 (LM 5+)	7,3	0,4	0,3
1976-1981 (LU 5+)	12,1	0,4	0,3
1976-1981 (LU 0+)	13,1	0,5	0,4
MIGRATION NETTE			
du Québec			
1966-1971 (LM 5+)	−0,6	−14,1	−6,8
1971-1976 (LM 5+)	−0,2	−13,8	−3,6
1976-1981 (LM 5+)	−0,7	−32,2	−8,6
1976-1981 (LU 5+)	−0,3	−32,5	−5,7
1976-1981 (LU 0+)	−0,1	−30,4	−5,4
du reste du Canada			
1966-1971 (LM 5+)	3,2	1,0	1,0
1971-1976 (LM 5+)	1,0	0,9	0,6
1976-1981 (LM 5+)	4,2	1,7	1,3
1976-1981 (LU 5+)	3,4	1,7	1,2
1976-1981 (LU 0+)	0,6	1,7	1,2

a : Les taux sont calculés sur la population de fin de période (pour assurer la comparabilité avec Lachapelle et Henripin, qui, curieusement, rapportent toujours le nombre de migrants à la population de fin de période), sauf pour la migration de la population tous âges (0+) entre 1976 et 1981, selon la langue d'usage. Les taux annuels ont été obtenus en divisant par cinq les chiffres quinquennaux.

b : Les sigles LM et LU désignent la langue maternelle et la langue d'usage, respectivement.

Sources : Pour 1966-1971 et 1971-1976 : Réjean Lachapelle et Jacques Henripin, *op. cit.*, p. 201 ; pour 1976-1981, Statistique Canada, compilations spéciales du recensement de 1981.

niveau quatre à cinq fois plus élevé. La prise en considération de la langue d'usage abaisse les taux de 20 à 30 %. La très faible propension des Québécois de langue française à émigrer est aussi remarquable que la très forte propension des Québécois de langue anglaise à quitter le Québec pour le reste du Canada : les taux du groupe anglais sont de 13 à 14 fois plus élevés en 1966-1976, et en 1976-1981 ils sont même 19 fois plus élevés que ceux du groupe français (en termes de langue d'usage, ils sont même 25 fois plus élevés !).

Dans le cas des Canadiens non Québécois, ce sont cette fois les membres du groupe français qui manifestent la propension la plus forte à émigrer vers le Québec, et tout comme pour leurs compatriotes du Québec, cette propension est remarquablement stable (elle varie autour de 8 o/oo). En fait, seul le groupe français du reste du Canada manifeste quelque contact avec le Québec : les membres des groupes anglais et «autre» démontrent une inertie spatiale encore plus grande que celle dont font preuve les membres du groupe français du Québec, et cette inertie est croissante (les taux ont baissé de moitié entre 1966-1971 et 1976-1981). Tout se passe comme si le Québec ne faisait pas partie de «l'espace d'action» des habitants du reste du Canada, sauf s'ils sont de langue française, et comme si le reste du Canada ne faisait pas partie de l'espace d'action des Québécois, sauf s'ils sont d'une langue autre que française. On retrouve ici un phénomène déjà observé par Lachapelle et Henripin[10] pour la période 1966-1976, à savoir que la propension d'un groupe minoritaire à émigrer vers une région où ce groupe est majoritaire est toujours beaucoup plus élevée que la propension d'un groupe majoritaire à émigrer vers une région où il est minoritaire, phénomène qui, somme toute, n'est guère surprenant. Ce qui semble curieux, par contre, c'est que les rapports sont remarquablement semblables, quoique variables dans le temps, pour les deux situations. Ainsi, en 1971-1976, le taux du groupe français du reste du Canada est 13 fois plus élevé que celui du groupe anglais, tout comme le taux du groupe anglais du Québec est 13 fois plus élevé que celui du groupe français (le même rapport s'observait déjà en 1966-1971). En 1976-1981, le rapport est de 19 à 1, dans les deux cas.

Le passage de la langue maternelle à la langue d'usage n'affecte que marginalement les taux d'émigration (dans les deux sens) du groupe anglais, mais il abaisse significativement le taux des groupes français et «autre» du Québec et fait croître très fortement le taux du groupe français du reste du Canada. De telles modifications vont bien sûr dans le sens attendu.

---

10. Réjean Lachapelle et Jacques Henripin, *op. cit.*

Enfin, la prise en considération de la population totale plutôt que de
la population âgée de cinq ans et plus n'affecte que faiblement le niveau
des taux. On remarquera cependant qu'en général les taux de la population totale sont plus élevés. Ceci n'est guère surprenant, dans la mesure
où les taux des enfants âgés de moins de cinq ans, qui migrent habituelle-
ment avec leurs parents, âgés pour la plupart de 20 à 30 ans (c'est-à-dire
les âges les plus «mobiles»), sont tout normalement supérieurs à la moyenne.
On observe néanmoins que le taux anglais du Québec baisse alors que le
taux anglais du reste du Canada augmente lorsqu'on prend en considération les enfants de moins de cinq ans : cela signifie que le Québec gagne
proportionnellement plus de jeunes enfants qu'il n'en perd. La même chose
vaut pour le groupe français, pour lequel le taux d'émigration du Québec
augmente moins que le taux d'émigration du reste du Canada. Ce bref
aperçu semble indiquer qu'une analyse des mouvements migratoires par
âge pourrait fournir des informations intéressantes[11].

Le résultat de ces échanges migratoires entre le Québec et le reste du
Canada est présenté, sous forme de taux de migration nette, dans la seconde
moitié du tableau V.3. Ces taux sont toujours négatifs au Québec, pour
chacun des groupes et chacune des périodes, et corrélativement ils sont
toujours positifs pour le reste du Canada. Les effectifs du groupe français
du Québec ne sont pratiquement pas affectés par les échanges migratoires
avec le reste du Canada, surtout lorsqu'on le définit en termes de langue
d'usage (−0,1 o/oo, annuellement). Toujours au Québec, les effectifs du
groupe «autre» ont diminué en 1976-1981 d'environ 0,5 % annuellement
à cause de ces échanges, et ceux du groupe anglais de 3 %, soit plus du
double du taux observé en 1966-1976. Le reste du Canada n'est guère
affecté par les échanges migratoires avec le Québec, avec des gains annuels
variant entre 1 o/oo et 2 o/oo. Même le groupe français du reste du Canada
est relativement peu affecté, surtout en termes de langue d'usage (0,6 o/oo,
annuellement) ; ce groupe se trouve en fait dans une situation de quasi-
équilibre migratoire dans ses échanges entre le Québec et le reste du Canada,
du moins si l'on considère la population totale (tous âges).

Pour compléter cette vue d'ensemble de la situation migratoire des
groupes linguistiques du Québec, il nous reste à examiner une dernière
composante, la migration internationale. Nous l'avons considérée séparément des deux autres composantes (migration interprovinciale et migration
intraprovinciale) pour deux raisons. La première concerne l'information
statistique disponible. En effet, si l'immigration internationale des grou-

11. Nous y reviendrons plus loin, à la section 5.4.1.

pes linguistiques est assez bien connue grâce au recensement, nous n'avons par contre aucune mesure directe de l'émigration internationale ; seules des estimations indirectes et très fragiles sont possibles. Une seconde raison est relative à la nature du phénomène. La seule composante de la migration internationale qui soit connue, à savoir l'immigration, a en effet une signification très différente de la migration interne, dans la mesure où il ne s'agit plus, dans ce cas, d'étudier le comportement migratoire des groupes linguistiques du Québec ou du Canada, mais celui d'un vaste ensemble de près de cinq milliards de personnes dont le comportement est soumis à des contraintes politiques (quotas d'immigration) qui n'existent pas lorsqu'il s'agit de migrations à l'intérieur du Canada et du Québec.

Les tableaux du chapitre I ont présenté les chiffres de migration internationale par groupe linguistique, pour le Québec en 1976-1981. Le recensement de 1981 révélait en effet pour cette période une immigration internationale (ou, plus exactement, un nombre d'immigrants internationaux survivant au Québec au moment du recensement) s'élevant à 91 000 unités[12], qui se répartissaient comme suit (chiffres en milliers) :

	Français	Anglais	Autre	Total
Langue maternelle	32	17	41	91
(%)	(35)	(19)	(46)	(100)
Langue d'usage	33	20	37	91
(%)	(37)	(22)	(41)	(100)

La répartition entre les groupes linguistiques n'est donc pas très différente selon que l'on considère la langue maternelle ou la langue d'usage. Par contre, le niveau global mérite d'être discuté. En effet, les estimations annuelles (par année censitaire) de Statistique Canada, basées sur les fichiers de l'impôt et des allocations familiales, donnaient un total de 100 000 immigrations internationales pour la période censitaire 1976-1981, et les statistiques du ministère des Communautés culturelles et de l'Immigration du Québec révèlent que pour l'ensemble des années civiles 1976-1980 (l'information n'est pas disponible par année censitaire), on a admis au Québec 103 000 immigrants.

---

12. Ce chiffre est supérieur à celui proposé par d'autres auteurs, parce que nous avons également pris en compte la migration des enfants âgés de moins de cinq ans au moment du recensement, en utilisant les données sur leur lieu de naissance. Par exemple, Baillargeon arrive à un total de 85 000. Voir Mireille Baillargeon, *loc. cit.*, p. 176.

Ces chiffres nettement supérieurs à ceux que nous avons obtenus ne doivent pas nous surprendre, et sont plutôt une confirmation de la validité du chiffre de 91 000 immigrants obtenu à partir du recensement. En effet, il faut se rappeler qu'il s'agit ici de migrants survivant au Québec, c'est-à-dire que les immigrants internationaux décédés et ceux ayant émigré du Québec vers une autre province ou vers le reste du monde entre le moment de leur arrivée (en 1976-1981) et le moment du recensement (en 1981) ne sont évidemment pas pris en compte. On peut donc estimer à environ 10 000 personnes, soit 10 % du total, les immigrants internationaux qui n'ont fait que passer par le Québec ou qui y sont décédés. Ce pourcentage est identique à celui obtenu pour les deux lustres censitaires antérieurs : en 1966-1971, il y avait eu 167 000 entrées et 150 000 immigrants survivants, et en 1971-1976, 127 000 entrées et 115 000 survivants, soit dans les deux cas une perte de 10 %, comme en 1976-1981.

Si donc l'estimation de l'immigration internationale semble fiable, que peut-on dire de l'émigration internationale, en l'absence de toute information directe ? Statistique Canada, toujours à partir des fichiers de l'impôt et des allocations familiales, estime cette émigration à 43 000 unités pour la période 1976-1981. D'autre part, notre tentative de construction d'un bilan démolinguistique (au chapitre I) nous a amenés à conclure que, si les autres éléments de ce bilan (effectifs de population, de naissances, de décès, de migrants interprovinciaux et d'immigrants internationaux) étaient correctement estimés, on arriverait à 15 000 émigrants internationaux. Mais ce dernier chiffre, qui est donc obtenu par résidu, impliquerait que le nombre d'émigrants du groupe «autre» (défini en termes de langue maternelle) serait négatif, ce qui est évidemment absurde. Cette incohérence était cependant levée lorsque nous tenions compte du sous-dénombrement (tableau I.2) ; nous obtenions alors un chiffre de 87 000 émigrants internationaux. L'estimation de Statistique Canada est donc relativement proche de la moyenne de nos deux estimations résiduelles. En l'absence d'autres informations, c'est donc le chiffre de 43 000 émigrants internationaux que nous retiendrons pour la période 1976-1981 (même s'il est probablement sous-estimé).

Les chiffres correspondants pour les deux périodes censitaires antérieures étaient de 144 000 (en 1966-1971) et 82 000 (en 1971-1976). Le chiffre de 43 000 pour 1976-1981 s'inscrit donc dans une tendance de longue période à la baisse, une baisse rapide qui n'est cependant guère surprenante si l'on considère le contexte économique et politique international (par exemple, l'immigration aux États-Unis est à toutes fins utiles fermée à ceux qui n'y ont pas de proches parents).

Si l'estimation du nombre total d'émigrants internationaux est déjà périlleuse, celle de la distribution linguistique de ce total devient franchement téméraire. Nous ne disposons en fait que d'une seule information, à savoir le nombre de départs (vers le reste du monde) d'enfants de moins de 18 ans, distribué selon la langue de correspondance (français et anglais seulement) utilisée par les parents avec la Régie des rentes du Québec (dans le cadre du programme d'allocations familiales). Cette source nous révèle qu'en 1976-1980 (années civiles), on utilisait le français dans 42 % des cas, et donc l'anglais dans une proportion de 58 %.

La part de 42 % pour le groupe français est sans doute un maximum : il doit y avoir quand même quelques allophones qui correspondent en français plutôt qu'en anglais avec la Régie des rentes... Nous retiendrons 40 % comme un chiffre possible, sinon vraisemblable ; cela représenterait 17 000 émigrants de langue d'usage française. Comment distribuer les 26 000 autres émigrants estimés ? Si on les répartit selon les effectifs de population, c'est-à-dire si on suppose qu'anglophones et allophones ont la même propension à l'émigration internationale, on obtient 18 000 émigrants anglophones et 8 000 allophones. Il apparaît cependant qu'il est beaucoup plus facile pour les anglophones d'émigrer vers le reste du monde (surtout les États-Unis) que pour ceux qui ne parlent ni l'anglais ni le français. Supposons donc une propension deux fois plus élevée parmi les anglophones, ce que semblent d'ailleurs indiquer nos estimations résiduelles (voir tableau I.3). Nous aurions alors 22 000 émigrants internationaux de langue anglaise et 4 000 de langue «autre». On remarquera que ces chiffres sont très proches de ceux obtenus résiduellement, après corrections pour le sous-dénombrement (le tableau I.2 nous donnait des chiffres de 19 000 et 4 000, respectivement). Par conséquent, notre surestimation résiduelle (ou la sous-estimation indirecte de Statistique Canada...) concernerait essentiellement le groupe français, ce qui est évidemment beaucoup moins grave, puisque la population soumise au risque est plus nombreuse, et que les taux sont donc moins affectés.

Le tableau V.4 résume nos diverses estimations de la migration internationale des groupes linguistiques du Québec, entre 1976 et 1981, en les comparant à celles obtenues par Lachapelle et Henripin[13] pour les périodes censitaires antérieures. Comme nous n'avons aucune information sur la langue maternelle des émigrants internationaux, et comme nous avons pu observer que pour l'immigration internationale, la distribution selon la langue maternelle est très proche de celle selon la langue d'usage, nous

13. Réjean Lachapelle et Jacques Henripin, *op. cit.*, pp. 192-193.

supposerons que ce que nous venons d'obtenir pour l'émigration selon la langue d'usage vaut également pour l'émigration selon la langue maternelle. Une telle assimilation est d'ailleurs nécessaire si l'on veut comparer avec les périodes antérieures, pour lesquelles nous ne disposons que de la distribution par langue maternelle.

Tableau V.4

La migration internationale des groupes linguistiques (langue maternelle) au Québec, de 1966-1971 à 1976-1981 (en milliers)

	Français	Anglais	Autre	Total
1966-1971				
Immigration	45	45	70	160
Émigration	50	70	50	170
Solde	−5	−25	20	−10
1971-1976				
Immigration	45	35	45	125
Émigration	35	35	15	85
Solde	10	0	30	40
1976-1981				
Immigration	32	17	41	91
Émigration	17	22	4	43
Solde	15	−5	37	47

Note : À cause des arrondissements, les totaux (et les soldes) ne sont pas nécessairement égaux à la somme (ou la différence) des parties.

Sources : Pour 1966-1971 et 1971-1976 : Réjean Lachapelle et Jacques Henripin, *op. cit.*, pp. 192-193. Nous avons retenu les estimations basées sur l'hypothèse d'une émigration internationale relativement forte, car elle produit des résultats proches de ceux obtenus par Statistique Canada pour les mêmes périodes ; les estimations de Lachapelle et Henripin ont cependant été corrigées pour tenir compte de la migration des enfants âgés de moins de cinq ans. Pour 1976-1981, les chiffres d'immigration sont obtenus à partir d'une compilation spéciale du recensement de 1981, et les chiffres d'émigration sont le résultat de nos propres estimations.

Des chiffres du tableau V.4, on peut conclure que, de 1971-1976 à 1976-1981, malgré une baisse sensible de l'immigration internationale de la part du groupe français aussi bien que du groupe anglais (dans ce dernier cas, la baisse est de moitié, soit du même ordre de grandeur que la baisse de l'immigration interprovinciale — voir tableau V.3), au total le solde migratoire international du Québec a légèrement augmenté, grâce à une forte baisse de l'émigration pour chacun des trois groupes linguistiques. Le groupe anglais aurait connu un léger déficit dans ses échanges avec le reste du monde (le solde de ce groupe était nul en 1971-1976 et nettement négatif en 1966-1971), tandis que le groupe «autre» absorbe l'essentiel des gains (en 1966-1971, ce groupe était le seul bénéficiaire tandis que pour les deux lustres suivants, il prenait les trois quarts du gain total). Quant au groupe français, son solde migratoire est relativement faible, mais apparemment en légère augmentation.

Nous pouvons finalement, en guise de résumé, combiner les estimations du solde migratoire international telles que présentées au tableau V.4 avec celles du solde migratoire interprovincial, et ainsi dégager une image générale de l'évolution de la situation migratoire de chacun des groupes linguistiques du Québec au cours des trois lustres censitaires de la période 1966-1981. Les résultats sont présentés dans le tableau V.5, en même temps que les taux annuels qu'ils impliquent.

Il est assez clair que le groupe français du Québec se trouve dans une situation de quasi-équilibre dans ses échanges migratoires aussi bien avec le reste du Canada qu'avec le reste du monde, et ce quelle que soit la période considérée. Comme par ailleurs nous avons pu constater (au chapitre IV) qu'en ce qui concerne les transferts linguistiques également le groupe français se retrouve en situation de quasi-équilibre, et qu'en ce qui concerne la migration interprovinciale selon la langue d'usage le déficit est encore plus négligeable que celui observé selon la langue maternelle (9 000 au lieu de 18 000, sur cinq ans, entre 1976 et 1981 ; voir tableau V.2), on peut conclure que l'évolution du groupe de langue d'usage française est déterminée presque exclusivement par sa fécondité et sa mortalité. À toutes fins utiles, on pourrait aussi bien projeter l'évolution future de ce groupe en supposant que celui-ci n'est soumis ni à la mobilité géographique, ni à la mobilité linguistique. Ceci ne vaut évidemment que pour l'effectif total, et non pour chacun des groupes d'âge.

Il n'en va pas de même pour les deux autres groupes linguistiques. L'évolution des effectifs du groupe anglais est dominée par le phénomène migratoire, et plus précisément par la migration interprovinciale, qui représente, du moins au cours des deux dernières périodes censitaires, la quasi-totalité des pertes migratoires. En 1976-1981, ces dernières ont représenté plus de cinq fois le faible gain «naturel» (voir tableau I.1). Comme ce gain devrait encore se réduire, à cause de la très faible fécondité et de la structure par âge relativement vieille, on pourrait à la limite projeter un accroissement naturel nul et se «contenter» de projeter la migration interprovinciale de ce groupe. Pour passer ensuite à la langue d'usage, il faudra, bien sûr, également prévoir l'évolution des transferts linguistiques qui affectent ce groupe.

Tableau V.5
Évolution du solde migratoire interprovincial et international du Québec, 1966-1981, par langue maternelle (chiffres absolus en milliers et taux annuels en 0/00)[a]

Groupe linguistique	SOLDE INTERPROVINCIAL			SOLDE INTERNATIONAL			SOLDE MIGRATOIRE TOTAL		
	1966-1971	1971-1976	1976-1981	1966-1971	1971-1976	1976-1981	1966-1971	1971-1976	1976-1981
Français	-14	-4	-18	-5	10	15	-19	6	-3
(taux en 0/00)	(-0,6)	(-0,2)	(-0,7)	(-0,2)	(0,4)	(0,6)	(-0,8)	(0,2)	(-0,1)
Anglais	-52	-52	-106	-25	0	-5	-77	-52	-111
(taux en 0/00)	(-13,6)	(-13,1)	(-28,2)	(-6,5)	(0,0)	(-1,3)	(-20,1)	(-13,1)	(-29,5)
Autre	-10	-6	-17	20	30	37	10	24	20
(taux en 0/00)	(-5,7)	(-3,2)	(-8,5)	(11,4)	(16,2)	(18,4)	(5,7)	(13,0)	(10,0)
Total	**-76**	**-62**	**-142**	**-10**	**40**	**47**	**-85**	**-22**	**-95**
(taux en 0/00)	**(-2,6)**	**(-2,0)**	**(-4,5)**	**(-0,3)**	**(1,3)**	**(1,5)**	**(-2,9)**	**(-0,7)**	**(-3,0)**

a : Les chiffres absolus renvoient à des soldes quinquennaux (sur l'ensemble de la période censitaire), tandis que les taux sont des moyennes annuelles (ils sont obtenus en divisant un cinquième du solde quinquennal par la moyenne arithmétique des populations de début et de fin de période). Voir également les notes des tableaux V.1 et V.4.

Sources : Voir tableaux V.1 et V.4

Enfin, ce qui vaut pour le groupe anglais vaut, *mutatis mutandis,* pour le groupe «autre», sauf que pour ce dernier, c'est la migration internationale qui domine l'évolution de ses effectifs, avec bien sûr la mobilité linguistique lorsqu'on considère la langue d'usage. Ce groupe est en fait le seul groupe qui a continuellement et significativement bénéficié de ses échanges migratoires, ceci exclusivement grâce à ses gains, d'ailleurs croissants, avec le reste du monde. Tout comme le déficit interprovincial du Québec est dû essentiellement au groupe anglais, le gain international est dû essentiellement au groupe «autre» (dans les deux cas, pour l'ensemble de la période 1971-1981, la part imputable à chaque groupe est la même, soit 77 %).

5.3. Analyse régionale

L'analyse que nous venons d'effectuer a été, pour l'essentiel, limitée au Québec dans son ensemble, sans tenir compte ni des disparités régionales dans le comportement migratoire, ni des flux (origine-destination) entre les régions.

La prise en considération de la dimension régionale complique cependant considérablement l'analyse, surtout si l'on veut étudier les flux interrégionaux. En effet, le nombre de flux est égal au carré du nombre de régions, ce qui implique le traitement d'une masse considérable de données, particulièrement dans notre cas, où nous avons également besoin de tenir compte de la distribution selon le groupe linguistique et, comme nous le verrons plus loin, selon l'âge. Le problème n'est d'ailleurs pas seulement celui d'un excès de données, mais également celui de leur signification. En effet, avec une répartition aussi détaillée (par groupe linguistique, par région et par groupe d'âge), on obtient très vite un nombre d'observations par catégorie trop faible pour pouvoir analyser valablement le comportement de cette catégorie.

Nous avons donc dû nous limiter à un nombre restreint de régions. Plus concrètement, nous avons dû abandonner la subdivision de la région montréalaise utilisée précédemment. Au lieu de considérer séparément Montréal-Îles, le reste de la région métropolitaine et la lointaine périphérie (correspondant plus ou moins au reste de la région administrative de Montréal), nous avons dû nous limiter à l'ensemble de la région (administrative) de Montréal. Ceci risque d'affecter quelque peu l'analyse du comportement migratoire des groupes de langue anglaise et «autre», qui sont beaucoup plus concentrés à Montréal-Îles que ne l'est le groupe français. D'une façon générale cependant, à cause du poids de Montréal-Îles dans l'ensemble montréalais, ce qui se dégagera pour cet ensemble sera également valable pour Montréal-Îles, et ce pour chacun des groupes linguistiques.

L'analyse qui suit sera limitée à la période 1976-1981, et ce pour plusieurs raisons. D'abord, à cause de la masse de données à traiter : avec nos six régions québécoises et une septième (le reste du Canada) pour fermer le système, avec trois groupes linguistiques, et avec 18 groupes quinquennaux d'âge (de 0-4 ans à 85 ans et plus), nous avons 2 646 flux à considérer (et cela exclut les flux de migration internationale). Ensuite, nous avons conclu de notre analyse d'ensemble que pour l'analyse du comportement migratoire, la langue d'usage est plus significative que la langue maternelle. Or, la langue d'usage n'a été introduite qu'aux recensements de 1971 et de 1981. Enfin, la troisième raison est aussi la plus contraignante : les seules données disponibles à la fois par origine-destination, par langue d'usage et par âge, sont celles du recensement de 1981, portant sur la période 1976-1981.

Nous présentons dans le tableau V.6 la situation migratoire de chacune de nos six régions du Québec, pour chacun des trois groupes linguistiques et pour chacun des trois types de migration (intraprovinciale, interprovinciale et internationale).

Ce tableau permet de voir qu'une «loi» fondamentale du phénomène migratoire, à savoir la relation inverse entre migration et distance, ne semble s'appliquer qu'au seul groupe français, et encore de façon plutôt mitigée. En effet, si les migrations intraprovinciales (c'est-à-dire sur une plus courte distance) prennent effectivement, et de loin, la première place dans ce groupe, il n'en va pas de même pour les groupes anglais et «autre» : dans ces deux cas les migrations intraprovinciales occupent en fait la dernière place. Plus précisément, pour le groupe anglais, les émigrants intraprovinciaux représentent moins du quart de tous les émigrants, et les immigrants intraprovinciaux, moins du dixième. Pour le groupe «autre», ces parts sont respectivement d'un vingtième et d'un huitième. Même dans le cas du groupe français, la relation entre migration et «distance» n'est pas évidente : par exemple, les échanges migratoires de Montréal avec le reste du monde sont plus intenses que ses échanges avec le reste du Canada.

Cette conclusion relative au rôle secondaire de la distance physique rejoint celle obtenue dans une étude antérieure[14] portant sur l'ensemble

---

14. Marc Termote et Raymonde Fréchette, «Le renversement récent des courants migratoires entre les provinces canadiennes. Essai d'interprétation», *Revue canadienne des sciences régionales*, vol. 3, n° 2, 1980, pp. 163-192.

et type de migration (en milliers)

Groupe et région	Reste du Québec			Reste du Canada			Reste du monde			Total		
	IM	EM	NET	IM	EM	NET	IM	EM	NET	IM	EM	NET
Groupe français												
Outaouais	9	11	-2	8	6	2	1	0	1	18	17	1
Montréal	104	89	16	15	16	-1	22	12	10	141	117	25
Cantons de l'Est	24	24	1	1	2	-1	2	1	1	27	27	0
Intérieur	93	87	6	6	8	-2	7	3	4	106	98	8
Gaspésie	21	28	-7	2	3	-1	1	0	0	24	31	-7
Nord	32	46	-14	4	7	-2	1	0	0	37	53	-16
Total Québec	**284**	**284**	**—**	**36**	**42**	**-5**	**33**	**17**	**16**	**353**	**343**	**11**
Groupe anglais												
Outaouais	1	1	-0	6	12	-5	0	0	0	7	13	-5
Montréal	9	5	3	22	126	-104	18	20	-2	49	141	-102
Cantons de l'Est	3	2	1	1	6	-4	1	1	-0	5	9	-4
Intérieur	3	5	-2	2	8	-7	1	1	-0	6	14	-9
Gaspésie	1	1	-1	1	3	-2	0	0	0	2	4	-2
Nord	1	3	-2	2	8	-6	0	0	0	3	11	-8
Total Québec	**17**	**17**	**—**	**33**	**162**	**-128**	**20**	**22**	**-2**	**70**	**201**	**-130**
Groupe «autre»												
Outaouais	0	0	-0	0	0	0	1	0	1	1	0	0
Montréal	1	1	1	1	9	-8	32	4	28	34	14	20
Cantons de l'Est	0	0	-0	0	0	-0	1	0	1	1	0	0
Intérieur	0	1	-0	0	0	-0	3	0	3	3	1	2
Gaspésie	0	0	-0	0	0	-0	0	0	0	0	0	0
Nord	0	0	-0	0	0	0	1	0	0	1	0	0
Total Québec	**2**	**2**	**—**	**2**	**10**	**-8**	**37**	**4**	**33**	**41**	**16**	**25**

Notes : — À cause des arrondissements, les totaux (soldes) ne sont pas nécessairement égaux à la somme (différence) des parties.
— Les chiffres d'émigration internationale sont des estimations; ceux de migration intraprovinciale et interprovinciale, ainsi que ceux d'immigration internationale, ont été obtenus grâce à une compilation spéciale du recensement de 1981. Tous les chiffres concernent la population totale (tous âges).
— Les sigles IM et EM désignent respectivement l'immigration et l'émigration.

Source : Statistique Canada, compilations spéciales du recensement de 1981.

Tableau V.7
Taux annuels de migration (en º/₀₀) de la période censitaire 1976-1981, par langue d'usage, région du Québec et type de migration

Groupe et région	Reste du Québec			Reste du Canada			Reste du monde			Total		
	IM	EM	NET	IM	EM	NET	IM	EM	NET	IM	EM	NET
Groupe français												
Outaouais	10,5	13,1	−2,6	11,5	7,0	4,5	1,1	0,5	0,6	23,1	20,6	2,5
Montréal	10,4	8,8	1,6	1,4	1,5	−0,1	2,1	1,1	1,0	13,9	11,4	2,5
Cantons de l'Est	19,6	19,1	0,5	1,0	1,5	−0,5	1,6	0,8	0,8	22,2	21,4	0,8
Intérieur	13,4	12,7	0,7	0,9	1,1	−0,2	1,0	0,3	0,7	15,3	14,1	1,2
Gaspésie	14,7	19,4	−4,7	1,3	1,7	−0,4	0,4	0,1	0,3	16,4	21,2	−4,8
Nord	13,1	18,2	−5,1	1,9	2,5	−0,6	0,5	0,2	0,3	15,5	20,9	−5,4
Total Québec	—	—	—	**1,6**	**1,7**	**−0,1**	**1,4**	**0,7**	**0,7**	**3,0**	**2,4**	**0,6**
Groupe anglais												
Outaouais	3,1	3,2	−0,1	33,5	49,5	−16,0	2,0	1,9	0,1	38,6	54,6	−16,0
Montréal	2,7	1,6	1,1	6,8	38,1	−31,3	5,4	5,7	−0,3	14,9	45,4	−30,5
Cantons de l'Est	13,7	10,5	3,2	5,6	25,4	−19,8	3,1	3,1	−0,0	22,4	39,0	−16,6
Intérieur	15,8	27,3	−11,5	9,4	47,7	−38,3	5,3	5,3	−0,0	30,5	80,3	−49,8
Gaspésie	8,3	15,9	−7,6	10,9	35,9	−25,0	1,2	1,2	0,0	20,4	53,0	−32,6
Nord	8,6	22,5	−13,9	19,0	65,6	−46,6	2,6	2,6	0,0	30,2	90,7	−60,5
Total Québec	—	—	—	**8,8**	**39,2**	**−30,4**	**4,9**	**5,2**	**−0,3**	**13,7**	**44,4**	**−30,7**

Tableau V.7 (suite)

Groupe et région	Reste du Québec			Reste du Canada			Reste du monde			Total		
	IM	EM	NET	IM	EM	NET	IM	EM	NET	IM	EM	NET
Groupe «autre»												
Outaouais	4,0	5,3	−1,3	12,0	19,8	−7,8	30,3	20,0	10,3	46,3	45,1	1,2
Montréal	1,1	0,6	0,5	1,2	7,0	−5,8	25,3	3,0	22,3	27,6	10,6	17,0
Cantons de l'Est	12,5	26,1	−13,6	6,4	8,7	−2,3	64,2	18,9	45,3	83,1	53,7	29,4
Intérieur	13,0	21,5	−8,5	0,7	12,0	−11,3	78,2	18,5	59,7	91,9	52,0	39,9
Gaspésie	4,1	13,2	−9,1	1,0	9,2	−8,2	70,2	50,9	20,7	75,3	73,3	2,0
Nord	2,5	3,8	−1,3	5,0	3,3	1,7	7,6	2,6	5,0	15,1	9,7	5,4
Total Québec	—	—	—	**1,7**	**7,1**	**−5,4**	**26,1**	**2,9**	**23,2**	**27,8**	**10,0**	**17,8**

Note : — Les taux de ce tableau ne sont pas strictement comparables à ceux du tableau V.5. Puisqu'il s'agit ici d'analyser le comportement migratoire, le nombre de migrants (divisé par cinq pour avoir une approximation du taux annuel) doit être rapporté à la population soumise au risque. Or, comme les migrants âgés de moins de cinq ans (donc nés pendant la période) n'ont été en moyenne soumis au risque de migration que pendant la moitié de la période, l'obtention d'un taux annuel requiert dans leur cas que l'on divise le chiffre de migrants par 2,5 et non par cinq, ce qui équivaut à doubler le nombre observé de migrants de zéro à quatre ans si on veut le rendre comparable au nombre observé (et donc au taux) de migrants du reste de la population. Ceci explique les différences entre les taux de migration interprovinciale et internationale du Québec, tels que présentés dans ce tableau, et les taux correspondants du tableau V.5.

— Les sigles IM et EM désignent respectivement l'immigration et l'émigration.

Source : Statistique Canada, compilations spéciales du recensement de 1981.

des flux migratoires entre chacune des provinces canadiennes pour la période 1961-1976. Cette étude avait permis de dégager, à partir d'une analyse économétrique, l'impact de moins en moins important de la distance physique en même temps que celui grandissant de la distance culturelle (linguistique), reflétant l'isolement croissant du Québec dans le système migratoire interprovincial.

L'image d'équilibre des échanges migratoires intraprovinciaux (c'est-à-dire entre les six régions du Québec), déjà soulignée précédemment, se retrouve évidemment dans les chiffres du tableau V.6. Les échanges entre chaque région et le reste du Canada sont également en situation de quasi-équilibre, à l'exception des échanges du groupe anglais et du groupe «autre» de la région de Montréal. En fait, les trois quarts des pertes migratoires interprovinciales de la période 1976-1981 sont dus au seul groupe anglophone de Montréal, qui assume plus de 80 % de l'ensemble des pertes anglophones. Quant aux pertes interprovinciales des allophones, elles sont limitées à Montréal.

Enfin, les échanges internationaux sont eux aussi remarquablement équilibrés, sauf pour le groupe «autre» et le groupe français de Montréal. On remarquera que dans aucune région le groupe anglais ne peut apparemment compter sur la migration internationale pour compenser le déficit important de ses échanges interprovinciaux.

Au total, 560 000 personnes auraient quitté leur région de résidence entre 1976 et 1981 : 60 % d'entre elles sont du groupe français, plus du tiers du groupe anglais et moins de 5 % du groupe «autre». Pendant la même période, 464 000 personnes sont arrivées dans l'une ou l'autre des six régions : plus des trois quarts étaient du groupe français, 15 % étaient anglophones et près de 10 % étaient allophones. Ces diverses proportions indiquent déjà à quel point les propensions à l'émigration et les taux d'immigration peuvent varier d'un groupe linguistique à l'autre.

Pour pouvoir étudier les disparités régionales du comportement migratoire, nous ne pouvons cependant pas nous contenter des chiffres absolus du tableau V.6. Aussi, dans le tableau V.7, avons-nous converti ces chiffres en taux annuels. Lorsqu'il s'agit d'émigration, de tels taux peuvent être interprétés comme des propensions à émigrer ; dans le cas de l'immigration, puisque la population de référence est la population de la région d'immigration, qui n'est donc pas la population soumise au risque de migrer, il faut plutôt considérer ces taux comme une mesure de la capacité d'attraction de la région.

En ce qui concerne le groupe français, on notera un phénomène apparemment surprenant, mais fréquent, à savoir que les régions qui ont des taux d'émigration élevés (bas) ont également tendance à avoir des taux d'immigration élevés (bas). On remarquera aussi qu'il y a, du point de vue de la propension totale à émigrer, deux groupes très nettement distincts de régions : d'une part, les régions de Montréal et de l'Intérieur, avec les taux d'émigration totale les plus bas (entre 11 o/oo et 14 o/oo) en même temps que les taux d'immigration les plus faibles (aux alentours de 14 o/oo à 15 o/oo), et les quatre autres régions dont les taux d'émigration totale sont remarquablement semblables (aux alentours de 21 o/oo) ; ces quatre régions de forte émigration comprennent deux régions de forte immigration (l'Outaouais et les Cantons de l'Est, avec des taux entre 22 o/oo et 23 o/oo) et deux régions d'immigration moyenne, la Gaspésie et le Nord (dont les taux se situent autour de 16 o/oo).

Qu'il y ait une relation positive entre émigration et immigration est cependant moins étrange qu'on ne pourrait le croire à première vue. Le découpage territorial est pour une bonne part responsable de cette relation : toutes choses égales par ailleurs, si une région est étendue et que l'essentiel de sa population est concentré au centre du territoire (comme cela est le cas pour les régions de Montréal et de l'Intérieur), la probabilité d'échanges migratoires avec les régions avoisinantes sera moindre. La localisation de la région joue également un rôle : une région «coincée» entre deux pôles d'attraction (comme l'Outaouais, entre Montréal et Ottawa), aura normalement des taux d'émigration plus élevés. Enfin, il ne faut pas oublier que ce sont souvent les mêmes personnes qui se déplacent : les émigrants d'aujourd'hui sont des candidats sérieux à l'immigration de demain. Cette relation «fonctionnelle» entre émigration et immigration, par le jeu des migrations de retour, contribue à expliquer qu'une région puisse en même temps être répulsive et attractive (voir par exemple le cas de la Gaspésie qui est la région la plus répulsive tout en ayant le deuxième taux le plus élevé d'immigration intraprovinciale).

La seule région qui manifeste une propension relativement élevée dans ses échanges avec le reste du Canada, toujours pour le groupe français, est l'Outaouais. Cela est bien sûr lié à la localisation de cette région. Le gain important qu'elle en retire lui permet de compenser son déficit avec les autres régions du Québec, de sorte qu'au total cette région connaît, avec celle de Montréal, les taux de migration nette les plus élevés. Globalement, il n'y a en fait que deux régions perdantes, le Nord et la Gaspésie, avec cependant des pertes relativement faibles (les taux annuels se situent aux alentours de −0,5 %), l'essentiel du déficit de ces régions étant dû aux relations avec les autres régions du Québec.

Les taux de migration obtenus pour le groupe anglais sont souvent très élevés (par exemple, les taux annuels d'émigration totale des régions de l'Intérieur et du Nord montent jusqu'à huit et neuf pour cent). De tels taux peuvent cependant être trompeurs. Ils concernent généralement des effectifs de population très réduits : dans ce cas, même avec des nombres de migrants relativement faibles, on peut obtenir des taux très élevés.

La localisation de la région joue ici un rôle particulièrement important dans le choix du type de migration de la part des émigrants. Ainsi, le taux total très élevé (plus de cinq pour cent par an) de l'Outaouais est dû presque uniquement à la migration vers le reste du Canada, alors que dans le cas des régions de l'Intérieur, de la Gaspésie et du Nord, la migration intraprovinciale prend une part non négligeable. Ces trois dernières régions connaissent d'ailleurs des taux de migration intraprovinciale nette particulièrement défavorables, ce qui confirme l'hypothèse déjà mentionnée que lorsqu'un groupe minoritaire dans une région voit ses effectifs passer en dessous d'un certain seuil (nécessaire au maintien de certains services socio-culturels dans la langue de cette minorité), ce groupe tend à émigrer en masse de la région, soit pour rejoindre une autre communauté régionale plus forte (Montréal en l'occurrence), soit carrément pour rejoindre le groupe majoritaire dans le reste du Canada. Ceci peut également expliquer que les régions de Montréal et des Cantons de l'Est ont toutes deux des taux nets de migration intraprovinciale positifs, et que les Cantons de l'Est et l'Outaouais ont connu des pertes migratoires relativement plus faibles (avec des taux annuels nets de $-1,6$ % comparativement à des taux variant de -3 % à -6 % ailleurs).

L'interprétation des taux de migration du groupe allophone est encore plus délicate que celle des taux du groupe anglophone, car le problème des petits effectifs est encore plus aigu dans ce cas. À toutes fins utiles, il n'y a que les taux de la région de Montréal qui soient significatifs. On remarquera que si, pour le Québec dans son ensemble, le taux d'émigration totale de ce groupe est quatre fois plus élevé que celui du groupe français (10,0 0/00 au lieu de 2,4 0/00), lorsqu'on ne considère que la seule région de Montréal le groupe allophone manifeste la propension à l'émigration la plus faible des trois groupes (10,6 0/00 contre respectivement 11,4 0/00 et 45,4 0/00 pour les groupes français et anglais). Cela est bien sûr dû à la migration intraprovinciale : les allophones de Montréal ne quittent pratiquement pas leur région pour le reste du Québec. Cela est sans doute, tout comme pour le groupe anglais d'ailleurs, lié au phénomène de «seuil critique» dont il vient d'être question : en dehors de Montréal, il n'y a pas de fortes concentrations allophones. Sans doute, en dehors de Montréal y a-t-il des communautés allophones importantes, mais il s'agit de groupes tout à fait différents (Amérindiens et Inuit) de ceux de Montréal. Contrairement cependant au groupe anglais, le groupe «autre» présente un solde migratoire total positif dans chacune des régions du Québec, et cela exclusivement grâce à l'apport de la migration internationale, apport nul pour le groupe anglais, comme nous l'avons vu.

Jusqu'ici, nous n'avons considéré que l'ensemble des relations migratoires intraprovinciales d'une région : nous nous sommes limités aux seuls flux totaux d'émigration et d'immigration intraprovinciales, sans analyser les relations entre les régions, c'est-à-dire les flux origine-destination. Si, comme nous l'avons déjà souligné, la localisation d'une région au sein du système régional affecte profondément le comportement migratoire de sa population, cela devrait se manifester bien plus nettement en termes de flux origine-destination qu'en termes de flux totaux. Le tableau V.8 présente les taux annuels de migration entre chacune des six régions du Québec, auxquelles nous avons ajouté, pour fermer le système, la région «reste du Canada» (RC), ainsi que les taux totaux (interprovinciaux et intraprovinciaux).

Si, comme nous l'avons déjà observé, les francophones du Québec, comparativement aux anglophones, font preuve d'une remarquable inertie spatiale dans leur relation avec le reste du Canada (à l'exception, très compréhensible, des francophones de l'Outaouais), il n'en va pas de même lorsqu'on considère les migrations à l'intérieur du Québec. Pour la plus grande part des paires origine-destination, le groupe français manifeste une propension à la migration supérieure à celle du groupe anglais. Les exceptions majeures sont celles relatives aux flux de l'Intérieur, de la Gaspésie et du Nord vers Montréal : dans ces cas, les anglophones ont des taux supérieurs à ceux des francophones. On retrouve donc ici la confirmation de cette attraction particulière de la région montréalaise sur les minorités des autres régions. La même constatation peut se faire pour le groupe «autre» qui lui aussi, tout comme le groupe anglais, ne manifeste pratiquement aucune mobilité entre les régions du Québec, sauf lorsqu'il s'agit des relations entre des régions où ces minorités ont déjà des effectifs très faibles (Cantons de l'Est, Intérieur et Gaspésie), d'une part, et Montréal, d'autre part. Lorsque ces minorités ont, de par leur localisation, une autre réponse migratoire possible que celle d'émigrer vers Montréal, comme c'est le cas pour celles de l'Outaouais (d'où l'on peut plus facilement émigrer vers le reste du Canada), ou lorsqu'il s'agit de minorités tout à fait différentes de celles résidant à Montréal, comme dans la région Nord, on retrouve de très faibles taux d'émigration vers Montréal.

Dans les relations interrégionales, on remarquera que la distance joue un certain rôle, ce qui n'était pas le cas précédemment, lorsque l'on comparait l'ensemble des migrations interrégionales aux migrations interprovinciales et internationales. Ceci ne vaut cependant que pour le groupe

Tableau V.8
Taux annuels de migration interrégionale (en ‰)[a], par groupe linguistique, 1976-1981

Groupe et région de provenance	Région de destination							Taux totaux (en ‰)			Taux migra-production[c]	
	O	M	C	I	G	N	RC	EM[b]	IM	NET	EM	IM
Groupe français												
Outaouais (O)	–	6,8	0,5	3,4	0,6	1,7	7,0	20,1	22,0	1,9	1,40	1,59
Montréal (M)	0,4	–	1,1	5,3	0,8	1,2	1,5	10,3	11,8	1,5	0,78	0,85
Cantons de l'Est (C)	0,4	9,9	–	7,1	0,5	1,3	1,5	20,6	20,6	–0,0	1,43	1,50
Intérieur (I)	0,3	8,1	1,4	–	1,0	1,8	1,1	13,8	14,3	0,5	0,98	1,04
Gaspésie (G)	0,2	7,5	0,7	7,2	–	3,8	1,7	21,1	16,0	–5,1	1,45	1,13
Nord (N)	0,7	7,7	0,9	6,9	2,0	–	2,5	20,7	15,0	–5,7	1,44	0,97
Reste du Canada (RC)	3,3	4,9	0,4	2,1	0,7	1,7	–	13,1	13,7	0,6	0,91	0,97
Groupe anglais												
Outaouais (O)	–	2,4	0,2	0,2	0,1	0,2	49,5	52,7	36,6	–16,0	3,82	2,60
Montréal (M)	0,1	–	0,7	0,5	0,1	0,2	38,1	39,7	9,5	–30,2	3,23	0,72
Cantons de l'Est (C)	0,3	9,0	–	1,0	0,1	0,2	25,4	35,9	19,3	–16,6	2,91	1,64
Intérieur (I)	0,4	21,5	2,8	–	1,1	1,6	47,7	75,0	25,3	–49,8	5,78	1,88
Gaspésie (G)	0,1	11,0	0,2	3,4	–	1,1	35,9	51,8	19,3	–32,5	4,04	1,46
Nord (N)	1,6	14,5	1,0	4,7	0,7	–	65,6	88,1	27,6	–60,4	7,21	1,74
Reste du Canada (RC)	0,1	0,3	0,0	0,0	0,0	0,0	–	0,5	2,2	1,7	0,04	0,18

Tableau V.8 (suite)

Groupe et région de provenance	Région de destination							Taux totaux (en 0/00)			Taux migra-production^c	
	O	M	C	I	G	N	RC	EM^b	IM	NET	EM	IM
Groupe «autre»												
Outaouais (O)	—	3,3	0,8	0,3	0,0	1,0	19,8	25,1	16,0	−9,0	1,85	1,11
Montréal (M)	0,0	—	0,1	0,3	0,0	0,1	7,0	7,6	2,4	−5,2	0,68	0,20
Cantons de l'Est (C)	0,0	23,4	—	1,9	0,0	0,8	8,7	34,8	18,9	−15,9	2,68	1,71
Intérieur (I)	0,0	19,9	0,4	—	0,1	1,1	12,0	33,5	13,7	−19,8	3,21	1,44
Gaspésie (G)	1,0	10,2	0,0	0,0	—	2,0	9,2	22,4	5,1	−17,3	2,29	0,44
Nord (N)	0,2	3,1	0,0	0,5	0,0	—	3,3	7,1	7,6	0,5	1,13	0,53
Reste du Canada (RC)	0,0	0,2	0,0	0,0	0,0	0,1	—	0,4	1,5	1,2	0,03	0,13

a : Les taux de migration de la région i à la région j sont obtenus en divisant un cinquième des migrants de la région i vers la région j recensés au recensement de 1981 pour la période 1976-1981, par la moyenne arithmétique de la population de 1976 et 1981 pour la région i.

b : À cause des arrondissements, la somme des taux sur toutes les destinations n'est pas nécessairement égale au taux total d'émigration. Ces taux totaux d'émigration (EM) et d'immigration (IM) sont conceptuellement semblables aux taux bruts de natalité et de mortalité.

c : Le taux brut de migraproduction, obtenu par analogie avec le taux brut de reproduction, est calculé en sommant les taux de migration par âge et en multipliant le résultat par cinq (le nombre d'années de chaque groupe d'âge).

Source : Statistique Canada, compilations spéciales du recensement de 1981.

français (et, dans une moindre mesure, pour le groupe «autre»), pour lequel les taux de migration entre régions contiguës sont effectivement les plus élevés. Dans le cas du groupe anglais, la distance physique semble jouer un rôle secondaire. En effet, dans ce cas, il faut également tenir compte de la distance psychologique et culturelle. Il en résulte que, quelle que soit la région d'origine, les taux d'émigration des anglophones à destination du reste du Canada sont toujours les plus élevés : même les émigrants de la Gaspésie, de l'Intérieur, des Cantons de l'Est, ont tendance à contourner Montréal, pourtant plus proche, pour donner préférence au reste du Canada.

Une façon facile et significative de résumer un système de migrations interrégionales est d'en dégager la hiérarchie des régions, en utilisant à cet effet la théorie des graphes[15]. Considérons que si la probabilité (le taux) de migration de la région i vers la région j (p_{ij}) est supérieure à celle d'aller de j vers i (p_{ji}), alors la région j domine la région i ; dans ce cas, on accorde deux points à j et aucun à i. Si $p_{ij} < p_{ji}$, alors on accordera deux points à i et aucun à j, et si $p_{ij} = p_{ji}$, chacune des deux régions se voit attribuer un point (lorsque i = j, c'est-à-dire lorsqu'on considère les relations d'une région avec elle-même, on accorde un point à cette région). Chacune de ces relations de domination-subordination (exprimée par les cotes 0-1-2) est ensuite pondérée par le poids de la région dominée ou dominante, poids qui est fourni par la somme des cotes (somme sur les destinations lorsqu'il s'agit de la hiérarchie en termes de domination, sur les origines lorsqu'il s'agit de la hiérarchie en termes de subordination). En faisant pour une région d'origine donnée la somme pondérée sur toutes les régions de destination, on obtient une mesure du pouvoir de «domination» de la région d'origine sur l'ensemble du système ; en faisant la somme pondérée, pour une région de destination donnée, sur toutes les régions d'origine, on obtient une mesure du degré de «subordination» de la région de destination considérée[16].

---

15. Bernard Rouget, «Graph Theory and Hierarchisation Models», *Regional Science and Urban Economics*, vol. 2, n° 3, 1972, pp. 263-295.

16. Sans pondération, les deux hiérarchies (celle en termes de domination et celle en termes de subordination) seraient identiques : la région la plus dominante (celle qui a la somme – sur les régions de destination – la plus élevée) est également celle qui est la moins subordonnée (celle qui a la somme – sur les régions d'origine – la plus faible). Mais lorsqu'on analyse des relations de «domination» et de «subordination», il est important de voir qui on domine (ou par qui on est dominé) : on a moins de mérite à dominer un faible plutôt qu'un fort. Il nous faut donc pondérer chacune des relations de domination-subordination par le poids de la région dominée ou dominante, poids qui est précisément fourni par la somme (sur les destinations et les origines) précédemment obtenue. Cette somme pondérée nous donne finalement pour chaque région un indice de domination (lorsque la sommation se fait sur les régions de destination) et un indice de subordination (lorsque la sommation se fait sur les régions d'origine), et cette fois, à cause de la pondération, les deux hiérarchies ne sont pas nécessairement identiques.

Pour pouvoir assurer la comparaison des hiérarchies (comparaison dans le temps, par exemple, ou, en ce qui nous concerne, comparaison entre groupes linguistiques), il y aura lieu de standardiser en rapportant chacune des sommes régionales pondérées à la somme totale sur toutes les régions. Ce sont ces divers indices standardisés que présente le tableau V.9, en même temps que le rang de chaque région (de la plus dominante à la moins dominante et de la moins dominée à la plus dominée).

Il ressort très clairement de ce tableau que la hiérarchie des régions varie beaucoup d'un groupe linguistique à l'autre, mais qu'il n'y a guère de différences selon que l'on considère la hiérarchie en termes de domination ou en termes de subordination, ce qui nous permettra de limiter nos commentaires à la hiérarchie en termes de domination.

La région de Montréal est très nettement au sommet de la hiérarchie migratoire lorsqu'il s'agit du groupe francophone : la probabilité d'émigrer vers Montréal à partir d'une quelconque région d'origine est toujours supérieure à celle d'émigrer de Montréal vers cette région. Les régions de l'Intérieur et du reste du Canada occupent respectivement les deuxième et troisième rangs. Le dernier rang revient à l'Outaouais, ce qui peut paraître surprenant quand on se rappelle que cette région n'a pas un taux total d'émigration intraprovinciale très élevé et que son taux de migration nette n'est que faiblement négatif, beaucoup moins en tout cas que celui de la Gaspésie et du Nord. Ici, cependant, chaque relation migratoire est considérée séparément (et pondérée selon la force de domination de la région avec laquelle on est en relation), et dans le cas de l'Outaouais il apparaît que cette région est dominée par chacune des autres régions (d'où son indice égal à zéro).

La hiérarchie migratoire manifestée par le groupe anglophone est très différente : c'est maintenant le reste du Canada qui en occupe le sommet, suivi de Montréal et de l'Outaouais. Les régions de l'Intérieur et du Nord, respectivement deuxième et quatrième dans la hiérarchie du groupe français, se retrouvent maintenant cinquième et dernière.

Quant à la hiérarchie régionale qui se dégage des flux migratoires du groupe allophone, elle ressemble à celle du groupe anglophone pour le sommet (avec le reste du Canada et Montréal aux deux premiers rangs) en même temps qu'elle ressemble à celle du groupe francophone lorsqu'il s'agit des derniers rangs, occupés à nouveau par la Gaspésie, les Cantons de l'Est et, au dernier rang, l'Outaouais une fois de plus. On notera la très nette troisième place occupée par la région Nord, alors que cette région se retrouvait à la dernière place lorsqu'il s'agissait du groupe anglophone.

Tableau V.9
Hiérarchie régionale exprimée par les flux migratoires interrégionaux, 1976-1981

| Région | Indice standardisé (en %) de | | | | | | Rang de la région selon la | | | | | |
| | domination | | | subordination | | | domination | | | subordination | | |
	F	A	O	F	A	O	F	A	O	F	A	O
Outaouais	0	16	4	37	10	27	7	3	7	7	3	7
Montréal	37	25	25	0	2	2	1	2	2	1	2	2
Cantons	6	11	6	18	11	23	5	4	6	5	4	5
Intérieur	26	6	8	2	18	19	2	5	4	2	5	4
Gaspésie	2	4	7	26	33	24	6	6	5	6	7	6
Nord	11	3	16	11	26	5	4	7	3	4	6	3
Reste du Canada	18	35	34	6	0	0	3	1	1	3	1	1
Total	**100**	**100**	**100**	**100**	**100**	**100**	—	—	—	—	—	—

Note : L'indice de domination pour chaque région i est égal à

$$I^+_i = \frac{\sum\limits_j \left[\left(\sum\limits_j a_{ij} \right) a_{ij} \right]}{\sum\limits_i \sum\limits_j \left[\left(\sum\limits_j a_{ij} \right) a_{ij} \right]}$$

et l'indice de subordination pour chaque région j est égal à

$$I^-_j = \frac{\sum\limits_i \left[\left(\sum\limits_i a_{ij} \right) a_{ij} \right]}{\sum\limits_i \sum\limits_j \left[\left(\sum\limits_j a_{ij} \right) a_{ij} \right]}$$

où $a_{ij} = 0$ et $a_{ji} = 2$ si $P_{ij} > P_{ji}$

$a_{ij} = 2$ et $a_{ji} = 0$ si $P_{ij} < P_{ji}$

$a_{ij} = a_{ji} = 1$ si $P_{ij} = P_{ji}$

P_{ij} désignant la probabilité (mesurée par le taux) d'émigrer de la région i vers la région j.

Source: Tableau V.8.

Nous approfondirons cette analyse régionale lorsque nous analyserons l'impact démographique des mouvements migratoires. Auparavant, il nous faut cependant porter attention à une dimension que nous avons négligée jusqu'à présent, à savoir la structure par âge des flux migratoires.

5.4. L'impact démographique de la migration

L'analyse qui a été effectuée jusqu'à présent a été basée sur des taux de migration qui, conceptuellement, sont identiques aux taux bruts de natalité et de mortalité, en ce sens qu'il n'a pas été tenu compte de la structure par âge. Or, il est évident que pour étudier l'impact démographique de la migration, la prise en considération de la variable âge est fondamentale. Une des très rares «lois» — ou plutôt, régularités statistiques — que l'on observe dans le domaine de la migration est que, précisément, celle-ci est très sélective par rapport à l'âge. La première sous-section sera consacrée à cette dimension «âge».

Ceci nous permettra d'examiner ensuite l'impact de la migration sur les deux autres phénomènes démographiques fondamentaux, la fécondité et la mortalité. Lorsqu'on étudie la migration, on oublie en effet le plus souvent qu'elle représente bien plus que le simple transfert d'un certain nombre d'individus d'une région à une autre : la migration représente aussi un transfert d'«années à vivre» et un transfert d'«enfants à naître». Ces types d'interaction entre migration et mortalité et entre migration et fécondité seront analysés dans les deux dernières sous-sections de ce chapitre.

5.4.1. Migration et structure par âge

Avec sept régions (et donc 42 flux), sans compter le «reste du monde», avec trois groupes linguistiques et 18 groupes quinquennaux d'âge, on arrive très rapidement à une masse de données trop «riche» pour être «digérée». Il nous faudra donc le plus souvent nous limiter à de grands groupes d'âge ou à des mesures «synthétiques» comme l'âge moyen. Dans une première étape, nous comparons, pour chacune de nos régions, la composition par âge des flux totaux d'émigration et d'immigration avec la composition par âge de la population de ces régions, ceci pour chacun de nos groupes linguistiques (toujours définis selon la langue d'usage). Ceci nous permettra d'avoir un premier aperçu de l'impact démographique de la migration, à savoir l'impact sur la structure par âge de la population. Cette comparaison ne pourra cependant se faire que pour trois grands groupes d'âge : celui des moins de 20 ans (population d'âge essentiellement préactif), celui des 20 à 64 ans (population d'âge actif) et celui des 65 ans et plus (d'âge post-actif). Par contre, nous distinguerons l'immigration

Tableau V.10
Structure par âge (part en %) de la population totale et des migrants, par groupe linguistique et région, 1976-1981

Groupe et région	Population totale			Émigration interne			Immigration interne			Immigration internationale		
	0-19	20-64	65+	0-19	20-64	65+	0-19	20-64	65+	0-19	20-64	65+
Groupe français												
Outaouais	37	57	6	33	65	2	37	60	3	35	61	4
Montréal	32	61	7	32	64	4	31	66	3	28	67	5
Cantons de l'Est	36	57	7	32	65	3	31	65	4	37	56	7
Intérieur	34	58	8	31	66	3	32	64	4	36	59	5
Gaspésie	38	54	8	32	65	3	35	62	3	31	62	7
Nord	39	56	5	33	65	2	35	64	1	40	57	3
Total Québec	34	59	7	32	65	3	35	63	2	30	65	5
Reste du Canada	35	56	9	35	63	2	30	67	3	28	66	6
Groupe anglais												
Outaouais	36	56	8	32	65	3	44	54	2	35	61	4
Montréal	31	59	10	26	68	6	30	67	3	27	70	3
Cantons de l'Est	30	53	17	29	63	8	27	63	10	36	55	9
Intérieur	32	58	10	29	66	5	31	64	5	44	53	3
Gaspésie	37	51	12	33	62	5	40	56	4	11	78	11
Nord	41	54	5	5	61	4	39	60	1	36	62	2
Total Québec	32	58	10	28	66	6	34	64	2	28	69	3
Reste du Canada	35	57	8	34	64	2	28	66	6	32	64	4

Tableau V.10 (suite)

Groupe et région	Population totale			Émigration interne			Immigration interne			Immigration internationale		
	0-19	20-64	65+	0-19	20-64	65+	0-19	20-64	65+	0-19	20-64	65+
Groupe «autre»												
Outaouais	33	60	7	30	67	3	37	61	2	25	71	4
Montréal	27	63	10	16	71	13	25	68	7	28	65	7
Cantons de l'Est	29	56	15	29	62	9	13	66	21	40	58	2
Intérieur	39	54	7	23	68	9	18	69	13	42	56	2
Gaspésie	37	55	8	18	77	5	20	80	0	42	51	7
Nord	53	42	5	26	54	20	42	56	2	40	58	2
Total Québec	29	61	10	17	70	13	28	66	6	30	64	6
Reste du Canada	24	62	14	28	66	6	17	70	13	27	67	6

Source : Statistique Canada, compilations spéciales du recensement de 1981.

interne (intraprovinciale et interprovinciale) de l'immigration internationale. Le tableau V.10 présente ces diverses structures par âge.

Même si la désagrégation en trois grands groupes d'âge est une façon plutôt rudimentaire d'analyser la structure par âge, une telle désagrégation est suffisante pour notre propos ; elle est d'ailleurs particulièrement significative lorsqu'il s'agit d'analyser l'impact de la migration en termes de population d'âge actif. Il ressort clairement des chiffres du tableau V.10 qu'effectivement, la migration peut affecter de façon considérable la structure par âge d'une population, et que cet impact varie fortement d'une région à l'autre, d'un type de migration à l'autre et d'un groupe linguistique à l'autre.

En règle générale, l'immigration interne présente une structure plus jeune que l'émigration interne, quels que soient la région et le groupe linguistique ; la seule exception majeure est celle des Cantons de l'Est qui, pour chacun des trois groupes linguistiques, reçoit un flux d'immigration interne dont la structure est plus «vieille» (proportionnellement moins de jeunes de 0-19 ans et proportionnellement plus de personnes âgées de 65 ans et plus) que celle du flux d'émigration. Par contre, l'immigration internationale au Québec a une structure par âge plus vieille que l'immigration interprovinciale, sauf pour le groupe allophone. En outre, il n'est pas sans intérêt de noter que la structure par âge du flux d'émigration du Québec vers le reste du Canada est nettement plus vieille que celle du flux correspondant d'immigration, et ce quel que soit le groupe linguistique. Enfin, on remarquera que dans la quasi-totalité des cas, la part du groupe d'âge actif (20 à 64 ans) dans les flux de migration (qu'il s'agisse d'émigration ou d'immigration, interne ou internationale) est supérieure à la part de ce groupe dans la population, et que la part du groupe âgé (65 ans et plus) est inférieure à la part de ce groupe dans la population. Ceci vaut pour chacune des régions et chacun des groupes linguistiques, à l'exception de quelques cas portant sur des effectifs très réduits. Une telle constatation ne suscite évidemment aucune surprise : elle illustre bien la sélectivité de la migration, caractérisée par une propension à la mobilité plus forte de la part de la population active et plus faible de la part de la population âgée.

Au niveau régional, des disparités considérables apparaissent dans la structure par âge des flux migratoires. Ainsi, l'Outaouais reçoit des immigrants internes (en fait, surtout interprovinciaux) particulièrement jeunes, et ce quel que soit le groupe linguistique. Sans doute cela est-il lié au processus de suburbanisation de la capitale fédérale : il est notoire qu'une telle suburbanisation est surtout le fait de familles avec enfants. On remarquera aussi que si l'ensemble du Québec perd une population plus âgée que celle qu'il reçoit, la région de Montréal reçoit par contre des immigrants relativement plus âgés que ne le sont ses émigrants. D'ailleurs, c'est à Montréal que la part du groupe «actif» (20 à 64 ans) dans le flux total d'immigration est la plus élevée : l'immigration à Montréal, quelle que soit son origine, est nettement plus «active» (dans le sens anglais de «labor-dominant») que celle qui se dirige vers les autres régions. L'émigration aussi bien que l'immigration dans les Cantons de l'Est ont, du moins pour les groupes anglophone et allophone, des structures par âge particulièrement vieilles ; ceci est sans nul doute lié au fait que la population de cette région est également particulièrement vieille. La région de l'Intérieur présente une structure par âge de ses flux de migration assez semblable à celle de la région de Montréal, sauf pour la migration internationale, nettement plus jeune. Enfin, on mentionnera que les régions de la Gaspésie et du Nord ont en général une part de personnes d'âge actif (20 à 64 ans) inférieure à la moyenne lorsqu'il s'agit d'émigration aussi bien que d'immigration ; cela reflète sans doute le fait que ces régions sont aussi celles où la part de ce groupe d'âge dans la population totale est la plus faible, conséquence normale d'une fécondité plus élevée et d'une longue tradition d'émigration.

Il est évident que, même si la désagrégation en trois grands groupes d'âge permet déjà de dégager le caractère sélectif de la migration par rapport à l'âge, pour pouvoir pleinement rendre compte de cette sélectivité et surtout pour pouvoir exprimer celle-ci en termes de comportement, il nous faut recourir à des taux de migration par âge. Nous avons donc calculé, pour chacune des régions d'origine, les taux d'émigration vers chacune des régions de destination, et ce pour chacun des trois groupes linguistiques et pour chacun des 18 groupes quinquennaux d'âge (de 0-4 ans à 85 ans et plus).

Il serait naturellement fastidieux de présenter ici chacun de ces taux par âge. Ce serait d'ailleurs un exercice plutôt vain, dans la mesure où pour certains flux on aboutit à des taux assez erratiques (à cause des petits nombres), et surtout dans la mesure où le profil par âge est remarquablement uniforme d'un flux à l'autre. Nous nous contenterons donc d'analyser ici les taux par âge pour la seule émigration du Québec vers le reste du Canada, mais nous approfondirons quelque peu l'analyse en considérant aussi bien la langue maternelle que la langue d'usage et en présentant également les taux observés en 1966-1971, ceci afin de vérifier le degré de constance temporelle du profil migratoire par âge. Pour 1966-1971 cependant, nous ne disposons (grâce à Lachapelle et Henripin[17]) que des

---

17. Réjean Lachapelle et Jacques Henripin, *op. cit.*, p. 212.

taux pour les 14 groupes quinquennaux de 5-9 ans à 70 ans et plus. Les graphiques V.2 à V.4 présentent, respectivement pour chacun des trois groupes linguistiques, ces taux d'émigration interprovinciale par âge (taux en 0/00, sauf pour le groupe français, pour lequel, à cause du très faible niveau des taux, nous avons dû recourir à des taux en 0/000).

Bien que les trois graphiques ne soient pas strictement comparables, puisqu'ils ont été construits selon des échelles différentes, on peut cependant dégager de leur examen certaines conclusions importantes. Tout d'abord, on retrouve pour chacun des trois groupes linguistiques le profil migratoire «classique», caractérisé par trois sommets : autour de 25-29 ans, à 0-4 ans (âges préscolaires des enfants qui ont migré avec leurs parents) et à 65-70 ans (migrations de retraite) ; et par trois creux : à 10-19 ans (âges scolaires des enfants de parents âgés de 35 ans et plus, eux-mêmes relativement peu mobiles), à 60-64 ans (lorsqu'on est sur le point de prendre sa retraite, on n'est guère porté à la mobilité, ni professionnelle, ni géographique) et aux âges très avancés. Le groupe «autre» présente un profil migratoire par âge quelque peu erratique après 50 ans (à cause des petits nombres, les taux deviennent moins significatifs après cet âge), mais dans l'ensemble, les courbes de ce groupe offrent le même profil que celui obtenu pour les groupes français et anglais.

Une deuxième information importante que l'on peut dégager de ces graphiques concerne la constance temporelle des taux. Celle-ci n'a pu être vérifiée que pour la seule langue maternelle (nous ne disposons de la structure par âge des flux selon la langue d'usage que pour la seule période 1976-1981), mais on peut légitimement étendre à la langue d'usage ce qui se dégage de la comparaison entre le profil par âge selon la langue maternelle en 1966-1971 et ce même profil observé en 1976-1981. Pour le groupe français, les deux courbes sont très proches ; tout au plus observe-t-on une légère augmentation entre 20 et 30 ans. Pour le groupe «autre», les courbes divergent nettement après 50 ans, mais, comme nous l'avons mentionné, cela n'est guère significatif (à cause des effectifs réduits) ; par contre, l'écart très net entre les deux courbes aux âges compris entre 30 et 45 ans peut être considéré comme représentatif d'une forte augmentation de la propension à quitter le Québec (vers le reste du Canada) à ces âges. Quant au groupe anglais, c'est à tous les âges que les taux d'émigration interprovinciale ont augmenté, les écarts étant les plus importants entre 20 et 40 ans, et après 55 ans. Remarquons à cet égard que si la comparaison avait pu être faite également avec les taux de la période 1971-1976, les augmentations auraient été encore plus fortes, car, comme nous l'avons vu précédemment (section 5.2), le comportement migratoire interprovincial de 1976-1981 était bien plus proche de celui de 1966-1971 que de celui de 1971-1976.

Graphique V.2
**Taux annuels (en 0/000) d'émigration interprovinciale par âge,
Québec, 1966-1971 et 1976-1981, groupe français[a]**

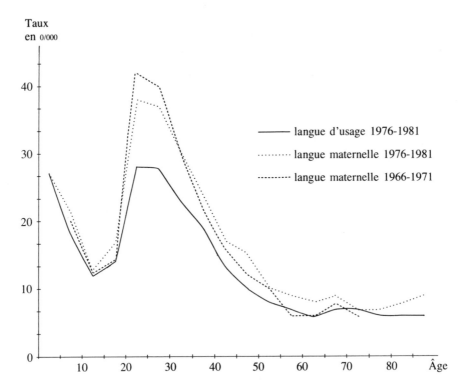

a : Les sigles LM et LU désignent la langue maternelle et la langue d'usage, respectivement.
Sources : Pour 1966-1971, Réjean Lachapelle et Jacques Henripin, *op. cit.,* p. 212 ; pour 1976-1981,
Statistique Canada, compilations spéciales du recensement de 1981.

Graphique V.3
**Taux annuels (en 0/00) d'émigration interprovinciale par âge,
Québec, 1966-1971 et 1976-1981, groupe anglais[a]**

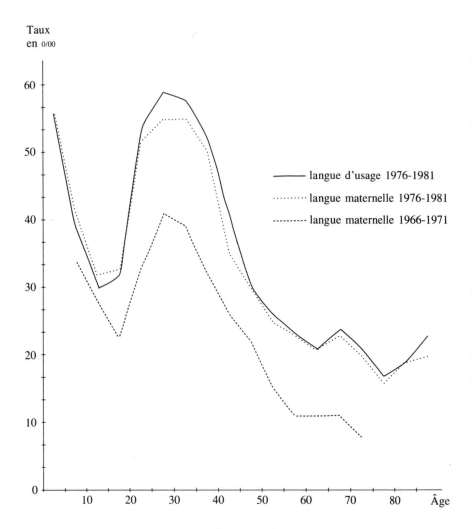

a : Les sigles LM et LU désignent la langue maternelle et la langue d'usage, respectivement.

Sources : Pour 1966-1971, Réjean Lachapelle et Jacques Henripin, *op. cit.*, p. 212 ; pour 1976-1981, Statistique Canada, compilations spéciales du recensement de 1981.

Graphique V.4
**Taux annuels (en 0/00) d'émigration interprovinciale par âge,
Québec, 1966-1971 et 1976-1981, groupe «autre»[a]**

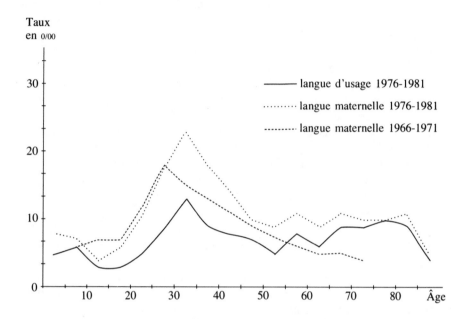

a : Les sigles LM et LU désignent la langue maternelle et la langue d'usage, respectivement.

Sources : Pour 1966-1971, Réjean Lachapelle et Jacques Henripin, *op. cit.,* p. 212 ; pour 1976-1981,
Statistique Canada, compilations spéciales du recensement de 1981.

Une troisième conclusion se dégage de ces graphiques à la lumière de la comparaison entre le profil par âge des migrations selon la langue maternelle et celui des migrations selon la langue d'usage, comparaison qui cependant n'est possible que pour la période 1976-1981. Nous avons déjà souligné (section 5.2) à propos des taux bruts (tous âges) d'émigration que les différences entre groupes linguistiques sont beaucoup plus significatives lorsqu'on considère la langue d'usage plutôt que la langue maternelle, ce qui n'est guère surprenant, puisque les coûts et les gains (monétaires et autres) de la migration sont sans doute beaucoup plus liés à la langue d'usage qu'à la langue maternelle. On retrouve cette constatation lorsqu'on introduit la variable âge : quel que soit le groupe d'âge considéré, les taux d'émigration vers le reste du Canada sont plus bas pour les groupes français et «autre», et plus élevés pour le groupe anglais, lorsqu'on passe de la langue maternelle à la langue d'usage (la seule exception se retrouve dans la catégorie des 5 à 19 ans du groupe anglais : on peut supposer que cela est dû au fait qu'il s'agit là d'âges scolaires, et que peu de transferts linguistiques sont complétés à ces âges).

On observera que les écarts entre les taux selon la langue maternelle et ceux selon la langue d'usage sont particulièrement importants entre 20 et 40 ans pour le groupe français et entre 20 et 55 ans pour le groupe «autre» : c'est précisément à ces âges que la plupart des transferts linguistiques sont complétés (plus tard chez les «autres» que chez les «français», à cause de la plus forte proportion d'immigrants internationaux dans le groupe «autre», immigrants qui sont, en moyenne, «exposés au risque» d'un transfert à un âge plus avancé). Après 50 ans, le taux d'émigration des allophones (langue d'usage) présente une nette tendance à la hausse, jusqu'à 80 ans, de même d'ailleurs que le taux des anglophones après 75 ans. Ceci confirme donc l'hypothèse souvent avancée selon laquelle le «choc politique» résultant de la victoire électorale du Parti Québécois a fortement frappé (en termes de comportement migratoire) les personnes très âgées des groupes minoritaires.

Toutes ces observations relatives aux différences de comportement selon l'âge et selon la langue d'usage et la langue maternelle confirment donc les conclusions que nous avions pu dégager précédemment (section 4.4.2) quant aux relations entre mobilité linguistique et mobilité géographique : les âges où la mobilité géographique est la plus forte sont aussi ceux où la mobilité linguistique est la plus forte, et ceux qui ont effectué un transfert linguistique (en l'occurrence, vers l'anglais pour la plupart) manifestent une propension à l'émigration vers le reste du Canada significativement plus élevée que ceux qui n'ont pas réalisé un tel transfert.

La comparaison des profils de migration par âge de chacun des groupes linguistiques (définis selon la langue d'usage) permet d'arriver à un quatrième type d'information, relatif à la composition «familiale» des flux d'émigration interprovinciale. On remarquera que le taux d'émigration des enfants de 0 à 4 ans est très proche des taux très élevés des groupes âgés de 20 à 35 ans, lorsqu'il s'agit des francophones et des anglophones, mais que par contre celui des enfants de 0-4 ans du groupe allophone est très bas comparativement au sommet de la courbe, qui dans ce cas se situe à un âge plus avancé. Plus précisément, le taux des 0-4 ans des allophones est le même que celui des 20-24 ans de ce groupe, tout comme cela est le cas pour les deux autres groupes, mais alors que de 20-24 ans à 30-34 ans le taux reste relativement stable chez les francophones et chez les anglophones, chez les allophones il continue à monter très fortement (de plus de 100 %) entre 20-24 et 30-34 ans.

Cela pourrait indiquer que chez les francophones et les anglophones, la migration est beaucoup plus «familiale» (en termes de présence d'enfants parmi les ménages migrants) que chez les allophones, et que, contrairement à ces derniers, les ménages francophones et anglophones avec enfants auraient une propension à l'émigration relativement semblable à celle des ménages sans enfants (les estimations de migration interprovinciale basées sur le fichier des allocations familiales semblent effectivement démontrer que le nombre d'enfants n'affecte guère le comportement migratoire). L'émigration des allophones du Québec vers le reste du Canada serait donc une émigration relativement «pauvre en enfants». Si l'on ajoute à ces considérations le fait que chez les allophones le taux d'émigration après 65 ans est relativement élevé (au même niveau que celui des 25-29 et 35-39 ans !), sauf pour ceux âgés de 85 ans et plus, on pourra, sans grands risques d'erreur, s'attendre à ce que l'émigrant allophone moyen soit nettement plus âgé que son compatriote francophone ou anglophone.

Cela est effectivement le cas. Comme nous ne pouvons pas examiner le profil migratoire par âge de chacun des flux migratoires, il nous faut essayer de résumer ces structures par âge. La mesure «synthétique» la plus immédiate est bien sûr l'âge moyen. Le tableau V.11 présente, pour chacune des régions et chacun des groupes linguistiques, l'âge moyen des migrants de 1976-1981 (migrants interprovinciaux et intraprovinciaux) au moment du recensement de 1981 (pour obtenir l'âge moyen au moment de la migration, il faut, en supposant que la migration est uniforme dans le temps au cours de la période 1976-1981, soustraire 2,5 années aux chiffres d'âge moyen présentés dans ce tableau).

Tableau V.11
Âge moyen des migrants internes selon la langue d'usage, 1976-1981[a]

Région	Français				Anglais				Autre			
	EM[b]		IM		EM		IM		EM		IM	
	Obs.	Stand.	Obs.	Stand.	Obs.	Stand.	Obs.	Stand.	Obs.	Stand.	Obs.	Stand.
Outaouais	24	32	21	30	26	33	18	23	29	35	22	28
Montréal	26	33	24	31	31	38	26	31	38	47	30	38
Cantons de l'Est	23	31	24	33	28	32	31	36	29	31	42	50
Intérieur	23	31	25	32	28	34	28	32	33	48	35	51
Gaspésie	22	29	23	29	27	35	23	28	37	53	42	47
Nord	23	33	21	28	27	41	21	24	37	60	21	33
Reste du Canada	22	27	26	32	23	28	30	40	27	31	38	43

a : Si l'on désigne par m_x le taux de migration du groupe d'âge x à x + 4, et par p_x le pourcentage de migrants du groupe d'âge x à x + 4 dans le total des migrants, alors l'âge moyen «observé» (Obs.) du migrant au moment du recensement est égal à $\frac{1}{100} \sum_x [(x + 2,5)\, p_x]$, et l'âge «standardisé» (Stand.), calculé pour éliminer les différences dans la structure par âge de la population, est égal à $\sum_x \frac{m_x}{\sum_x m_x}(x + 2,5)$.

b : Les signes EM et IM désignent respectivement l'émigration et l'immigration.

Source : Statistique Canada, compilations spéciales du recensement de 1981.

Comme l'âge moyen des migrants peut refléter l'âge moyen de la population, on a également calculé l'âge moyen «standardisé», qui élimine les différences dans la structure par âge de cette population, ceci afin de rendre plus significatives les comparaisons entre groupes linguistiques et entre régions.

Quelle que soit la région d'émigration considérée, l'âge moyen des émigrants francophones est toujours plus bas que celui des émigrants anglophones, lui-même inférieur à celui des émigrants du groupe «autre». Si l'on ne considère que les émigrants du Québec vers le reste du Canada (c'est-à-dire les immigrants dans le «reste du Canada»), on peut évaluer l'âge moyen des émigrants au moment de la migration (c'est-à-dire en enlevant 2,5 années aux chiffres du tableau V.11) à 23 ans pour les francophones, 27 ans pour les anglophones et 36 ans pour ceux du groupe «autre». Par contre, les immigrants interprovinciaux du Québec ont un âge moyen nettement plus bas : 19 ans pour les francophones (cela est dû en grande partie au nombre élevé d'enfants en bas âge ayant immigré dans la région de l'Outaouais), 20 ans pour les anglophones et 24 ans pour les allophones. Le fait que les migrants anglophones aient un âge moyen plus élevé que les migrants francophones doit bien sûr être relié à la structure par âge plus vieille de la population de langue anglaise. En ce qui a trait aux migrants allophones, leur âge moyen élevé s'explique sans doute essentiellement par les transferts linguistiques (les enfants n'ayant pas nécessairement gardé la langue d'usage de leurs parents), par la structure par âge plus vieille de cette population, et aussi, comme nous l'avons vu, par le fait que dans ce groupe la propension à l'émigration décline moins lorsque l'âge augmente.

En d'autres termes, entre 1976 et 1981 le Québec a sans doute perdu beaucoup d'anglophones dans ses échanges migratoires avec le reste du Canada, mais le peu qu'il a gagné (38 000 personnes) est en moyenne nettement plus jeune (20 ans contre 27 ans) que ce qu'il a perdu (169 000 personnes). Les échanges ont été, comme nous l'avons vu, quasiment équilibrés en ce qui concerne le groupe français, mais encore une fois, le Québec a attiré une population plus jeune (19 ans contre 23 ans) que celle qu'il a perdue. Enfin, si le Québec a perdu 11 000 membres du groupe «autre», ces derniers étaient en moyenne beaucoup plus âgés (36 ans contre 24 ans) que les 2 000 allophones qu'il a pu attirer. En outre, contrairement à ce que l'on pouvait observer pour la fécondité et la mortalité (voir tableaux III.1 et III.9), tenir compte des différences dans la structure par âge des populations concernées ne réduit pas les disparités linguistiques : l'écart maximum (entre les groupes francophone et allophone) dans l'âge moyen observé est de 12 ans pour le flux d'émigration du Québec, et il est encore de 12 ans lorsqu'on considère l'âge moyen standardisé ; pour le flux d'immigration au Québec (c'est-à-dire d'émigration en provenance du reste du Canada) l'écart se maintient à cinq ans. D'une façon générale, ces observations pour l'ensemble du Québec sont semblables à celles que l'on peut faire pour chacune de ses régions.

Ces divers âges moyens des migrants reflètent cependant des réalités très diverses lorsqu'on considère la région de destination de ces migrants. Le tableau V.12 présente l'âge moyen (au moment du recensement) des émigrants de chaque région d'origine, pour chacune des régions de destination et pour chaque groupe linguistique. Seul l'âge moyen «observé» est considéré ici, car dans une analyse de l'impact démographique (et socio-économique) de la migration, c'est le seul qui importe. De toute manière, comme d'ailleurs le laissait présager la comparaison entre âge observé et âge standardisé faite précédemment pour les flux totaux, ce n'est pas dans les différences de structure par âge de la population que l'on retrouve l'explication des disparités linguistiques dans l'âge des migrants.

Les chiffres du tableau V.12 montrent qu'effectivement, pour une région d'origine donnée, l'âge moyen des émigrants peut varier considérablement selon la région de destination, et que, pour une paire donnée origine-destination, l'âge moyen peut varier beaucoup d'un groupe linguistique à l'autre.

Par exemple, lorsqu'on considère la région de Montréal, l'âge moyen des émigrants francophones varie de 22 ans (destination : Nord) à 28 ans (destination : Outaouais) ; celui des émigrants anglophones, de 25 ans (destination : Nord) à 35 ans (destination : Cantons de l'Est) ; et celui des émigrants allophones, de 27 ans (toujours pour la destination Nord) à 50 ans (toujours pour la destination Cantons de l'Est). Une autre région d'origine pour laquelle les disparités sont particulièrement importantes et significatives est celle du reste du Canada : les immigrants interprovinciaux francophones au Québec ont un âge moyen qui varie de 16 ans à 25 ans, selon qu'ils ont l'Outaouais ou Montréal et les Cantons de l'Est comme destination ; pour les anglophones, l'âge moyen varie de 17 ans (destination : Outaouais) à 26 ans (destination : Cantons de l'Est) ; et pour les allophones, de 19 ans (pour l'Outaouais) à 33 ans (pour les Cantons de l'Est). Il est clair que les immigrants interprovinciaux de l'Outaouais sont plus jeunes, et ceux des Cantons de l'Est plus âgés, et ce quel que soit le groupe linguistique.

En résumant la structure par âge des migrants par l'âge moyen «standardisé» (comme dans le tableau V.11), on éliminait l'effet de la structure par âge de la population en faisant la somme pondérée des groupes d'âge, le poids de chaque groupe étant égal à la part que celui-ci repré-

Tableau V.12
Âge moyen[a] des migrants internes, par origine-destination et selon la langue d'usage, 1976-1981

Groupe et région de provenance	Région de destination						
	O	M	C	I	G	N	RC
Groupe français							
Outaouais (O)	—	23	23	23	21	20	26
Montréal (M)	28	—	26	26	24	22	27
Cantons de l'Est (C)	21	23	—	23	22	20	23
Intérieur (I)	24	24	23	—	23	21	25
Gaspésie (G)	25	22	20	22	—	20	25
Nord (N)	23	24	22	23	22	—	25
Reste du Canada (RC)	16	25	25	24	20	20	—
Groupe anglais							
Outaouais (O)	—	27	26	21	25	20	26
Montréal (M)	31	—	35	33	32	25	30
Cantons de l'Est (C)	28	27	—	29	26	26	29
Intérieur (I)	26	28	26	—	27	22	28
Gaspésie (G)	45	28	64	23	—	23	26
Nord (N)	29	27	27	23	26	—	27
Reste du Canada (RC)	17	25	26	25	18	19	—
Groupe «autre»							
Outaouais (O)	—	33	26	28	—[b]	19	29
Montréal (M)	34	—	50	38	44	27	38
Cantons de l'Est (C)	—[b]	27	—	18	—[b]	30	35
Intérieur (I)	—[b]	30	36	—	48	23	37
Gaspésie (G)	28	34	—[b]	—[b]	—	20	45
Nord (N)	25	32	—[b]	23	—[b]	—	44
Reste du Canada (RC)	19	30	33	32	28	18	—

a : Il s'agit de l'âge moyen «observé» ; voir la note au bas du tableau V.11.
b : Les flux origine-destination pour lesquels l'âge moyen n'est pas indiqué comportent trop peu d'observations pour permettre le calcul d'un âge moyen qui soit significatif.
Source : Statistique Canada, compilations spéciales du recensement de 1981.

sente dans la somme (sur tous les âges) des taux. Mais cette somme des taux de migration a elle-même une signification importante : elle donne en réalité le niveau de la migration en éliminant les effets de la structure par âge de la population, puisqu'en faisant cette somme, on accorde le même poids à chaque taux, donc à chaque groupe d'âge. Par analogie avec le taux brut de reproduction (qui lui aussi est une somme non pondérée de taux par âge, de fécondité en l'occurrence), on a baptisé taux brut de migraproduction (brut, puisqu'on ne tient pas compte de la mortalité) cette somme non pondérée des taux de migration par âge (somme multipliée par cinq, soit le nombre d'années comprises dans chaque groupe d'âge).

Un tel taux de migraproduction permet donc de comparer les niveaux de migration entre régions et entre groupes linguistiques en tenant compte des effets que la structure par âge de la population peut avoir sur le taux total (tous âges) d'émigration. Ces taux de migraproduction avaient été présentés dans le tableau V.8, consacré aux taux totaux (tous âges) de migration, mais n'avaient pas alors été analysés à ce moment, puisque nous n'avions pas encore abordé la structure par âge des migrants. Ils confirment pour l'essentiel les résultats obtenus à partir des taux de migration, à savoir que les francophones du Québec sont – et de loin – les moins mobiles, surtout ceux de Montréal, dont le niveau d'émigration est à près de 50 % de celui des francophones des autres régions (sauf l'Intérieur). Ce sont cependant les membres du groupe «autre» de Montréal qui ont manifesté le niveau d'émigration le plus bas (0,68 au lieu de 0,78 pour les francophones). Les anglophones de Montréal ont un niveau d'émigration environ quatre à cinq fois plus élevé que celui des deux autres groupes. Lorsque cependant on ne considère que les seules relations entre l'ensemble du Québec et le reste du Canada (chiffres non présentés dans le tableau V.8), on obtient des écarts entre groupes linguistiques encore plus élevés que ceux obtenus à partir des taux d'émigration totale. Au lieu d'avoir des rapports de 1 à 4 à 23 respectivement pour les groupes français, «autre» et anglais, on obtient des rapports de 1 à 5 à 26. En d'autres termes, l'élimination des différences dans la structure par âge a pour effet d'accroître encore davantage les disparités linguistiques dans la propension à l'émigration vers le reste du Canada.

On remarquera que dans cette longue analyse de la structure par âge des migrants, aucune considération n'a été accordée au sexe des migrants. C'est que, comme on peut d'ailleurs l'observer d'une façon générale[18],

---

18. Andrei Rogers et Frans Willekens (Eds.), *Migration and Settlement. A Multiregional Comparative Study*, Dordrecht (Pays-Bas), D. Reidel Publishing Company, 1986, 496 p., pp. 160-162.

les profils migratoires par âge des hommes et des femmes sont très semblables, aussi bien en termes de niveau des taux qu'en termes de forme de la courbe reliant âge et taux. Tout au plus observe-t-on, au Québec comme ailleurs, une différence dans le taux des jeunes adultes : le sommet de la courbe des taux de migration des femmes précède celui de la courbe des taux masculins de deux à trois ans, ce qui correspond à la différence dans l'âge moyen au mariage. Une légère différence se manifeste également lorsqu'il s'agit du «mini-sommet» observé aux âges de la retraite. La légère augmentation des taux observée après 65 ans vaut surtout pour les hommes ; elle apparaît en fait dès l'âge de 55 ans pour les femmes, ce qui est sans doute lié au veuvage, à l'âge de la retraite plus précoce chez les femmes, ou encore au fait qu'elles sont les épouses d'hommes plus âgés qui prennent leur retraite.

Ces différences entre le comportement migratoire des hommes et des femmes, même si elles semblent constantes dans le temps[19], sont trop faibles pour justifier une analyse séparée des migrants et des migrantes. Cela nous conduirait d'ailleurs rapidement à un nombre tellement élevé de catégories croisées (par sexe, âge, groupe linguistique, région d'origine et région de destination) que le nombre d'observations serait en deçà du seuil statistiquement significatif. Aussi nous abstiendrons-nous dorénavant de considérer la variable sexe dans notre analyse.

5.4.2. Migration et mortalité[20]

La migration n'est pas seulement un transfert de population, c'est aussi un transfert d'années à vivre par cette population, un transfert d'«espérances de vie». Pour pouvoir analyser l'impact de la migration sur ces espérances de vie, on a recours à la table multirégionale de mortalité[21].

19. Marc Termote, *Migration and Settlement : Canada*, Laxenburg (Autriche), International Institute for Applied Systems Analysis (IIASA), 1980, 109 p.

20. Une première discussion des résultats présentés dans cette sous-section ainsi que dans la suivante se trouve dans Marc Termote et Danielle Gauvreau, «Le comportement démographique des groupes linguistiques au Québec pendant la période 1976-1981. Une analyse multirégionale», *Cahiers québécois de démographie*, vol. 14, n° 1, 1985, pp. 31-57.

21. Andrei Rogers, *Introduction to Multiregional Mathematical Demography*, New York, John Wiley and Sons, 1975, 203 p. ; Frans Willekens et Andrei Rogers, *Spatial Population Analysis : Methods and Computer Programs*, Laxenburg (Autriche), International Institute for Applied Systems Analysis (IIASA), 1978, 302 p., pp. 21-55.

Tout comme dans la table traditionnelle (non spatiale, c'est-à-dire sans migration), on suppose que, au fur et à mesure qu'un individu traverse les divers âges de la vie, il est soumis aux conditions de mortalité et de migration observées aujourd'hui (en l'occurrence, en 1976-1981) pour chacun de ces âges. En outre, puisque nous raisonnons dans un système multirégional, il nous faut formuler des hypothèses quant au régime régional de migration et de mortalité à appliquer aux migrants. Nous supposerons qu'un migrant est soumis aux conditions démographiques de la région d'immigration. Sans doute, une telle hypothèse est-elle discutable. Il importe cependant de souligner à cet égard que l'objectif n'est pas de réaliser des prévisions quant au comportement futur d'une population : tout comme dans l'approche traditionnelle, il s'agit de résumer la situation actuelle, plus précisément, de voir les implications futures du comportement présent.

Il n'est évidemment pas possible de présenter ici l'ensemble de la table multirégionale de mortalité d'un système comprenant sept régions. Seuls quelques résultats jugés particulièrement significatifs seront discutés. Une première façon de combiner migration et mortalité est de calculer la probabilité de survivre dans la région de naissance. Le tableau V.13 présente ces probabilités pour trois âges, que l'on peut considérer comme délimitant des étapes importantes dans le cycle de vie d'un individu : 20 ans (entrée sur le marché du travail), 35 ans (mobilité professionnelle et géographique à mi-carrière) et 65 ans (retraite).

On peut ainsi constater que, selon le régime de migration et de mortalité observé entre 1976 et 1981, aucune de nos six régions du Québec ne garderait la moitié de ses nouveau-nés du groupe anglais jusqu'à ce que ces derniers aient atteint leur vingtième année. En d'autres termes, plus de la moitié de ces nouveau-nés anglophones ne contribueront pas à la «force de travail» de leur région de naissance. Au total, 55 % de ces nouveau-nés auraient quitté le Québec pour une autre province (quelques-uns d'entre eux seraient décédés au Québec avant d'arriver à l'âge de 20 ans). Entre 20 et 35 ans, âges où la mobilité spatiale est la plus forte, la grande majorité de ces «survivants» partiraient à leur tour, de sorte qu'il n'en resterait même pas 20 %. Finalement, seule une infime minorité résiderait dans sa région de naissance tout au long de sa vie active. De toutes les régions, ce sont celles de Montréal et des Cantons de l'Est qui manifestent la capacité de rétention la plus élevée, quoique très faible (à peine six ou sept pour cent des nouveau-nés du groupe anglais de ces régions y seraient encore à 65 ans)[22].

---

22. Rappelons que ces divers pourcentages, aussi faibles soient-ils, sont encore surestimés, car ils ne tiennent pas compte de l'émigration internationale qui, comme nous l'avons suggéré (tableau V.7), semble relativement importante pour le groupe anglophone.

Tableau V.13
Probabilité (en %) de survivre dans la région de naissance, par région et groupe linguistique, 1976-1981

Région et groupe linguistique		Probabilité de survivre dans la même région jusqu'à l'âge de		
		20 ans	35 ans	65 ans
Outaouais	F	63	40	23
	A	34	9	3
	O	56	37	15
Montréal	F	77	66	45
	A	45	20	6
	O	89	76	55
Cantons	F	61	38	24
	A	43	15	7
	O	42	19	8
Intérieur	F	72	54	39
	A	18	3	1
	O	61	35	9
Gaspésie	F	60	35	23
	A	34	8	3
	O	81	60	15
Nord	F	64	41	23
	A	18	3	0
	O	87	75	45
Québec	F	95	91	71
	A	45	19	7
	O	89	77	56
Reste du Canada	F	70	53	38
	A	97	95	79
	O	97	95	78

Note : Signification des sigles : F désigne le groupe français, A désigne le groupe anglais et O le groupe «autre».
Sources : Voir les sources du tableau I.1, et compilations spéciales du recensement de 1981.

Quant aux nouveau-nés du groupe français, plus du tiers auraient déjà quitté leur région de naissance avant l'âge de 20 ans, exception faite pour ceux nés dans les régions de Montréal et de l'Intérieur, régions qui parviendraient à en garder environ les trois quarts. Montréal manifeste d'ailleurs une fois de plus la capacité de rétention la plus élevée : près de la moitié des nouveau-nés du groupe français y seraient encore à l'âge de

65 ans, alors que les autres régions (sauf celle de l'Intérieur) n'en garde-
raient même pas le quart.

C'est cependant auprès du groupe «autre» que la région de Montréal
montre la capacité d'absorption la plus forte : près de 90 % des personnes appartenant à ce groupe y seraient encore à 20 ans (contre 77 % pour
le groupe français et 45 % pour le groupe anglais), et 55 % y seraient
encore à l'âge de leur retraite (contre respectivement 45 % et 6 % pour
les deux autres groupes). Toutes les autres régions (sauf la région Nord)
manifestent une capacité de rétention moins forte pour les personnes du
groupe «autre» que pour celles du groupe français. Il faut également ajouter que si Montréal garde plus facilement les membres du groupe «autre»
que ceux du groupe français, il n'en va pas de même pour l'ensemble du
Québec : c'est la très faible propension des personnes du groupe «autre»
de Montréal à émigrer vers une autre région du Québec qui rend compte
de la forte capacité de rétention de Montréal pour ce groupe.

La ventilation de l'espérance de vie selon le lieu de résidence est certes l'un des résultats les plus intéressants de la conjonction entre migration et mortalité. Le tableau V.14 présente, pour chacun des trois groupes linguistiques, et pour chacune des régions, le nombre d'années qu'un
individu né dans une région peut espérer vivre dans chacune des régions
de notre système régional, en supposant que tout au long de sa vie, il est
soumis aux conditions de migration et de mortalité observées en 1976-1981.

L'espérance de vie à la naissance d'un nouveau-né du groupe francophone est quasiment la même quelle que soit sa région de naissance au
Québec. On remarquera, en comparant avec les résultats du tableau III.1,
que la migration a pour effet d'uniformiser encore plus l'espérance de vie
à la naissance : sans migration, celle-ci varie de 71,2 à 72,9 années, au
lieu d'un écart de 72,0 à 72,4 années avec migration. Cette homogénéisation spatiale de l'espérance de vie n'est guère surprenante : par définition, si, contrairement à la table traditionnelle (non spatiale), on laisse
un individu quitter une région de surmortalité ou de sous-mortalité et qu'on
lui applique les conditions de mortalité de la région où il immigre, l'espérance de vie augmentera pour l'individu né dans la région de surmortalité
et diminuera pour celui né dans la région de sous-mortalité.

Cette espérance «multirégionale» de vie à la naissance est cependant
encore toujours plus faible pour les francophones que pour les anglophones et les allophones (sauf lorsque ces derniers sont nés dans la région
Nord ou dans l'Outaouais). L'espérance de vie à la naissance varie en effet,
selon les régions du Québec, de 74,5 à 75,0 années pour un anglophone
et de 71,6 à 78,1 années pour un allophone. Encore une fois, on peut observer l'effet d'homogénéisation du niveau de l'espérance de vie, à la suite
d'une migration : l'espérance de vie «sans migration» varie de 74,9 à

Tableau V.14
Espérance de vie à la naissance, selon la région de résidence, 1976-1981

Région de naissance	Région de résidence								Part «exportée» (en %)
	O	M	C	I	G	N	RC	Total	
Groupe français									
Outaouais (O)	35,0	13,4	1,3	7,9	1,4	3,0	10,1	72,2	52
Montréal (M)	0,8	51,0	2,1	10,7	1,7	2,5	3,3	72,2	29
Cantons (C)	0,8	17,4	34,2	12,8	1,3	2,6	3,4	72,4	53
Intérieur (I)	0,8	15,7	2,5	45,3	1,9	3,3	2,9	72,4	38
Gaspésie (G)	0,7	14,9	1,7	13,0	32,9	5,4	3,6	72,3	54
Nord (N)	1,2	14,2	1,8	12,0	3,0	35,4	4,4	72,0	51
Reste du Canada (RC)	5,5	11,2	1,2	6,1	1,5	3,2	44,1	72,9	40
Groupe anglais									
Outaouais (O)	16,2	1,3	0,1	0,1	0,1	0,1	57,0	74,8	78
Montréal (M)	0,1	22,0	0,4	0,2	0,0	0,1	52,0	74,7	71
Cantons (C)	0,2	5,7	20,0	0,4	0,0	0,1	48,2	74,6	73
Intérieur (I)	0,2	7,4	1,0	10,0	0,3	0,3	55,7	75,0	87
Gaspésie (G)	0,1	5,0	0,2	0,9	15,9	0,3	52,2	74,7	79
Nord (N)	0,4	4,5	0,4	0,8	0,2	11,1	57,0	74,5	85
Reste du Canada (RC)	0,1	0,4	0,0	0,0	0,0	0,0	73,4	74,1	1
Groupe «autre»									
Outaouais (O)	30,5	5,0	0,6	0,2	0,0	1,7	34,2	72,2	58
Montréal (M)	0,1	60,2	0,1	0,4	0,0	0,3	16,2	77,3	22
Cantons (C)	0,0	33,5	21,2	1,7	0,0	0,7	19,1	76,3	72
Intérieur (I)	0,0	25,0	0,3	28,5	0,0	1,6	19,9	75,3	62
Gaspésie (G)	0,9	17,9	0,1	0,1	41,0	2,8	15,3	78,1	48
Nord (N)	0,3	7,3	0,0	0,6	0,0	54,8	8,6	71,6	24
Reste du Canada (RC)	0,1	0,7	0,0	0,0	0,0	0,2	73,1	74,2	1

Sources : Voir les sources du tableau V.13.

79,7 années pour un anglophone, et de 69,5 à 82,3 années pour un allophone (vu les effectifs réduits, ces derniers chiffres sont cependant sujets à caution).

Comme un anglophone né dans le reste du Canada est très peu porté à séjourner au Québec, son espérance de vie «spatialisée» n'est pas significativement différente de son espérance de vie «sans migration» (74,1 années contre 74,2), alors qu'un francophone né dans le reste du Canada perd une année d'espérance de vie s'il émigre au Québec, où les conditions de mortalité sont moins favorables (l'espérance de vie spatiale est de 72,9 années au lieu des 73,8 années de l'espérance de vie «sans migration»).

La prise en compte simultanée de la migration et de la mortalité implique qu'un certain nombre d'années «à vivre» seront en fait vécues en dehors de la région de naissance et de la région de résidence actuelle (pas nécessairement de façon successive, à cause des migrations multiples). Le pourcentage du nombre d'années qu'un nouveau-né peut s'attendre à vivre en dehors de sa région de naissance est un bon indicateur de la capacité de rétention de cette région. Ce pourcentage est présenté dans la dernière colonne du tableau V.14, sous le vocable «part exportée». Il démontre, une fois de plus, à quel point la région de Montréal domine le système régional québécois (tel que nous l'avons défini). Quel que soit le groupe linguistique considéré, c'est Montréal qui perd le moins d'«années à vivre» : 22 % de l'espérance totale de vie d'un nouveau-né du groupe «autre», 29 % de celle d'un nouveau-né du groupe français et 71 % de celle d'un nouveau-né du groupe anglais. Un nouveau-né du groupe français né en dehors de Montréal peut s'attendre à vivre plus de la moitié de sa vie en dehors de sa région de naissance (sauf s'il est né dans la région de l'Intérieur).

Non seulement la région de Montréal perd-elle relativement moins d'«années à vivre» par un nouveau-né francophone, mais encore reçoit-elle l'essentiel des années perdues par les autres régions : un individu né en dehors de Montréal peut espérer vivre à Montréal entre 13 années (s'il est né dans l'Outaouais) et 17 années (s'il est né dans les Cantons de l'Est). Même un francophone né dans le reste du Canada peut s'attendre à vivre 11 années de sa vie à Montréal. Par contre, s'il est né au Québec, ce francophone ne passera que peu d'années (trois à quatre ans) en dehors du Québec, sauf s'il est né dans l'Outaouais. Mais un anglophone né au Québec passerait environ les deux tiers de sa vie en dehors du Québec, soit entre 48 années (s'il est né dans les Cantons de l'Est) et 57 années (s'il est né dans l'Outaouais ou la région Nord) ; il ne vivrait que de 10 à 22 ans dans sa région de naissance au Québec, et quasiment pas dans une région québécoise autre que celle de sa naissance.

Le Québec fait donc clairement partie de l'«espace de vie» des francophones nés au Canada en dehors de la province : ces derniers peuvent s'attendre à vivre environ 40 % de leur vie au Québec. Par contre, un nouveau-né du groupe anglais ou du groupe «autre» du reste du Canada ne séjournera presque jamais au Québec.

Les implications socio-économiques (et politiques) de ces transferts interrégionaux d'«années à vivre», caractérisés par la dominance de la région de Montréal au sein du système régional québécois et par l'absence d'intégration du Québec dans l'espace de vie des anglophones et allophones du reste du Canada, ne peuvent évidemment pas être sous-estimées. Il ne faut pas oublier qu'une grande partie de ces transferts d'«années à vivre» concernent les étapes du cycle de vie qui, économiquement et démographiquement, sont les plus «productives». Certaines régions doivent «entretenir» pendant une vingtaine d'années des individus qui ne contribueront que fort peu à la force de production et de reproduction de leur région de naissance. Ce n'est pas le lieu ici d'analyser les conséquences socioéconomiques de ce phénomène. Nous pouvons cependant, grâce à notre approche multirégionale, en évaluer ici une incidence démographique, celle qui concerne le renouvellement de la population.

5.4.3. Migration, fécondité et mortalité : le taux spatial de reproduction nette

Tout comme l'espérance de vie peut être ventilée selon la région de résidence où seront vécues ces «années à vivre», de même le taux de reproduction nette peut être décomposé selon la région où résideront les parents au moment de la naissance de leur descendance «attendue» (région que l'on supposera ici la même que la région de naissance de cette descendance). Le tableau V.15 présente, pour chacun des groupes linguistiques et pour chacune des régions de naissance des parents, le taux spatial de reproduction nette, obtenu en combinant les taux de migration, de fécondité et de mortalité observés en 1976-1981.

Comme dans le cas de l'espérance de vie, la migration a pour effet de réduire les disparités régionales dans le taux de reproduction nette : alors que le taux de reproduction nette sans migration varie, au Québec, de 0,78 à 1,01 pour les francophones, de 0,62 à 0,99 pour les anglophones, et de 0,96 à 1,70 pour les allophones, ce même taux, calculé avec migration, varie respectivement de 0,81 à 0,94, de 0,76 à 0,83, et de 0,97 à 1,62. Cette homogénéisation spatiale est bien sûr liée à l'hypothèse selon laquelle les migrants adoptent le régime de fécondité de leur région d'immigration.

La migration a ainsi nécessairement pour effet de réduire le taux de reproduction nette des régions à haute fécondité, et d'augmenter celui des régions à faible fécondité. On peut donc constater, par exemple, que sans migration et en négligeant la mortalité, les francophones de la région Nord sont les seuls de ce groupe linguistique à assurer – de justesse – le renouvellement de leur population (le taux brut de reproduction y est de 1,05). La prise en compte de la mortalité ne modifie pas cette constatation (taux net, sans migration, de 1,01). Mais lorsqu'on intègre également la migra-

Tableau V.15
Taux spatial de reproduction nette, par région et groupe linguistique, 1976-1981

Région de naissance des parents	Région de naissance de la descendance								Part «exportée» (en %)	Taux sans migration	
	O	M	C	I	G	N	RC	Total		Brut	Net
Groupe français											
Outaouais (O)	0,46	0,14	0,01	0,08	0,01	0,04	0,12	0,86	47	0,87	0,84
Montréal (M)	0,01	0,58	0,02	0,11	0,02	0,03	0,04	0,81	28	0,80	0,78
Cantons (C)	0,01	0,18	0,47	0,14	0,01	0,03	0,04	0,89	47	0,95	0,92
Intérieur (I)	0,01	0,17	0,03	0,55	0,02	0,05	0,03	0,85	36	0,89	0,86
Gaspésie (G)	0,01	0,16	0,02	0,15	0,43	0,08	0,04	0,88	52	0,95	0,92
Nord (N)	0,01	0,14	0,02	0,13	0,03	0,55	0,05	0,94	42	1,05	1,01
Reste du Canada (RC)	0,07	0,11	0,01	0,06	0,02	0,04	0,62	0,92	33	0,98	0,95
Groupe anglais											
Outaouais (O)	0,16	0,01	0,00	0,00	0,00	0,00	0,66	0,83	81	0,77	0,75
Montréal (M)	0,01	0,20	0,00	0,00	0,00	0,00	0,55	0,76	74	0,63	0,62
Cantons (C)	0,00	0,07	0,21	0,00	0,00	0,00	0,52	0,80	73	0,82	0,80
Intérieur (I)	0,00	0,09	0,01	0,06	0,00	0,01	0,62	0,80	92	0,75	0,75
Gaspésie (G)	0,00	0,06	0,00	0,01	0,17	0,01	0,58	0,83	80	0,94	0,92
Nord (N)	0,00	0,06	0,01	0,01	0,00	0,10	0,66	0,83	89	1,01	0,99
Reste du Canada (RC)	0,00	0,00	0,00	0,00	0,00	0,00	0,84	0,85	1	0,87	0,85
Groupe «autre»											
Outaouais (O)	0,62	0,04	0,01	0,00	0,00	0,05	0,38	1,12	44	1,28	1,20
Montréal (M)	0,01	0,82	0,00	0,01	0,00	0,01	0,13	0,97	15	0,98	0,96
Cantons (C)	0,00	0,45	0,41	0,04	0,00	0,01	0,16	1,07	62	1,28	1,24
Intérieur (I)	0,00	0,27	0,00	0,61	0,00	0,04	0,16	1,09	44	1,22	1,17
Gaspésie (G)	0,02	0,20	0,00	0,00	0,97	0,10	0,06	1,35	28	1,48	1,48
Nord (N)	0,01	0,05	0,00	0,01	0,00	1,50	0,05	1,62	7	1,83	1,70
Reste du Canada (RC)	0,00	0,01	0,00	0,00	0,00	0,01	0,97	0,99	2	1,02	0,99

tion, il en résulte que la population francophone née dans la région Nord n'assure plus son propre renouvellement (le taux spatial de reproduction nette baisse à 0,94). Par contre, les anglophones de la région de Montréal, dont le taux sans migration est le plus bas de tous (0,63 ou 0,62 selon que l'on ignore ou non la mortalité), voient augmenter significativement (jusqu'à 0,76) leur taux de reproduction nette lorsqu'on tient compte de la migration. Comme ces anglophones vont surtout séjourner dans le reste du Canada où ils sont soumis à un régime de fécondité plus élevé, leur taux de reproduction s'élève.

À cause de la migration, le «renouvellement» d'une population ne se fera pas nécessairement dans la région de naissance de cette population. En fait, l'examen des diagonales principales du tableau V.15 démontre qu'aucun groupe linguistique dans aucune région ne peut espérer, étant donné les conditions de fécondité, de migration et de mortalité observées entre 1976 et 1981, renouveler sa population en faisant appel à la seule population du même groupe linguistique née dans la région. En effet, chaque élément de chacune de ces diagonales est toujours inférieur à l'unité (la seule exception concerne la population du groupe «autre» de la région Nord).

En ce qui a trait plus particulièrement au groupe français du Québec, on peut observer qu'entre 28 % (Montréal) et 52 % (Gaspésie) de la descendance attendue naîtrait en dehors de la région de naissance des parents. Dans la plupart des cas cependant, la région de naissance de cette descendance attendue se situe au Québec même (à l'exception de l'Outaouais, pour lequel un septième de la descendance est attendue en dehors du Québec).

Dans le cas du groupe anglais du Québec, environ les trois quarts de la descendance sont attendus en dehors du Québec (les deux tiers dans le cas des Cantons de l'Est). Le groupe de langue anglaise a donc non seulement un taux de reproduction très faible, mais en outre on peut s'attendre à ce que la plupart des rares enfants des natifs québécois de ce groupe linguistique naissent en dehors du Québec. Dans les conditions de fécondité, de migration et de mortalité observées entre 1976 et 1981, le groupe anglais ne peut certes pas compter sur sa seule population née dans une région pour se renouveler dans cette région : le taux «local» de reproduction nette varie de 0,06 à 0,21 ! De plus, l'apport d'une descendance anglophone venue d'une autre région du Québec est pratiquement nul, vu la très faible propension des anglophones à migrer entre les régions du Québec.

À cet égard, le groupe «autre» se trouve dans une bien meilleure situation : une fécondité relativement élevée, jointe à une faible émigration, permet à cette population d'atteindre un taux local de 0,82 à Montréal (comparé à un taux de 0,58 pour le groupe français et de 0,20 pour le groupe anglais). Il est évident, cependant, que la prise en compte de la mobilité linguistique ferait baisser significativement les taux «locaux» du groupe «autre».

Le groupe anglais (pas plus d'ailleurs que le groupe «autre») ne peut guère compter sur une descendance «importée» du reste du Canada : en moyenne, à peine un pour cent des enfants attendus d'un anglophone du reste du Canada naîtrait au Québec. Même en pondérant pour tenir compte des effectifs en cause, il est clair que le «déficit reproductif potentiel» du groupe anglais du Québec, résultant de l'effet combiné d'une très faible fécondité et d'une très forte émigration des membres de ce groupe, ne pourra pas être compensé – il s'en faut de beaucoup – par un apport du groupe anglais du reste du Canada, du moins sous le régime démographique observé au cours des années 1976-1981.

L'image fondamentale qui se dégage donc de cette analyse des interrelations entre migration, fécondité et mortalité, est que pour le Québec, et sur la base du régime démographique de la période 1976-1981, la migration réduit sans doute les disparités régionales dans le comportement de fécondité et de mortalité, mais que, par contre, elle amplifie l'impact démographique des disparités linguistiques dans ce comportement. Il ne faudrait cependant pas oublier que les résultats que nous avons obtenus ici l'ont été à partir du comportement migratoire observé en 1976-1981. Comme nous l'avons souligné au début de ce chapitre (section 5.1), cette période censitaire est exceptionnelle. Plus particulièrement, les résultats très défavorables obtenus pour le groupe anglophone devraient être considérablement amendés, si l'on en croit du moins les estimations de l'évolution migratoire au cours des dernières années. Seul cependant le recensement de 1986 nous permettra de réviser nos résultats.

Conclusion

«Le passé est ce qui empêche
l'avenir d'être n'importe quoi.»

Jean d'Ormesson, *Le vent du soir*

Comme l'a montré Keyfitz[1], ce qui est le plus important dans une prévision, c'est le point de départ : si les prévisions sont erronées, c'est souvent dû bien plus à une erreur quant à la situation de départ qu'à une erreur dans le système d'hypothèses de prévision. C'est au passé récent que nous nous sommes attachés dans le présent ouvrage, du moins au passé récent «connaissable», celui sur lequel nous disposons d'informations statistiques. Nous n'avons pas cherché à prévoir la situation démolinguistique du Québec en 1986 (le recensement de 1986 nous renseignera très bientôt à ce sujet), ni celle des décennies futures. Nous estimons qu'avant de se lancer dans cette entreprise, il importe de connaître les lignes de force qui se dégagent de l'évolution passée, lignes de force qui peuvent servir à baliser l'avenir, à faire en sorte qu'il ne soit pas «n'importe quoi».

1. Dans l'ensemble, il est clair qu'on assiste à une *lente, mais continuelle érosion du poids du groupe anglais* au Québec : le poids de ce groupe (défini en termes de langue maternelle) est passé de 15,0 % en 1931 à 13,8 % en 1951 et à 11,0 % en 1981, et c'est à chaque recensement que cette part a baissé. *Le déclin de ce groupe entre 1976 et 1981 n'est donc que la poursuite d'un mouvement de longue période.* Ce qui caractérise cependant cette période, c'est *l'accélération du déclin* et le fait que pour la première fois, le groupe anglais a subi une *diminution de ses effectifs* en termes absolus (il est toutefois à remarquer que déjà entre 1971 et 1976, c'est-à-dire en dehors des «secousses politiques» vécues en 1966-1971 et 1976-1981, le groupe anglais avait connu un arrêt dans la croissance de ses effectifs). En termes de langue d'usage, le déclin relatif est aussi important (une perte de deux points de pourcentage entre 1971 et 1981, seule période connue), mais le déclin des effectifs en chiffres absolus est moins élevé.

Ce déclin du groupe anglais ne signifie cependant pas qu'en longue période *le groupe français* renforce sa présence : en fait, celui-ci *ne retrouve en 1981 que sa part de 1951*, la croissance observée entre 1976 et 1981 étant le renforcement d'un processus amorcé au cours du lustre précédent.

---

1. Nathan Keyfitz, «The Limits of Population Forecasting», *Population and Development Review*, vol. 7, n° 4, 1984, pp. 579-594.

En longue période, le groupe français semble connaître *plutôt un processus cyclique*, avec des creux en 1931 (79,7 %) et 1971 (80,7 %) et des sommets en 1951 (82,5 %) et 1981 (82,4 %), ce dernier sommet étant bien sûr sous réserve des résultats du (des) prochain(s) recensement(s). Ces résultats sont les mêmes si l'on considère la langue d'usage plutôt que la langue maternelle.

C'est bien sûr l'évolution *du groupe de langue «autre»* qui rend compte de ces divergences dans les tendances de longue période des groupes français et anglais. Depuis 1951, ce groupe – par ailleurs fort hétérogène – *renforce continuellement son poids* dans la structure démolinguistique du Québec, sa part passant de 3,7 % en 1951 à 6,6 % en 1981, avec cependant un léger arrêt entre 1971 et 1976, et d'une manière générale, un *essoufflement de sa progression sur l'ensemble de la dernière décennie*. En termes de langue d'usage, l'évolution est la même, mais à des niveaux nettement plus bas.

2. *La dynamique démographique de chacun des trois groupes linguistiques est très différente.* Voyons d'abord le comportement du groupe anglais.

Au cours de la période 1976-1981, suite à un déclin de la fécondité amorcé bien avant les autres groupes, et malgré des conditions de mortalité relativement favorables (surtout pour la mortalité infantile), *le groupe anglais (défini selon la langue d'usage) a connu, en termes d'accroissement naturel, une situation proche de la «croissance zéro»* : en moyenne, le nombre annuel de naissances a dépassé le nombre de décès d'à peine 3 000 unités, ce qui représente un taux annuel de croissance négligeable (0,3 %). Si le groupe anglophone du Québec avait connu au cours de cette période un accroissement naturel proportionnellement égal à celui du groupe francophone (ce qui aurait représenté un gain de 40 000 unités), celui-ci aurait permis de compenser son déficit «non naturel» résultant de la combinaison d'un important déficit migratoire et d'un gain considérable sur le plan des transferts linguistiques (voir tableau I.4).

Même si demain ce déficit «non naturel» se trouvait réduit à zéro – ce qui est d'ailleurs fort possible étant donné ce que l'on sait de l'évolution récente des migrations interprovinciales (voir graphique V.1), de l'attraction que l'anglais a continué à exercer sur les autres groupes linguistiques (voir section 4.3.6) et du contexte socio-politique actuel – même dans cette situation conjoncturelle plus favorable, le groupe anglophone poursuivrait son déclin. En effet, avec le vieillissement accéléré d'une population (surtout féminine) déjà relativement vieille, même si la fécondité des anglophones cessait de baisser, il faudrait s'attendre à ce que de plus en plus le nombre de décès parmi les anglophones dépasse celui des naissances.

Tout ceci démontre bien que, *au delà des à-coups conjoncturels* (d'origine essentiellement «politique»), *le problème démographique du groupe anglophone est fondamentalement un problème structurel, de longue période, lié à son comportement de fécondité depuis plusieurs générations.* Ce problème structurel se trouve renforcé, surtout en périodes de «tension» politique, par un problème socio-culturel tout aussi structurel, qui fait que le Québec ne semble guère faire partie de l'espace migratoire des anglophones du reste du Canada, alors que ce dernier fait manifestement partie de celui des anglophones du Québec. L'hémorragie que ce groupe subit en permanence (sauf peut-être au cours des toutes dernières années) par suite de ses *échanges migratoires inégaux avec le reste du Canada*, fut particulièrement grave pendant les années 1977-1979, avec des effets induits, en termes démographiques (transferts d'enfants à naître) et socio-économiques (transferts d'années – souvent les plus productives – à vivre), qui peuvent être considérables (section 5.4). Comme le groupe anglophone ne bénéficie guère des migrations internationales (du moins directement), *il ne reste que les transferts linguistiques pour freiner le processus structurel et cumulatif de déclin.* Au total, la tendance de fond est donc clairement à la baisse. Le phénomène est commun à toutes les régions du Québec, avec cependant, par le jeu surtout des migrations intraprovinciales, une concentration croissante de la population anglophone dans la région de Montréal-Îles.

3. *Si le groupe français a pu poursuivre la croissance* de ses effectifs et retrouver en 1981 la part qu'il occupait en 1951 dans la population totale du Québec, *cela est dû uniquement à son accroissement naturel.* Ce groupe semble avoir atteint une situation de *quasi-équilibre dans ses relations migratoires* avec le reste du Canada aussi bien qu'avec le reste du monde, *de même que dans ses échanges (transferts linguistiques) avec les autres groupes* linguistiques du Québec. Cet équilibre migratoire interprovincial est surtout un équilibre d'inertie, en ce sens que le reste du Canada ne semble pas plus faire partie de l'espace de vie des francophones du Québec, que le Québec ne semble faire partie de celui des anglophones du reste du Canada.

Sans doute le groupe francophone connaît-il par rapport aux autres groupes un régime de mortalité nettement plus défavorable. Mais ce désavantage est compensé par une structure par âge qui est restée relativement jeune. Cette population plus jeune a eu pendant longtemps un comportement de fécondité beaucoup plus favorable à la croissance que la population anglophone. Aujourd'hui cependant, la fécondité présente une tendance à la baisse nettement plus forte pour les francophones que pour les anglophones (voir tableaux III.9 et III.10) : en fait, les Montréalaises francophones avaient déjà rejoint en 1981 le très bas niveau de fécondité de leurs concitoyennes anglophones. Si, comme par le passé, les francophones des autres régions devaient s'aligner sur le comportement des Montréalaises, le groupe français perdrait rapidement ce qui représente son seul «avantage» démographique par rapport au groupe anglais. Mais cet avantage est tout relatif : comme pour les anglophones, le taux de fécondité des francophones est nettement inférieur au niveau assurant le renouvellement de la population, et ce dans toutes les régions. Il en résulte que, en conjonction avec le vieillissement de sa population, qui bien sûr en est – au moins partiellement – le corollaire, l'accroissement naturel des francophones ne tardera pas, pour ce groupe également, à devenir négatif. *Non seulement le groupe français semble-t-il être sur le point de perdre le seul avantage démographique qu'il détenait sur le groupe anglophone, mais en outre il est en train de perdre son unique source de croissance.*

Au niveau régional, il faut souligner que si les Québécois francophones ne se montrent en général guère enclins à quitter leur province (la seule exception concerne ceux de l'Outaouais, à cause surtout de la proximité d'Ottawa et du bassin franco-ontarien), ils sont par contre plus mobiles que les deux autres groupes lorsqu'il s'agit de migrations à l'intérieur du Québec, avec cependant une nette tendance à l'équilibre des échanges interrégionaux. Bien que la région de Montréal continue à dominer le système régional (voir tableau V.9), on observe en effet un déclin marqué de son pouvoir d'attraction (tableau V.1).

Il semble bien que cette évolution soit liée au processus très net de désurbanisation qu'a connu le Québec au cours des années soixante-dix.

4. *Contrairement aux autres groupes linguistiques, le groupe allophone du Québec ne voit pas sa croissance dominée par l'un ou l'autre phénomène démographique particulier.* En effet, au contraire de ce que nous avons observé pour le groupe anglophone, l'accroissement naturel du groupe allophone est important : en 1976-1981, il représentait plus de la moitié de la croissance totale (voir tableau I.4). Le taux d'accroissement naturel de ce groupe est le plus élevé des trois (il est même le triple de celui du groupe anglophone). Des trois groupes, c'est le groupe allophone qui connaît *la fécondité la plus élevée* (partout suffisante pour assurer le renouvellement de sa population, sauf à Montréal), et partout (sauf dans les régions à forte présence amérindienne ou inuit) *la mortalité la plus basse* (quoique celle-ci soit sans doute sous-estimée).

Mais *ce groupe bénéficie également largement de ses échanges migratoires avec le reste du monde* (c'est – et de loin – le groupe qui en profite le plus, absorbant à lui seul environ les deux tiers du gain total). Par contre, le groupe allophone est déficitaire dans ses échanges avec le reste du Canada, mais ce déficit est relativement faible. C'est du côté des transferts linguistiques que se trouve la *source principale de déperdition*, mais en l'absence de données sur la mobilité linguistique d'une période déterminée, il est difficile d'en estimer le niveau et l'orientation. Il n'est cependant pas exclu (du moins pour la période 1976-1981) que ce déficit puisse être supérieur à l'accroissement naturel (voir section 1.2), ce qui ferait renforcer encore plus l'importance de l'immigration internationale pour l'évolution future de ce groupe. Quant à l'orientation de ces transferts linguistiques, les indices sont contradictoires : on peut observer une attraction plus forte du français auprès des immigrants récents (section 4.4.1), cependant que l'anglais garde son attrait auprès de ceux ayant déjà effectué un transfert vers l'anglais et auprès de leurs enfants (sections 4.3.5 et 4.3.6).

Devant ce caractère «multiforme» de l'évolution démographique du groupe allophone (multiforme en ce sens que chacune des sources de la croissance joue un rôle important), il est difficile de dégager, à partir des tendances passées, une orientation claire en ce qui concerne les implications de longue durée. On peut quand même trouver quelques indices.

Il semble bien que, tout comme les francophones par rapport aux anglophones, les allophones soient en train de perdre l'avantage de fécondité qu'ils détenaient sur les deux autres groupes : en 1981, les allophones de Montréal avaient déjà réduit leur fécondité au bas niveau manifesté par l'ensemble des francophones du Québec (voir tableau III.10). Une telle évolution, conjuguée avec le vieillissement de la population qu'elle entraîne (et en 1981, la population allophone était déjà de loin la plus «vieille» – voir tableau II.4), ne peut que réduire rapidement l'accroissement naturel de ce groupe. Au vu de l'évolution récente de la politique d'immigration, il n'est cependant pas exclu que la baisse de l'accroissement naturel puisse être compensée par des gains plus importants du côté des échanges migratoires avec le reste du monde. Le problème est alors de savoir si ces éventuels gains internationaux permettront également de couvrir les pertes dues aux transferts linguistiques futurs. Mais là, on entre très vite dans le domaine de la spéculation.

*
* *

Une fois résumées les tendances «lourdes» dans lesquelles se situe le comportement démolinguistique observé au cours de la période 1976-1981, on peut tenter de quantifier les implications de longue période de ce comportement : où en serions-nous aujourd'hui (et où en serons-nous demain) si le comportement observé entre 1976 et 1981 n'avait pas changé depuis ? Se poser une telle question n'est évidemment pas un exercice prévisionnel (puisque de nombreux indices nous révèlent que ce comportement s'est modifié), mais c'est une façon d'analyser le comportement de 1976-1981 ; c'est aussi, comme on le verra, une manière de baliser le futur.

Supposons donc que le régime de fécondité, de migration interrégionale et de mortalité observé en 1976-1981 dans chacune de nos six régions du Québec et dans le reste du Canada, demeure constant, et ce pour chacun des trois groupes linguistiques. Nous avons pu montrer qu'un tel comportement a des implications considérables en termes de transferts d'«années à vivre» et d'«enfants à naître». Ainsi, un francophone né au Québec en dehors de Montréal peut s'attendre à vivre plus de la moitié de sa vie en dehors de sa région de naissance, mais (sauf s'il est né dans l'Outaouais) il restera pour l'essentiel au Québec, alors *qu'un anglophone ne vivrait que de 10 à 20 ans dans sa région de naissance au Québec et quasiment pas dans une région québécoise autre que celle de sa naissance* (il vivrait en fait les deux tiers, voire les trois quarts de sa vie dans le reste du Canada).

En outre, *aucun groupe linguistique, dans aucune région* (sauf les allophones de la région Nord), *ne peut espérer, sur la base du comportement de 1976-1981, renouveler sa population en faisant appel à la seule population du même groupe linguistique née dans la région.* Pour le groupe francophone, entre 28 % (Montréal) et 52 % (Gaspésie) de la descendance attendue naîtrait en dehors de la région de naissance des parents, mais pour l'essentiel au Québec, tandis que *pour le groupe anglophone, environ les trois quarts de la descendance attendue naîtraient en dehors du Québec.* La migration amplifie donc l'impact démographique des disparités linguistiques dans le comportement de fécondité (et de mortalité). Sans doute la migration a-t-elle fortement diminué depuis 1976-1981, et par conséquent ce type d'impact induit a dû se réduire également, mais il ne faut pas oublier que la fécondité a également continué à décliner, de sorte qu'au total le renouvellement «local» de la population d'un groupe linguistique donné n'est sans doute pas plus assuré aujourd'hui qu'il ne l'était hier : un pourcentage plus élevé de la descendance attendue naîtra sans doute dans la région de naissance des parents, mais cette descendance attendue sera elle-même réduite.

On peut également se demander ce que le comportement de 1976-1981 implique pour les effectifs futurs de chaque groupe linguistique. C'est à un tel exercice de simulation que nous nous livrerons pour conclure cet ouvrage. Il ne s'agit évidemment pas de prévoir ce que pourrait être le futur démolinguistique du Québec, mais plutôt de voir ce qu'il ne sera pas (puisque, depuis 1976-1981, le comportement a changé), c'est-à-dire de chercher des balises, des seuils de vraisemblance (ou d'invraisemblance, selon le point de vue qu'on choisit...).

Puisque les estimations du comportement d'émigration internationale sont très peu fiables et qu'il est plutôt hasardeux de prévoir l'immigration internationale, et puisqu'on ne dispose d'aucune information sur les transferts linguistiques effectués au cours d'une période donnée, nous adopterons, dans une première étape, l'hypothèse extrême selon laquelle, pour chaque groupe linguistique, la somme du solde des échanges migratoires internationaux et du solde des transferts linguistiques est nulle. Notre ensemble d'hypothèses implique donc que nos résultats devraient tendre à surestimer l'effectif des francophones (puisque leur fécondité a sans doute continué à décroître) et à sous-estimer nettement celui des anglophones (puisque leur déficit migratoire s'est apparemment résorbé de façon significative et que ce groupe a quasi certainement continué à bénéficier des transferts linguistiques). Quant au groupe allophone, le fait de négliger la migration internationale signifie que nous sous-estimons ses effectifs futurs, mais ceci est compensé par l'hypothèse d'un solde des transferts linguistiques égal à zéro : étant donné ce que nous avons observé pour la période 1976-1981, on devrait en conclure qu'au total nous sous-estimons les effectifs allophones.

Les chiffres du groupe francophone représenteraient donc une borne supérieure, ceux des groupes anglophone et allophone une borne inférieure, et c'est à ce titre de «borne» que les résultats que nous présentons maintenant doivent être interprétés. En l'absence d'informations fiables sur le comportement de 1981-1986, nous ne pouvons pas prévoir de façon rigoureuse ce qui pourrait se passer dans le proche futur, mais au moins nous pouvons déjà dire (avec un niveau de certitude assez élevé) ce que celui-ci ne sera pas.

Avec les hypothèses utilisées, le comportement démolinguistique de 1976-1981 implique que la part du Québec dans la population totale du Canada passerait de 26,5 % (en 1981) à 24,9 % en 2001 et 24,1 % en 2021, pourcentages qui constituent sans doute une surestimation étant donné l'hypothèse d'un solde nul des migrations internationales (celles-ci bénéficient en réalité surtout au «reste du Canada»).

Le Québec verrait donc se réduire sa part dans la population canadienne, mais en même temps il se franciserait. Avec un solde nul des migrations internationales et des transferts linguistiques, la part des francophones passerait de 82,5 % (en 1981) à 88,0 % en 2001 et à 90,6 % en 2021. Ces chiffres représentent cependant des bornes supérieures plutôt utopiques. Supposons en effet que le solde des migrations internationales et des transferts linguistiques ne soit pas nul, mais plutôt, pour chacun des groupes linguistiques, égal à celui estimé pour 1976-1981 (voir chapitre I). Dans ce cas, la part des francophones serait en 2001 de 83,6 % (au lieu de 88,0 %) et en 2021 de 84,4 % (au lieu de 90,6 %), un gain de moins de deux points de pourcentage sur 40 ans (de 1981 à 2021).

On remarquera que notre chiffre de 83,6 % pour l'an 2001 se situe à l'intérieur de la «fourchette» des trois scénarios les plus plausibles proposés par Réjean Lachapelle et Jacques Henripin[2] (le quatrième scénario, qui entraîne une diminution de la part des francophones, étant hautement improbable) : ces auteurs obtenaient sur la base de ces trois scénarios un pourcentage de francophones variant entre 82,6 % et 86,5 % en l'an 2001. Plus récemment, Jacques Henripin[3] estimait que la part des francophones au Québec pourrait atteindre 84,2 % en l'an 2001. Enfin, plus récemment encore, Michel Paillé[4] a fait remarquer que si, parmi les différents scénarios proposés par Lachapelle et Henripin, on adoptait celui qui a correctement prévu le pourcentage de francophones observé en 1981, on obtiendrait un chiffre de 84,3 % en 2001.

Si l'on considère ces diverses estimations, remarquablement convergentes, il semble donc bien que la part des francophones dans la population québécoise pourrait au début du siècle prochain être voisine de 84 %. En d'autres termes, *dans un avenir prévisible, le Québec ne pourra pas devenir francophone à 90 %, de la même manière que le reste du Canada est déjà (ou presque) anglophone à 90 %.*

Toujours avec un solde des migrations internationales et des transferts linguistiques égal à zéro, et en supposant que le comportement de 1976-1981 se soit maintenu, la part du groupe anglophone baisserait de 12,7 % (en 1981) à 7,4 % en 2001 et à 4,9 % en 2021, tandis que celle du groupe allophone décroîtrait lentement de 4,8 % en 1981 à 4,5 % en 2021. En d'autres termes, ces deux groupes tendraient à avoir le même poids dans la population totale. Il s'agit cependant ici de bornes inférieures vraiment extrêmes, pour ne pas dire invraisemblables, car avec des

---

2. Réjean Lachapelle et Jacques Henripin, *La situation démolinguistique au Canada, évolution passée et prospective*, Montréal, L'Institut de recherches politiques, 1980, xxxii – 391 p., p. 301.

3. Jacques Henripin, *La population québécoise de langue anglaise : une projection démolinguistique : 1971-2001*, Montréal, Alliance Québec, 1984, 21 p., p. 18.

4. Michel Paillé, *Aspects démolinguistiques de l'avenir de la population du Québec*, Québec, Conseil de la langue française, «Notes et documents», n° 53, 1986, 71 p., p. 43.

soldes de migrations internationales et de transferts linguistiques égaux à ceux de 1976-1981, on se retrouverait à 11 % d'anglophones en 2001 et 10 % en 2021, et un pourcentage d'allophones se stabilisant autour de 5,5 %. Donc, *même si le comportement démographique observé entre 1976 et 1981 se poursuivait pendant 40 ans, c'est-à-dire, même si, entre autres, l'hémorragie migratoire des anglophones vers le reste du Canada s'était maintenue, le groupe anglophone représenterait environ 10 % de la population québécoise en 2021.*

Mais au delà des pourcentages, il y a les effectifs, et à cet égard plusieurs tendances importantes se dégagent. Avec le régime démographique de 1976-1981, donc avec une fécondité plus élevée que celle que l'on connaît depuis, et en supposant que le solde des migrations internationales observé (ou plutôt, estimé) durant cette période reste constant au cours des périodes suivantes, on aboutit à un *déclin des effectifs* de la population québécoise à partir de la deuxième décennie du XXIe siècle, soit dans environ 25 ans.

Pour le groupe anglophone, un tel déclin des effectifs ne serait pas nouveau. Il *serait en fait la poursuite d'un mouvement qui s'était déjà manifesté dans les années soixante-dix.* Mais cette fois, ce serait un accroissement naturel de plus en plus négatif (et non plus seulement le déficit migratoire) qui deviendrait le principal responsable du déclin. Cette diminution des effectifs anglophones serait rapide surtout en dehors de la macro-région Outaouais-Montréal-Cantons de l'Est, c'est-à-dire que le processus de concentration des anglophones dans les régions où ils sont le moins minoritaires, observé au cours des années soixante-dix, se poursuivrait. Vers l'an 2020, le groupe francophone commencerait à son tour à connaître un déclin de ses effectifs, tandis que le groupe allophone continuerait à croître encore très légèrement.

Dans l'hypothèse où la somme du solde des migrations internationales et du solde des transferts linguistiques serait nulle pour chacun des groupes linguistiques, c'est au début du XXIe siècle, c'est-à-dire dans une quinzaine d'années, que la population québécoise commencerait à voir ses effectifs baisser (on notera que certains scénarios du Bureau de la statistique du Québec font également baisser les effectifs de la population québécoise dès le tournant du siècle). Seul le groupe francophone connaîtrait alors encore une (légère) croissance, pour une dizaine d'années environ.

On peut donc conclure de cet exercice que dans les décennies à venir, sur la base du comportement démographique observé en 1976-1981, le Québec devrait se franciser davantage. Mais la progression du groupe francophone devrait être relativement lente, puisque de 1981 à 2021, la part de ce groupe passerait de 82,5 % à 84,4 %, même en supposant que la très forte propension des anglophones à quitter le Québec, observée entre 1976 et 1981, se poursuivrait pendant 40 ans. Comme cette propension a apparemment fortement baissé depuis lors, et étant donné la convergence des taux de fécondité vers les bas taux du groupe anglophone, on peut estimer que le gain de deux points de pourcentage pour le groupe francophone, tel qu'obtenu par extrapolation du comportement de 1976-1981, est en fait surévalué.

Mais si, selon toute probabilité, on parlera de plus en plus le français au Québec, ce sont des Québécois de moins en moins nombreux (et de plus en plus vieux) qui le parleront. Tant qu'on est dans un contexte global de croissance (réelle et anticipée), il est sans doute assez normal de privilégier les proportions. Mais aujourd'hui, devant la décroissance démographique qui s'annonce pour tous les groupes linguistiques, le problème premier est celui des nombres. La question n'est plus seulement de savoir si le Québec parlera encore le français dans quelques générations, mais aussi combien il restera de Québécoises et de Québécois à le parler.

ANNEXE A

Découpage géographique

Plusieurs types de critères peuvent servir à fonder un découpage géographique, et leur choix n'est pas indépendant des objectifs poursuivis. L'objectif principal de ce travail étant d'analyser l'évolution démolinguistique récente du Québec, les critères retenus doivent d'abord viser à former des régions «significatives» en termes de composition linguistique, des régions dont l'étude permette de jeter sur cette question un éclairage adéquat. Ces critères doivent également assurer la plus grande comparabilité possible entre nos résultats et ceux d'études antérieures portant sur le même sujet.

Le découpage géographique utilisé ici rejoint essentiellement celui qu'ont défini Lachapelle et Henripin[1] dans leur étude sur la situation démolinguistique au Canada, et s'inscrit donc comme celui-ci dans la foulée des travaux de Joy[2]. Rappelons les critères qui ont servi à le définir : (1) chaque région devait compter en 1971 une population d'au moins 100 000 habitants ; nous nous sommes assurés que tel était aussi le cas en 1981 ; (2) chaque région doit être constituée de divisions entières de recensement ; (3) aucune région ne doit traverser une frontière provinciale.

Le découpage retenu apparaît au tableau A.1. Il comprend six grandes régions, soit l'Outaouais, l'Ensemble de Montréal, les Cantons de l'Est, l'Intérieur, la Gaspésie et le Nord. En plus de correspondre à des régions bien identifiées du Québec, un tel découpage comporte l'avantage de regrouper au sein d'une même région la plupart des divisions de recensement où la proportion d'anglophones atteint ou dépasse 10 %.

La région «Ensemble de Montréal» a été découpée en sous-régions qui correspondent à des unités fréquemment étudiées : la première est constituée de l'Île de Montréal et de l'Île Jésus (Montréal-Îles) tandis que la seconde, qui correspond approximativement à la région métropolitaine de recensement de Montréal telle que définie par Statistique Canada, com-

---

1. Réjean Lachapelle et Jacques Henripin, *La situation démolinguistique au Canada, évolution passée et prospective*, Montréal, L'Institut de recherches politiques, 1980, xxxii – 391 p.

2. Richard J. Joy, *Languages in Conflict*, Toronto, McClelland and Stewart Limited, 1972, 149 p.

prend, en plus de la précédente, les divisions de recensement de Chambly, Châteauguay, Deux-Montagnes, Laprairie, L'Assomption, Terrebonne, Vaudreuil et Verchères[3].

Tableau A.1
Découpage géographique : divisions de recensement comprises dans chacune des régions du Québec

Région	Divisions de recensement
Outaouais	Gatineau, Hull, Papineau, Pontiac.
Ensemble de Montréal	Argenteuil, Beauharnois, Chambly, Châteauguay, Deux-Montagnes, Huntingdon, Iberville, Île de Montréal, Île Jésus, Laprairie, L'Assomption, Napierville, Rouville, Saint-Jean, Soulanges, Terrebonne, Vaudreuil, Verchères.
Cantons de l'Est	Brome, Compton, Missisquoi, Richmond, Shefford, Sherbrooke, Stanstead.
Intérieur	Arthabaska, Bagot, Beauce, Bellechasse, Berthier, Champlain, Dorchester, Drummond, Frontenac, Joliette, Labelle, Lévis, Lotbinière, Maskinongé, Mégantic, Montcalm, Montmagny, Montmorency n° 1, Montmorency n° 2, Nicolet, Portneuf, Québec, Richelieu, Saint-Hyacinthe, Saint-Maurice, Wolfe, Yamaska.
Gaspésie	Bonaventure, Gaspé-Est, Gaspé-Ouest, Îles-de-la-Madeleine, Kamouraska, L'Islet, Matane, Matapédia, Rimouski, Rivière-du-Loup, Témiscouata.
Nord	Abitibi, Charlevoix-Est, Charlevoix-Ouest, Chicoutimi, Lac-Saint-Jean-Est, Lac-Saint-Jean-Ouest, Saguenay, Témiscamingue, Territoire du Nouveau-Québec.

---

3. À la différence de la région métropolitaine de recensement définie pour Montréal par Statistique Canada, notre région métropolitaine de recensement ne comporte que des divisions de recensement entières. Elle ne comprend donc pas la partie ouest de la division de recensement de Rouville et inclut par ailleurs certaines parties d'autres divisions : l'ouest de Châteauguay, le nord de Deux-Montagnes, le sud de Laprairie, le nord de l'Assomption et de Terrebonne, l'ouest de Vaudreuil, ainsi que l'est de Verchères. En conséquence, sa population totale dépasse de 5,7 % la population de la région métropolitaine de recensement de Montréal telle que définie par Statistique Canada ; la surestimation favorise surtout la population francophone, mais est peu importante pour l'ensemble des analyses.

Présentation critique des informations contenues dans les recensements, concernant les caractéristiques linguistiques individuelles

Les questions posées aux recensements depuis 1951 permettent d'apprécier l'évolution des caractéristiques linguistiques de la population du Québec et de ses diverses régions. Ces questions portaient d'abord sur la langue maternelle, c'est-à-dire la première langue apprise et encore comprise, de même que sur la connaissance du français et de l'anglais, définie comme l'aptitude d'une personne à soutenir une conversation dans l'une ou l'autre de ces langues. Depuis 1971, une nouvelle question portant cette fois sur la langue le plus souvent parlée à la maison est posée à l'échantillon des ménages choisis pour remplir un questionnaire plus élaboré.

Ces questions et les concepts auxquels elles font référence ne font pas l'unanimité parmi les personnes qui les utilisent dans leurs recherches[1]. Ainsi, la langue parlée à la maison fait l'objet de critiques parce qu'elle ne rendrait pas compte de la langue la plus importante utilisée par un individu, à la différence par exemple de la langue de travail ou de la langue parlée avec les amis[2]. On critique également la définition de la langue maternelle (il est stipulé qu'elle doit être encore comprise, ce qui en fait une caractéristique éventuellement variable dans le temps pour un même individu)[3]. Enfin, la définition de la capacité d'une personne à soutenir une conversation dans une langue donnée paraît subjective à plusieurs[4].

Au delà des critiques générales qui viennent d'être évoquées et qui sont le plus souvent justifiées, des éléments précis liés au processus de collecte et de traitement peuvent également affecter la qualité des infor-

---

1. Pour une discussion plus fouillée des concepts sous-jacents à ces questions, voir : Linda Demers, *Évaluation de la qualité des informations ethniques et linguistiques fournies par les recensements canadiens de 1901 à 1976*, Montréal, Université de Montréal, Département de démographie, mémoire de maîtrise, 1979, 147 p.

2. Calvin Veltman, «La politique linguistique québécoise et le comportement des jeunes Québécois d'origine grecque et portugaise», *Cahiers québécois de démographie*, vol. 14, n° 1, 1985, pp. 99-108.

3. Réjean Lachapelle, «Quelques notes à propos de la comparabilité de la composition par langue maternelle aux recensements de 1971 et de 1976», *Cahiers québécois de démographie*, vol. 6, n° 3, 1977, pp. 93-136.

4. Charles Castonguay, «Transferts et semi-transferts linguistiques au Québec d'après le recensement de 1981», *Cahiers québécois de démographie*, vol. 14, n° 1, 1985, pp. 59-84 ; Calvin Veltman, *loc. cit.*

mations utilisées ici. C'est sur ceux-ci que nous voulons surtout nous attarder. Décomposant dans toutes ses étapes le processus général de réalisation des recensements, nous identifions ainsi les points suivants :

— la continuité dans la formulation des questions ;
— les problèmes liés au processus de collecte ;
— le traitement de l'information par Statistique Canada ;
— les erreurs de déclaration ;
— les erreurs de couverture ;
— les problèmes liés aux modes de saisie de l'information ;
— la représentativité de l'échantillon.

Même si d'un recensement à l'autre la formulation des questions connaît quelques modifications, il ne semble pas que celles-ci soient significatives, surtout pas en regard d'autres éléments dont l'effet paraît beaucoup plus important[5]. Parmi ces derniers, il faut surtout souligner le changement intervenu en 1971 dans le processus de collecte. En effet, à partir de cette date, les formulaires du recensement ne sont plus remplis par des recenseurs mais bien plutôt par les personnes recensées elles-mêmes (processus d'autodénombrement). Ce changement a donné lieu à deux phénomènes dont l'ampleur était jusque-là négligeable : un certain nombre de personnes n'ont pas répondu aux questions portant sur la langue (non-réponse) ou ont fourni plus d'une réponse (réponses multiples)[6].

Avant 1981, seules des estimations globales de la proportion de ces deux types de réponse sont disponibles (tableau B.1). En 1981, la fréquence de ces «erreurs» de déclaration est mieux connue et paraît s'être réduite, au Québec comme au Canada, par rapport aux recensements précédents : au Québec, les non-réponses représentent alors 0,5 % de l'ensemble des réponses à la question relative à la langue maternelle et 0,7 % pour celle de la langue parlée à la maison ; toujours plus importante, la proportion des réponses multiples atteint 2,1 % dans le premier cas et 2,0 % dans le second. Même s'ils sont moins nombreux qu'auparavant, ces cas «problématiques», et le traitement dont ils font l'objet par Statistique Canada, soulèvent des questions fondamentales sur le sens qu'il faut leur donner.

---

5. Linda Demers, *op. cit.*

6. Chaque personne est tenue de fournir une réponse unique aux questions concernant les variables linguistiques. Pour la langue parlée à la maison, on précise par exemple en 1981 que si plus d'une langue est parlée, la personne doit déclarer celle qu'elle utilise le plus fréquemment. Cette précision n'apparaît pas pour la langue maternelle qui est la *première* langue apprise et encore comprise, et donc par définition unique (ce qui n'est cependant peut-être pas toujours le cas).

Statistique Canada considère clairement ces réponses comme des erreurs, les personnes étant tenues d'indiquer une et une seule réponse aux questions portant sur les variables linguistiques. Certes, une partie de ces réponses résulte vraisemblablement d'erreurs ou d'omissions accidentelles de la part des personnes recensées, mais peut-on raisonnablement les considérer comme telles dans leur ensemble? On en doute, car des situations complexes et transitoires en termes de mobilité linguistique s'accommodent mal de la contrainte de la réponse unique. Les résultats d'autres enquêtes confirment d'ailleurs qu'il s'agit là d'un phénomène répandu[7].

Tableau B.1

Proportion (en %) de non-réponses et de réponses multiples aux questions portant sur la langue maternelle et la langue d'usage, Québec et Canada, 1971 à 1981

	1971		1976[a]	1981	
	Langue maternelle	Langue d'usage	Langue maternelle	Langue maternelle	Langue d'usage
Proportion de non-réponses					
Québec	—[b]	—[b]	1,8	0,5	0,7
Canada	2,2	4,3	1,9	0,6	0,9
Proportion de réponses multiples					
Québec	—[b]	—[b]	—[b]	2,1	2,0
Canada	3,3[c]	6,5[c]	5,7	2,2	2,2

a : Les chiffres concernent ici les données de la population totale, à la différence des chiffres de 1971 et 1981 obtenus à partir du seul échantillon des ménages.
b : Ces proportions sont inconnues.
c : Ces proportions sont estimées à partir d'un contrôle du recensement effectué en 1974.

Source : Pour les recensements de 1971 et 1976 : Linda Demers, *op. cit.*, pp. 52-53 et 59. Pour le recensement de 1981, Statistique Canada, tableaux spéciaux sur le traitement des données, 1983.

---

7. Luc Albert et Brian Harrison, *Les données linguistiques des recensements récents au Canada*, communication présentée au 52e congrès de l'Association canadienne-française pour l'avancement des sciences (ACFAS), section démographie, Québec, 10-11 mai 1984, tableaux 12 et 13.

Des données rendues publiques récemment par Statistique Canada concernant les langues déclarées permettent de caractériser les non-réponses et les déclarations multiples selon l'âge, la connaissance du français et de l'anglais, et l'origine ethnique[8]. Elles indiquent d'abord des différences selon l'âge dans la distribution des réponses ayant dû être traitées : les cas de non-réponses sont en effet plus fréquents chez les jeunes de 0 à 14 ans que parmi les autres groupes, ce qui n'est pas le cas des déclarations multiples (tableau B.2).

L'examen des déclarations multiples de type français-anglais, qui constituent le cas le plus fréquent de déclarations multiples traité par Statistique Canada (65 %), révèle une nette surreprésentation des personnes connaissant à la fois le français et l'anglais par rapport aux cas de réponses uniques «français» ou «anglais» (tableau B.3)[9]. Cette surreprésentation est encore plus prononcée chez les 0-14 ans : alors que respectivement 5 % et 37 % des personnes de langue maternelle unique française ou anglaise de cet âge se déclarent (ou, plutôt, ont été déclarées) bilingues, cette proportion atteint 79 % dans le cas des doubles déclarations français-anglais. Un lien très net apparaît par ailleurs entre le fait de ne pas répondre à la question relative à la langue maternelle et le fait de ne pas répondre à celle portant sur la connaissance du français et de l'anglais, ou de déclarer ne connaître ni le français ni l'anglais.

Le croisement des variables linguistiques avec l'origine ethnique des personnes recensées pose des problèmes de cohérence qui ont déjà été soulevés dans le cas de recensements précédents[10] et qui se manifestent à nouveau au recensement de 1981[11]. Ces problèmes apparaissent surtout lorsqu'on examine en les croisant les déclarations de langue maternelle, de langue parlée et d'origine ethnique ; aussi sont-ils traités plus spécifiquement dans le chapitre consacré à l'étude de la mobilité linguistique.

---

8. Dans une étude récente, Charles Castonguay, *loc. cit.*, fait également appel à ce type de données. Voir en outre : Jacques Henripin, «Les Québécois dont la langue est flottante et la mobilité linguistique», *Cahiers québécois de démographie*, vol. 14, n° 1, 1985, pp. 87-97.

9. Luc Albert et Brian Harrison, *loc. cit.*, tableau 10.

10. Charles Castonguay, «Quelques remarques sur les données du recensement de 1971 concernant la langue et l'origine ethnique», *Cahiers québécois de démographie*, vol. 5, n° 2, 1976, pp. 211-241.

11. Charles Castonguay, «Transferts et semi-transferts linguistiques au Québec d'après le recensement de 1981», *Cahiers québécois de démographie*, vol. 14, n° 1, 1985, pp. 59-84, et «L'évolution des transferts linguistiques au Québec, selon les recensements de 1971 et 1981», dans *L'état de la langue française au Québec. Bilan et prospective*, Québec, Conseil de la langue française, «Notes et documents», n° 58, 1986, t. 1, pp. 229 et 231 ; Jacques Henripin, *loc. cit.*

Tableau B.2
Types de réponses aux questions linguistiques, selon l'âge des répondants, Québec, 1981

Groupe d'âge	Langue maternelle			Langue parlée à la maison		
	Réponses uniques %	Non-réponses %	Réponses multiples %	Réponses uniques %	Non-réponses %	Réponses multiples %
0-14	21,9	34,9	15,7	21,8	48,5	17,1
15-24	19,8	19,8	17,6	19,8	15,3	17,2
25-34	17,8	12,8	15,2	17,9	8,7	14,8
35-44	13,0	9,0	13,8	13,0	6,4	14,1
45-54	10,6	8,0	13,4	10,6	5,6	13,0
55-64	8,7	7,7	13,1	8,7	5,5	12,3
65 et plus	8,2	7,8	11,2	8,2	10,0	11,5
Ensemble	**100,0**	**100,0**	**100,0**	**100,0**	**100,0**	**100,0**
Nombre de cas	**6 204 695**	**30 525**	**133 850**	**6 197 315**	**45 590**	**126 165**

Source : Calculs à partir de données non publiées obtenues auprès de Statistique Canada.

Tableau B.3

Types de déclarations de langue maternelle et connaissance du français et de l'anglais, parmi la population âgée de 0-14 ans et pour l'ensemble des âges, Québec, 1981

Connaissance déclarée du français et de l'anglais	Tous âges				0-14 ans			
	Langue maternelle déclarée				Langue maternelle déclarée			
	Français %	Anglais %	Non-réponse %	Français-anglais %	Français %	Anglais %	Non-réponse %	Français-anglais %
Français seulement	71,3	1,2	40,9	11,8	91,6	1,5	49,0	10,4
Anglais seulement	0,5	47,1	5,8	2,7	0,4	55,3	5,9	4,3
Français et anglais	27,0	49,9	17,4	84,0	5,0	37,3	7,1	79,0
Ni français, ni anglais	0,3	0,8	4,8	0,4	1,3	3,2	11,7	2,6
Non-réponse	0,9	1,0	31,1	1,1	1,7	2,7	26,3	3,7
Ensemble	**100,0**	**100,0**	**100,0**	**100,0**	**100,0**	**100,0**	**100,0**	**100,0**
Nombre de cas	**5 177 735**	**633 805**	**30 525**	**87 025**	**1 158 065**	**134 855**	**10 670**	**10 900**

Source : Calculs à partir de données non publiées obtenues auprès de Statistique Canada.

Loin d'épuiser les possibilités d'analyse concernant des phénomènes aussi complexes, les résultats précédents n'en suggèrent pas moins que les «erreurs» traitées par Statistique Canada ne sont pas qu'aléatoires, puisqu'elles affectent des sous-groupes particuliers. Elles ont vraisemblablement un sens qu'il faudrait s'attacher à cerner. Espérant que Statistique Canada saura en tenir compte dans un avenir rapproché, il nous reste à composer avec les limites des données actuelles pour tenter d'en faire l'analyse la plus adéquate possible. À cet égard, le traitement des réponses erronées par Statistique Canada, variable d'un recensement à l'autre, doit surtout faire l'objet d'un examen attentif, parce qu'il peut affecter considérablement la comparabilité des données dans le temps.

Au recensement de 1971, les non-réponses ont été réparties selon une méthode complexe qui correspond approximativement à une répartition au prorata[12] ; elles n'ont pas été réparties en 1976, mais plutôt publiées comme telles, tandis qu'en 1981, elles font l'objet d'une attribution sur la base d'un «dossier donneur» présentant des caractéristiques familiales similaires[13]. Quant aux réponses multiples, elles sont résolues dans une seconde étape sur la base de probabilités favorisant en 1971 les langues autres que le français et l'anglais, puis favorisant au contraire ces dernières langues en 1976, et enfin à partir d'autres algorithmes complexes en 1981 (tableau B.4).

Lachapelle[14] en particulier a déjà mis en évidence les problèmes de comparabilité des données linguistiques des recensements de 1971 et 1976, essentiellement tributaires des changements intervenus dans le mode de répartition des réponses multiples impliquant une langue «autre». Devant l'impossibilité de «corriger» les chiffres du recensement de 1971 pour les rendre cohérents avec ceux de 1976, il retient plutôt l'idée d'effectuer la correction en sens inverse. La nouvelle répartition des groupes linguistiques ainsi obtenue pour le recensement de 1976 est celle qu'il utilise par la suite[15].

Des études ultérieures, portant cette fois sur la comparabilité des résultats du recensement de 1981 par rapport aux recensements antérieurs, indiquent que le choix précédent — bien que forcé — était des plus heureux, puisque les résultats du traitement appliqué en 1981 s'apparentent bien

---

12. Réjean Lachapelle, *loc. cit.*

13. Statistique Canada, *Recensement du Canada 1981, Population. Langue maternelle, langue officielle et langue parlée à la maison*, Ottawa, catalogue n° 92-910.

14. Réjean Lachapelle, *loc. cit.*

15. Réjean Lachapelle et Jacques Henripin, *La situation démolinguistique au Canada, évolution passée et prospective*, Montréal, L'Institut de recherches politiques, 1980, xxxii - 391 p.

Tableau B.4

Résumé des règles d'attribution (1971 et 1976) et répartition effective (1981) des déclarations multiples de langue maternelle, Québec, recensements de 1971 à 1981

Déclaration de langue maternelle		Proportion (en %) des cas selon la langue attribuée		
		Français	**Anglais**	**Autre**
Français-anglais	1971	50	50	—
	1976	50	50	—
	1981	46	54	—
Français-autre langue énumérée	1971	50	—	50
Français-autre langue codée	1971	0	—	100
Français-autre	1976	100	—	0
	1981	42	—	58
Anglais-autre langue énumérée	1971	—	50	50
Anglais-autre langue codée	1971	—	0	100
Anglais-autre langue	1976	—	100	0
	1981	—	40	60
Autre langue énumérée-		Énumérée	Codée	
autre langue codée	1971	0	100	—
	1976	100	0	—
Triple combinaison	1971[a]	—	—	—
	1976[a]	—	—	—
	1981	27,0	27,6	45,4

a : Règles inconnues.

Sources : Pour les recensements de 1971 et 1976 : Réjean Lachapelle, *loc. cit.* ; pour le recensement de 1981, Statistique Canada, tableaux spéciaux sur le traitement des données, 1983.

davantage aux probabilités retenues en 1971 qu'à celles de 1976 (tableau B.4)[16]. Comme l'attestent diverses répartitions (tableau B.5), il ne paraît pas nécessaire ici d'appliquer de correctif particulier aux données provenant du recensement de 1981, même si les non-réponses n'ont pas été traitées exactement de la même manière[17]. Le même raisonnement s'appliquerait aux données relatives à la langue parlée à la maison. Par ailleurs, nous utilisons pour le recensement de 1976 la répartition corrigée par Lachapelle pour la langue maternelle.

Cette analyse et les corrections auxquelles elle nous amène valent pour l'étude historique de la composition linguistique de la population québécoise, étude qui ne paraît pas affectée par ces problèmes. Un examen plus approfondi de la situation s'impose cependant lorsqu'il s'agit de l'impact de ces problèmes sur la mesure de la mobilité linguistique. Nous y consacrons une partie du chapitre portant sur cette question.

Le traitement de l'information par Statistique Canada ne se limite pas aux seules réponses «erronées». Il consiste aussi en une correction des réponses à la question sur la connaissance du français et de l'anglais, de façon à en assurer la cohérence avec les informations relatives à la langue maternelle et à la langue parlée à la maison. Cette correction ne paraît pas avoir de conséquences importantes pour l'analyse, même si l'on tient compte des changements intervenus en 1981[18].

De manière plus générale, Statistique Canada traite également les données qu'il publie afin d'assurer la confidentialité des résultats. Le processus d'arrondissement aléatoire qui en résulte modifie évidemment certains résultats ; son effet sur les analyses est généralement considéré comme mineur, mais peut être important lorsque le nombre de personnes touchées est peu élevé (par exemple, lorsqu'il s'agit de caractéristiques plutôt rares, dans des aires géographiques restreintes).

---

16. Linda Demers et John Kralt, *De la comparabilité des données du recensement sur la langue maternelle, 1976-1981*, Ottawa, Statistique Canada, Division des caractéristiques sociales, du logement et des familles, 1984, 29 p. (miméo).

17. Au recensement de 1981, les non-réponses à la question portant sur la langue maternelle ont été réparties dans les faits de la façon suivante : français, 65 % ; anglais, 12 % et «autre», 23 %.

18. En 1971 et aux recensements précédents, une personne de langue maternelle ou de langue parlée française ou anglaise devait nécessairement affirmer pouvoir soutenir une conversation dans cette langue. En 1981 ce raisonnement a été appliqué à la seule langue parlée à la maison. L'effet de cette différence sur les compositions linguistiques observées est négligeable.

Tableau B.5

Composition linguistique de la population selon la langue maternelle d'après quatre hypothèses de répartition des non-réponses et des réponses multiples, Québec, 1981

Langue maternelle	(1)	(2)	(3)	(4)
Français	5 177 740	5 248 440	5 274 080	5 254 285
	83,5 %	82,4 %	82,8 %	82,5 %
Anglais	633 815	694 915	709 655	688 220
	10,2 %	10,9 %	11,1 %	10,8 %
«Autre»	393 140	425 715	385 335	426 565
	6,3 %	6,7 %	6,1 %	6,7 %
Toutes langues	**6 204 695**	**6 369 070**	**6 369 070**	**6 369 070**
	100 %	**100 %**	**100 %**	**100 %**

Hypothèses de répartition :

(1) Réponses uniques seulement. Cette répartition (et toutes les autres qui vont suivre) est basée sur les données tirées de l'échantillon à 20 % de l'ensemble des ménages.

(2) Après répartition des non-réponses et des réponses multiples selon les règles de 1981.

(3) Après répartition des non-réponses et des réponses multiples selon les règles suivies en 1976.

(4) Après répartition des non-réponses et des réponses multiples selon les règles approximativement suivies en 1971. Un problème se pose ici pour les langues «autres», concernant la distinction entre langue codée et langue énumérée, distinction qui n'est pas faite en 1981 dans les données publiées, et qui ne s'applique d'ailleurs pas exactement aux mêmes langues qu'en 1971. Aux cas de réponses multiples français-«autre», et anglais-«autre», on a appliqué des probabilités de répartition (1/4, 3/4), c'est-à-dire une moyenne entre (0,1) et (1/2, 1/2). De la même façon, on a réparti les cas des réponses «français-anglais-autre» entre les trois langues, selon les probabilités (1/4, 1/4, 1/2).

Sources : (1) Statistique Canada, tableaux spéciaux sur le traitement des données, 1983 ;

(2) Statistique Canada, *Recensement du Canada de 1981, Population. Langue maternelle, langue officielle et langue parlée à la maison,* catalogue n° 92-910 ;

(3) Linda Demers et John Kralt, *op. cit.*

(4) Calculs à partir des règles présentées par Réjean Lachapelle, *loc. cit.*

Les non-réponses ou les déclarations multiples ne constituent pas les seuls problèmes de déclaration. D'autres erreurs, moins visibles, affectent sûrement les réponses uniques, pour des raisons variées telles qu'une mauvaise compréhension de la question ou la tendance qu'aurait une personne ou un groupe à y répondre, par intérêt, dans un sens différent de celui demandé. Le nombre ainsi que le sens de ces «mauvaises» déclarations varient probablement avec le contexte politique et linguistique[19]. Ainsi, on a récemment émis l'hypothèse que la proportion de personnes bilingues observée parmi les Québécois du groupe anglais au recensement de 1981 serait surestimée à cause d'erreurs de déclaration[20]. D'autres erreurs de ce type sont possibles, et la cohérence (dans le temps, par exemple) des résultats enregistrés est souvent la seule indication qui permette de les détecter.

Les erreurs de couverture (sous-dénombrement ou surdénombrement, mesurés pour les recensements récents au moyen d'une enquête de contre-vérification des dossiers) sont un autre élément affectant la qualité des informations en provenance des recensements. Nettement plus fréquent, le phénomène de sous-dénombrement paraît d'autant moins négligeable qu'il varie d'un recensement à l'autre et qu'il n'affecte pas tous les groupes de la même façon (tableau B.6). S'il a peu d'effet sur l'analyse de variables tirées d'un seul recensement et peut d'ailleurs difficilement faire l'objet de corrections appropriées dans ce cas, il n'en va plus de même lorsqu'il s'agit d'établir des tables de mortalité ou des bilans démographiques, comme on le constate dans la présente étude. Des corrections ont d'ailleurs été appliquées dans ce dernier cas.

---

19. Un exemple souvent cité de ce type d'erreur de déclaration est celui des Allemands, dont le nombre avait subitement considérablement diminué peu après la Seconde Guerre mondiale. Voir Norman B. Ryder, «The Interpretation of Origin Statistics», *Canadian Journal of Economics and Political Science*, vol. 21, n° 4, 1955, pp. 466-479.

20. Une enquête réalisée en 1973 et utilisant une question analogue à celle du recensement de 1971 montre que les gens ont généralement tendance à surestimer leur connaissance de la langue seconde, et ce davantage chez les anglophones que chez les francophones. Voir Paul Lamy, «The Validity of the 1971 Census Language Data», dans : Paul Lamy (ed.), *Language Maintenance and Language Shift in Canada*, Ottawa, Les Presses de l'Université d'Ottawa, 1977. Des opinions similaires concernant le recensement de 1981 ont été entendues à la Commission parlementaire qui siégeait en février 1985 sur la question d'une politique de population pour le Québec. Voir Michel Paillé, *Aspects démolinguistiques de l'avenir de la population du Québec*, Québec, Conseil de la langue française, «Notes et documents», n° 53, 1986, 71 p., pp. 37-40.

Enfin, deux autres facteurs peuvent entacher la qualité de l'information obtenue à partir des recensements. Les lacunes dans le mode de saisie des données, bien qu'un peu théoriques, ont néanmoins paru importantes en 1976 alors que des codes, réels ou fictifs, ont été lus par erreur pour une partie des questionnaires[21]. La question de la représentativité de l'échantillon des ménages auxquels sont adressés les questionnaires longs apparaît également problématique, d'une part parce que les résultats qui en découlent n'ont pas la même valeur que ceux obtenus à partir de l'ensemble de la population, et d'autre part parce que le niveau de l'échantillonnage a varié d'un recensement à l'autre[22]. Ce problème est plus important encore lorsque le découpage est fin et le nombre de cas restreint.

Tableau B.6
Taux de sous-dénombrement selon la langue, Québec, recensements de 1971 à 1981

	Taux de sous-dénombrement		
	Langue d'usage	Langue maternelle	
Langue	1971	1976	1981
Français	2,3 %	2,8 %	1,7 %
Anglais	1,3 %	3,1 %	2,7 %
«Autre»	1,5 %	5,7 %	2,6 %
Toutes langues	2,1 %	3,0 %	1,9 %

Sources : Pour les recensements de 1971 et 1976, voir : Linda Demers, *op. cit.*, et G. Théroux et J.-F. Gosselin, *Contre-vérification des dossiers. Principaux résultats concernant le sous-dénombrement de la population et des ménages lors du recensement de 1976*, Ottawa, Statistique Canada, Secteur du recensement, 1978 (miméo). Pour le recensement de 1981 : Statistique Canada, données non encore publiées tirées de l'enquête de contre-vérification des dossiers.

Plusieurs éléments viennent donc mettre en cause la qualité des informations récueillies au moment d'un recensement ainsi que leur comparabilité dans le temps. Si l'impact de certains d'entre eux peut être mesuré et atténué dans une certaine mesure, il n'en va pas de même pour tous : il est difficile par exemple d'évaluer l'influence du contexte socio-politique sur les réponses obtenues. Chaque recensement pris séparément souffre moins de ces différentes lacunes, ou du moins en est-il affecté de façon plus homogène. La prudence s'impose surtout lorsqu'on compare les résultats de plusieurs recensements successifs.

---

21. Réjean Lachapelle, *loc. cit.*
22. En 1971, il s'agissait du tiers des ménages, tandis qu'en 1981 ce pourcentage a été abaissé à 20 %.

Bibliographie

ALBERT, Luc et Brian HARRISON, *Les données linguistiques des recensements récents au Canada,* communication présentée au 52ᵉ congrès de l'Association canadienne-française pour l'avancement des sciences (ACFAS), section démographie, Québec, 10-11 mai 1984.

AMYOT, Michel, «Les politiques linguistiques québécoises et l'évolution des clientèles scolaires des classes anglaises et françaises au Québec au cours des années 1970», dans : *Démographie et destin des sous-populations, Actes du Colloque de Liège (21-23 septembre 1981),* Paris, Association internationale des démographes de langue française (AIDELF), 1983, pp. 407-417.

ARÈS, Richard, *Les positions ethniques, linguistiques et religieuses des Canadiens français à la suite du recensement de 1971,* Montréal, Les Éditions Bellarmin, 1975, 210 p.

BAILLARGEON, Mireille, «Évolution et caractéristiques linguistiques des échanges migratoires interprovinciaux et internationaux du Québec depuis 1971», dans : *L'état de la langue française au Québec. Bilan et prospective,* Québec, Conseil de la langue française, «Notes et documents», n° 58, 1986, t. 1, pp. 127-200.

BAILLARGEON, Mireille et Claire BENJAMIN, *Les futurs linguistiques possibles de la région de Montréal en 2001,* Montréal, ministère de l'Immigration, 1981, 285 p.

BEAUJOT, Roderic P., «Fécondité différentielle selon l'origine ethnique : quelques remarques théoriques», *Cahiers québécois de démographie,* vol. 5, n° 2, 1976, pp. 27-44.

BERNARD, Jean-Thomas, *La mobilité linguistique et l'attraction des langues au Québec,* Québec, Université Laval, Département d'économique, 1978 (miméo).

BERNARD, P., A. DEMERS, D. GRENIER et J. RENAUD, *Évolution de la situation linguistique et socio-économique des francophones et non-francophones au Québec, 1971-1978,* Québec, Office de la langue française, «Langues et sociétés», 1979, 176 p.

BILLETTE, André, «Les inégalités sociales de mortalité au Québec», *Recherches sociographiques,* vol. 18, n° 3, 1977, pp. 415-430.

BORDELEAU, Yvan, «Le processus des choix linguistiques des immigrants au Québec», *Bulletin de l'Association des démographes du Québec,* vol. 2, n° 2, 1973, pp. 26-57.

BOULET, Jac-André, *La langue et le revenu du travail à Montréal,* Ottawa, Conseil économique du Canada, 1980, xi-135 p.

BOULET, Jac-André et Laval LAVALLÉE, *L'évolution des disparités linguistiques de revenus de travail au Canada de 1970 à 1980,* Ottawa, Conseil économique du Canada, «Document» n° 245, 1983, xxix-71 p.

BOULET, Jac-André et André RAYNAULD, *L'analyse des disparités de revenus suivant l'origine ethnique et la langue sur le marché montréalais en 1961,* Ottawa, Conseil économique du Canada, «Document» n° 83, 1977, 270 p.

BOURBEAU, Robert, *Utilisation des données des recensements canadiens pour l'étude de la migration des groupes linguistiques au Québec, 1971, 1976 et 1981,* Montréal, Université de Montréal, Département de démographie, rapport de recherche, 1986, 178 p.

BOURBEAU, Robert et Norbert ROBITAILLE, «L'effet du sous-dénombrement sur l'estimation des soldes migratoires par groupe quinquennal de génération et par sexe, 1971-1976», *Cahiers québécois de démographie,* vol. 9, n° 1, 1980, pp. 59-86.

BOURBEAU, Robert et Norbert ROBITAILLE, «Bilan démographique des francophones au Québec et dans le reste du Canada», *Critère,* n° 27, 1980, pp. 175-204.

BOURBEAU, Robert et Marc TREMBLAY, «Systèmes d'informations pour l'analyse démographique selon le groupe linguistique au Canada et au Québec», *Revue informatique et statistique dans les sciences humaines,* vol. 20, n° 1-4, 1984, pp. 41-58.

BOURBEAU, Robert et Marc TREMBLAY, *Informations disponibles pour l'analyse démographique différentielle selon le groupe linguistique au Canada et au Québec,* communication présentée au XXe congrès général de l'Union internationale pour l'étude scientifique de la population (UIESP), Florence, 5-12 juin 1985, 13 p.

BOURHIS, R.Y. (Ed.), *Conflict and Language Planning in Quebec,* Avon (England), Multilingual Matters Ltd., «Multilingual Matters», n° 5, 1984, xv-304 p.

BRACKSTONE, G.J. et J.F. GOSSELIN, *Projet d'évaluation de 1971 MP-1 : Contre-vérification des documents de 1971,* Ottawa, Statistique Canada, Rapport d'enquête n° CDN 71-E-23, 1974, 25 p.

BRETON, Albert, *Le bilinguisme : une approche économique,* Montréal, L'Institut de recherches C.D. Howe, «Accent Québec», 1978, vii - 15 p.

BUREAU DE LA STATISTIQUE DU QUÉBEC, *Perspectives provisoires de la population selon le sexe et l'âge,* Québec, 1981-2001, Québec, 1983, 72 p.

BUREAU DE LA STATISTIQUE DU QUÉBEC, *Démographie québécoise : passé, présent, perspectives,* Québec, 1983, 457 p.

BUREAU DE LA STATISTIQUE DU QUÉBEC, *L'avenir démographique du Québec,* Québec, 1985, 219 p.

CALDWELL, Gary, *A Demographic Profile of English-Speaking Population of Quebec, 1921-1971,* Québec, Université Laval, Centre international de recherches sur le bilinguisme, «Publication», n° B-51, 1974, xiii-175 p.

CALDWELL, Gary, *Le Québec anglophone hors de la région de Montréal dans les années soixante-dix. Évolution socio-démographique,* Québec, Conseil de la langue française, «Dossiers du Conseil de la langue française/Études et recherches», n° 4, 1980, 121 p. et annexes.

CALDWELL, Gary, «Itinéraire migratoire des jeunes qui ont quitté l'école secondaire anglaise au Québec en 1971», *Cahiers québécois de démographie,* vol. 12, n° 2, 1983, pp. 281-293.

CALDWELL, Gary, *L'avenir économique de la population anglophone des Cantons de l'Est,* Sherbrooke, Association des anglophones de l'Estrie, 1984, 96 p.

CALDWELL, Gary, *L'évolution de la population du Québec et ses conséquences,* Québec, Assemblée nationale, mémoire présenté à la Commission de la culture, 1984.

CALDWELL, Gary G. et P. OBERMEIR, «Émigration de la jeunesse anglophone, Québec, 1971-1976», *Cahiers québécois de démographie,* vol. 7, n° 2, 1978, pp. 3-24.

CARISSE, Colette, *Orientations culturelles des conjoints dans les mariages bi-ethniques,* rapport de recherche soumis à la Commission royale d'enquête sur le bilinguisme et le biculturalisme, Montréal, 1966, 85 - (71) p.

CARTWRIGHT, Donald, *Changes in Patterns of Distribution and in Linguistic Contacts Between Official-Language Populations in Canada,* Montréal, L'Institut de recherches politiques, 1980.

CASTONGUAY, Charles, «Dimensions des transferts linguistiques entre groupes anglophone, francophone et autres, d'après le recensement canadien de 1971», *Bulletin de l'Association des démographes du Québec,* vol. 3, n° 1, 1974, pp. 110-124.

CASTONGUAY, Charles, «Quelques remarques sur les données du recensement de 1971 concernant la langue et l'origine ethnique», *Cahiers québécois de démographie,* vol. 5, n° 3, 1976, pp. 211-241.

CASTONGUAY, Charles, «Les transferts linguistiques au foyer», *Recherches sociographiques,* vol. 17, n° 3, 1976, pp. 341-351.

CASTONGUAY, Charles, «Le mécanisme du transfert linguistique», *Cahiers québécois de démographie,* vol. 6, n° 3, 1977, pp. 137-155.

CASTONGUAY, Charles, «La répartition des non-répondants à la question sur la langue maternelle aux recensements de 1971 et 1976», *Cahiers québécois de démographie,* vol. 7, n° 3, 1978, pp. 95-107.

CASTONGUAY, Charles, «Exogamie et anglicisation chez les minorités canadiennes-françaises», *Revue canadienne de sociologie et d'anthropologie,* vol. 16, n° 1, 1979, pp. 21-31.

CASTONGUAY, Charles, «Sur quelques indices de propension à l'exogamie et au transfert linguistique», *Cahiers québécois de démographie*, vol. 9, n° 3, 1980, pp. 55-70.

CASTONGUAY, Charles, *Exogamie et anglicisation dans les régions de Montréal, Hull, Ottawa et Sudbury*, Québec, Université Laval, Centre international de recherches sur le bilinguisme, «Publication» n° B-97, 1981, 101 p.

CASTONGUAY, Charles, «Intermarriage and Language Shift in Canada, 1971 and 1976», *Canadian Journal of Sociology*, vol. 7, n° 3, 1982, pp. 263-277.

CASTONGUAY, Charles, «Exogamie et transferts linguistiques chez les populations de langue maternelle française au Canada», dans : *Démographie et destin des sous-populations, Actes du Colloque de Liège (21-23 septembre 1981)*, Paris, Association internationale des démographes de langue française (AIDELF), 1983, pp. 209-215.

CASTONGUAY, Charles, «L'évolution des transferts linguistiques au Québec selon les recensements de 1971 et 1981», dans : *L'État de la langue française au Québec. Bilan et prospective*, Québec, Conseil de la langue française, «Notes et documents», n° 58, 1986, t. 1, pp. 201-269.

CASTONGUAY, Charles, «L'évolution de l'exogamie et de ses incidences sur les transferts linguistiques chez les populations provinciales de langue maternelle française au Canada entre 1971 et 1981», dans : *L'État de la langue française au Québec. Bilan et prospective*, Québec, Conseil de la langue française, «Notes et documents», n° 58, 1986, t. 1, pp. 269-319.

CASTONGUAY, Charles, «Transferts et semi-transferts linguistiques au Québec d'après le recensement de 1981», *Cahiers québécois de démographie*, vol. 14, n° 1, 1985, pp. 59-84.

CASTONGUAY, Charles et Jacques MARION, «L'anglicisation du Canada», *Bulletin de l'Association des démographes du Québec*, vol. 3, n° 1, 1974, pp. 19-40.

CHARBONNEAU, Hubert, Jacques HENRIPIN et Walter MERTENS, *Études des aspects démographiques des problèmes ethniques et linguistiques au Canada*, rapport non publié préparé pour la Commission royale d'enquête sur le bilinguisme et le biculturalisme, Montréal, 1966.

CHARBONNEAU, Hubert et Robert MAHEU, *Les aspects démographiques de la question linguistique*, Québec, Éditeur officiel, Commission d'enquête sur la situation de la langue française et sur les droits linguistiques du Québec, Synthèse S3, 1973, 440 p.

COSTA, Rosalinda, *Quebec's Anglophone Migrants, in 1971 and 1981 : A Demographic and Socio-Economic Study*, Montréal, Université de Montréal, Département de démographie, mémoire de maîtrise, 1986.

DEMERS, Linda, *Évaluation de la qualité des informations ethniques et linguistiques fournies par les recensements canadiens de 1901 à 1976*, Montréal, Université de Montréal, Département de démographie, mémoire de maîtrise, 1979, 147 p.

DEMERS, Linda et John KRALT, *De la comparabilité des données du recensement sur la langue maternelle, 1976-1981*, Ottawa, Statistique Canada, Division des caractéristiques sociales, du logement et des familles, 1984, 29 p. (miméo).

DESROSIERS, Denise, Joel W. GREGORY et Victor PICHÉ, *La migration au Québec : synthèse et bilan bibliographique*, Montréal, ministère de l'Immigration, 1978, 106 p.

DE VRIES, John, «Languages in Contact : a Review of Canadian Research», dans : W.H. COONS, D.M. TAYLOR et M.A. TREMBLAY (Eds.), *The Individual, Language and Society in Canada*, Ottawa, The Canadian Council, 1977, pp. 15-43.

DE VRIES, John, «Some Methodological Aspects of Self-Report Questions on Language and Ethnicity», *Journal of Multilingual and Multicultural Development*, vol. 6, n° 5, 1985, pp. 347-368.

DE VRIES, John et Frank G. VALLÉE, *Data Book on Aspects of Language Demography in Canada*, Ottawa, Department of Sociology, Carleton University, 1975, 73 p.

DE VRIES, John et Frank G. VALLÉE, *Usage de la langue au Canada*, Ottawa, Approvisionnements et Services Canada, 1980, 187 p.

DIDIER, René, *Le processus des choix linguistiques des immigrants au Québec*, Québec, Éditeur officiel du Québec, 1973, 485 p.

DUCHESNE, Louis, «Aperçu de la situation des langues au Québec et à Montréal en 1971», *Cahiers québécois de démographie*, vol. 6, n° 1, pp. 55-77.

DUCHESNE, Louis, «Analyse descriptive du bilinguisme au Québec selon la langue maternelle en 1951, 1961 et 1971», *Cahiers québécois de démographie*, vol. 6, n° 3, 1977, pp. 35-65.

DUCHESNE, Louis, «Note sur les migrations interprovinciales des groupes linguistiques québécois, 1971-1976», *Cahiers québécois de démographie*, vol. 8, n° 1, 1979, pp. 63-79.

DUCHESNE, Louis, «L'évolution démolinguistique des jeunes Québécois de 5-14 ans entre 1971 et 1977 d'après les fichiers du ministère de l'Éducation», *Cahiers québécois de démographie*, vol. 9, n° 1, 1980, pp. 27-42.

DUCHESNE, Louis, «La situation démolinguistique du Québec. Essai de synthèse», dans : *La situation démolinguistique au Québec et la charte de la langue française*, Québec, Conseil de la langue française, «Documentation du Conseil de la langue française», n° 5, 1980, 160 p., pp. 87-111.

DUCHESNE, Louis, *Les migrations interprovinciales québécoises, 1961-1981*, Gouvernement du Québec, Comité interministériel sur la population et l'immigration, 1982 (miméo).

FISHMAN, Joshua A., *Sociolinguistique*, Bruxelles-Paris, Labor-Nathan, 1971, 160 p.

GEORGE, M.V., *Internal Migration in Canada. Demographic analyses*, Ottawa, Bureau fédéral de la statistique, 170, 251 p.

GIRARD, Alain, *Le choix du conjoint*, Paris, Institut national d'études démographiques, 1974, 202 p.

GOSSELIN, J.-F. et G.J. BRACKSTONE, «Évaluation du sous-dénombrement de la population lors du recensement de la population et du logement du Canada de 1976», *Cahiers québécois de démographie,* vol. 7, n° 3, 1978, pp. 175-193.

GOSSELIN, J.-F. et G. THÉROUX, *Résultats supplémentaires sur le sous-dénombrement de la population et des ménages lors du recensement de 1976,* Ottawa, Statistique Canada, projet d'évaluation paramétrique, contre-vérification des dossiers, 1978 (miméo).

GRENIER, G., *Earnings by Language Group in Quebec in 1980 and Migration Outside Quebec Between 1976 and 1981,* Ottawa, Université d'Ottawa, Département de science économique, «Cahier» n° 8602, 1986.

GRYZ, Zbigniew J., «A Modification of Lieberson's Technique for Estimating Intergenerational Language Shift», Paul Lamy (Ed.), *Language Maintenance and Language Shift in Canada : New Dimensions in the Use of Census Language Data,* Ottawa, University of Ottawa Press, 1977, pp. 95-113.

GRYZ, Zbigniew J., *Socio-Demographic Determinants of Language Shifts in Canada,* Ottawa, Carleton University, Department of Sociology and Anthropology, Ph.D. Thesis, 1980, 441 p.

GUILLEMETTE, André, «L'évolution de la mortalité différentielle selon le statut socio-économique sur l'Île de Montréal, 1961-1976», *Cahiers québécois de démographie,* vol. 12, n° 1, 1983, pp. 29-48.

HENRIPIN, Jacques, *L'immigration et le déséquilibre linguistique,* Rapport préparé pour l'étude sur l'immigration et les objectifs démographiques du Canada, Gouvernement du Canada, Ottawa, Information Canada, 1974, 44 p.

HENRIPIN, Jacques, *La population québécoise de langue anglaise : une projection démolinguistique, 1971-2001,* Montréal, Alliance Québec, 1984, 21 p.

HENRIPIN, Jacques, «Les Québécois dont la langue est flottante et la mobilité linguistique», *Cahiers québécois de démographie,* vol. 14, n° 1, 1985, pp. 87-97.

JOE, Shirley, *Les fécondités régionales au Québec, 1961-1982,* Québec, Bureau de la statistique du Québec, 1986, 77 p.

JOY, Richard J., *Languages in Conflict,* Toronto, McClelland and Stewart Limited, 1972, 149 p.

JOY, Richard J., «Mesure des transferts linguistiques : faiblesse des données du recensement de 1971», *Cahiers québécois de démographie,* vol. 4, n° 1, 1975, pp. 1-9.

JOY, Richard J., «Languages in conflict : Canada, 1976», *American Review of Canadian Studies,* vol. 6, n° 2, 1976, pp. 7-21.

JOY, Richard J., *Les minorités des langues officielles au Canada,* Montréal, Institut de recherches C.D. Howe, 1978, 50 p.

KELLY, John J., «Alternative Estimates of the Volume of Emigration from Canada, 1961-1971», *Canadian Review of Sociology and Anthropology,* vol. 14, n° 1, 1977, pp. 57-67.

KEYFITZ, Nathan, «The Limits of Population Forecasting», *Population and Development Review,* vol. 7, n° 4, 1981, pp. 579-594.

KRALT, John M., *Les langues au Canada,* Ottawa, Statistique Canada, Étude schématique du recensement du Canada 1971, catalogue n° 99-707, 1976, 76 p.

KRALT, John M., *Les origines ethniques des Canadiens,* Ottawa, Statistique Canada, Étude schématique du recensement du Canada 1971, catalogue n° 99-709, 1977, 84 p.

KRALT, John M., *Processing and its Impact on the 1971-1976 Census Mother Tongue Data,* Ottawa, Statistics Canada, Census Field, Characteristics Division, 1977 (miméo).

KRALT, John M., «The Case Against Net-Language Transfer : An Alternate Measure», dans : Paul LAMY (Ed.), *Language Maintenance and Language Shift in Canada,* Ottawa, University of Ottawa Press, 1977, pp. 75-79.

KRALT, John M., *Guide de l'utilisateur des données du recensement de 1976 sur la langue maternelle,* Ottawa, Statistique Canada, document de travail n° 3-DSC 79, 1980, 147 p.

KRISHNAN, P., *Estimates of Regional Redistribution of the Major Ethnic Groups in Canada, 1951-1971,* Montreal, Paper prepared for presentation at the Annual Meeting of the Canadian Regional Science Association, juin 1980, 17 p.

LACHAPELLE, Réjean, «Quelques notes à propos de la comparabilité de la composition par langue maternelle aux recensements de 1971 et de 1976», *Cahiers québécois de démographie,* vol. 6, n° 3, 1977, pp. 93-136.

LACHAPELLE, Réjean, *Quelques mesures de la mortalité différentielle entre les groupes linguistiques et estimation de son impact sur la croissance démographique,* Montréal, L'Institut de recherches politiques, 1979, 37 p.

LACHAPELLE, Réjean, «Évolution de la composition ethnique et linguistique», dans : Raymond BRETON et alii, *Les frontières culturelles et la cohésion du Canada,* Montréal, L'Institut de recherches politiques, 1980, xx-482 p., pp. 15-43.

LACHAPELLE, Réjean, «Définition et analyse des mobilités démographiques : l'exemple de la mobilité linguistique», dans : *Démographie et destin des sous-populations, Actes du Colloque de Liège (21-23 septembre 1981),* Paris, Association internationale des démographes de langue française (AIDELF), pp. 237-248.

LACHAPELLE, Réjean, «Analyse de la mobilité linguistique : indices, observations et modèles», *Cahiers québécois de démographie,* vol. 13, n° 2, 1984, pp. 247-278.

LACHAPELLE, Réjean, «La composition linguistique : réalité et perception», *Cahiers québécois de démographie,* vol. 14, n° 1, 1985, pp. 111-117.

LACHAPELLE, Réjean et Jacques HENRIPIN, *La situation démolinguistique au Canada, évolution passée et prospective,* Montréal, L'Institut de recherches politiques, 1980, xxxii-391 p.

LACROIX, Robert et François VAILLANCOURT, *Les revenus et la langue au Québec (1970-1978)*, Rapport présenté au Conseil de la langue française, Montréal, Université de Montréal, Centre de recherche en développement économique, 1981, xvi-238 p.

LAMY, Paul, «The Validity of the 1971 Census Language Data», dans : Paul LAMY (Ed.), *Language Maintenance and Language Shift in Canada*, Ottawa, Les Presses de l'Université d'Ottawa, 1977.

LESPÉRANCE, André, *Les transferts linguistiques au Québec de 1961 à 1971*, Québec, ministère de l'Éducation, section démographie, «document hors série» n° 3, 1974.

LIEBERSON, Stanley, *Language and Ethnic Relations in Canada*, Toronto, New York, John Wiley and Sons, 1970, 264 p.

LIEBERSON, Stanley, «Bilinguism in Montreal : A Demographic Analysis», *American Journal of Sociology*, n° 71, 1974, pp. 10-25.

LOCAS, Jacques, «Les fichiers statistiques des naissances, mariages et décès du ministère des Affaires sociales (MAS) : quelques notes sur la qualité des fichiers et des données», *Cahiers québécois de démographie*, vol. 11, n° 2, 1982, pp. 277-288.

LOSLIER, Luc, *La mobilité dans les aires sociales de la région métropolitaine de Montréal*, Québec, ministère des Affaires sociales, Service des études épidémiologiques, 1976, 77 p.

MAHEU, Robert, *Les francophones au Canada : 1941-1991*, Montréal, Parti-Pris, 1970, 119 p.

MAHEU, Robert, «Les anglophones au Québec», *Bulletin de l'Association des démographes du Québec,* vol. 2, n° 1, 1973, pp. 10-16.

MAHEU, Robert, «Les transferts linguistiques au Québec entre 1975 et 1977», *Cahiers québécois de démographie*, vol. 7, n° 3, 1978, pp. 109-131.

MAHEU, Robert, «La partie cachée de la mobilité linguistique», dans : *Démographie et destin des sous-populations, Actes du Colloque de Liège (21-23 septembre 1981)*, Paris, Association internationale des démographes de langue française (AIDELF), 1983, pp. 249-259.

MAHEU, Robert, «L'émigration des anglophones québécois», *Cahiers québécois de démographie,* vol. 12, n° 2, 1983, pp. 271-279.

MAHEU, Robert, *La fécondité selon la langue d'usage en 1981,* Québec, ministère de l'Éducation du Québec (miméo).

MAHEU, Robert, *La loi 101 et l'émigration vers les autres provinces canadiennes,* communication présentée au 51e congrès de l'Association canadienne-française pour l'avancement des sciences, Trois-Rivières, mai 1983, 12 p.

MALO, Renée, Robert BOURBEAU et Norbert ROBITAILLE, «Estimations résiduelles de l'émigration internationale selon la langue maternelle, Québec, 1971-1976», *Cahiers québécois de démographie,* vol. 11, n° 1, 1982, pp. 19-45.

PAILLÉ, Michel, «Attraction des deux principales langues d'enseignement sur les divers groupes linguistiques au Québec, 1969-1970 à 1980-1981», *Cahiers québécois de démographie,* vol. 10, n° 3, 1981, pp. 399-425.

PAILLÉ, Michel, *La Charte de la langue française et l'école : bilan et orientations démographiques,* Québec, Conseil de la langue française, édition provisoire, 1983, 46 p.

PAILLÉ, Michel, «Cinq ans après la Charte de la langue française, les transferts linguistiques favorisent toujours l'anglais», dans : *Actes du Congrès «Langue et société au Québec»,* Québec, Conseil de la langue française, 1984, 4 t., t. 2, pp. 159-165.

PAILLÉ, Michel, *Contribution à la démolinguistique du Québec,* Québec, Conseil de la langue française, «Notes et documents», n° 48, 1985, 246 p.

PAILLÉ, Michel, «Effets démographiques de l'application de la clause Canada sur la langue d'enseignement au Québec», *Revue de l'Association canadienne d'éducation de langue française,* vol. 13, n° 1, 1985, pp. 39-44.

PAILLÉ, Michel, *Aspects démolinguistiques de l'avenir de la population du Québec,* Québec, Conseil de la langue française, «Notes et documents», n° 53, 1986, 71 p.

PES, Johanne, *L'importance des attributs linguistiques dans la détermination des revenus de travail au Québec 1971*, Montréal, Université de Montréal, Département de science économique, rapport de recherche, 1979.

PICHÉ, Victor et Louise NORMANDEAU (éd.), *Les populations amérindiennes et inuit du Canada*, Montréal, Presses de l'Université de Montréal, 1984, 282 p.

POLÈSE, Mario et Calvin VELTMAN, *Les groupes ethniques et immigrants dans la région métropolitaine de Montréal, 1971-1981 : caractéristiques linguistiques et comportements résidentiels*, Montréal, INRS-Urbanisation, version préliminaire, 1985, 181 p.

PUDERER, Henry A., *Guide de l'utilisateur des données du recensement de 1976 sur le statut de mobilité*, Ottawa, Statistique Canada, document de travail n° 4-DSC 79, 1980, 118 p.

RENAUD, Jean, *Langues, ethnies et revenus*, Montréal, Université de Montréal, thèse de doctorat, 1979, 232 p.

ROBITAILLE, Norbert et Robert BOURBEAU, «Présentation de la recherche «Migration des groupes linguistiques» et de ses préoccupations actuelles», *Cahiers québécois de démographie*, vol. 9, n° 2, 1980, pp. 185-209.

ROBITAILLE, Norbert et Robert BOURBEAU, *La migration des groupes linguistiques au Québec et dans ses régions, 1951 à 1976*, Montréal, Université de Montréal, Département de démographie, rapport de recherche, 1980, 403 p.

ROCHON-LESAGE, Madeleine et Robert MAHEU, «Composition ethnique et linguistique de la population du Québec», dans : *Annuaire du Québec*, Québec, ministère de l'Industrie et du Commerce, Bureau de la statistique du Québec, 54e édition, 1974, xiii-1224 p., pp. 206-212.

ROGERS, Andrei, *Introduction to Multiregional Mathematical Demography*, New York, John Wiley and Sons, 1975, 203 p.

ROGERS, Andrei et Frans WILLEKENS (Eds.), *Migration and Settlement, A Multiregional Comparative Study,* Dordrecht (Pays-Bas), D. Reidel Publishing Company, 1986, 496 p.

ROUGET, Bernard, «Graph Theory and Hierarchisation Models», *Regional Science and Urban Economics,* vol. 2, n° 3, 1972, pp. 263-295.

ROY, Laurent, *La mortalité selon la cause de décès et l'origine ethnique au Québec, 1951, 1961, 1971,* Québec, ministère des Affaires sociales, registre de la population, 1975.

RYDER, Norman D., «The Interpretation of Origin Statistics», *Canadian Journal of Economics and Political Science,* vol. 21, n° 4, 1955, pp. 466-479.

SAINT-GERMAIN, Claude, *La situation linguistique dans les écoles primaires et secondaires, 1971-1972 à 1978-1979,* Québec, Conseil de la langue française, 1979, viii-112 p.

STATISTIQUE CANADA, *Recensement du Canada de 1976, Population. Caractéristiques démographiques, langue maternelle,* Ottawa, Approvisionnements et Services Canada, catalogue n° 92-821, 1978.

STATISTIQUE CANADA, *Recensement du Canada de 1976, Qualité des données. Série 1 : Sources d'erreurs — couverture,* Ottawa, Approvisionnements et Services Canada, catalogue n° 99-840, 1980, 86 p.

STATISTIQUE CANADA, *Recensement du Canada de 1981, Population. Langue maternelle,* Ottawa, Approvisionnements et Services Canada, catalogue n° 92-902, 1982.

STATISTIQUE CANADA, *Recensement du Canada de 1981, Population. Langue maternelle, langue officielle et langue parlée à la maison,* Ottawa, Approvisionnements et Services Canada, catalogue n° 92-910, 1983.

STATISTIQUE CANADA, *Recensement du Canada de 1981, Population. Langue, origine ethnique, religion, lieu de naissance, scolarité. Québec,* Ottawa, Approvisionnements et Services Canada, catalogue n° 93-929, 1984.

STATISTIQUE CANADA, *Estimations annuelles postcensitaires·de la population suivant l'état matrimonial, l'âge, le sexe et composantes de l'accroissement, Canada, provinces et territoires au 1er juin 1985,* Ottawa, Approvisionnements et Services Canada, catalogue n° 91-210, vol. 3, 1986.

STATISTIQUE CANADA, *Les migrations internationales et interprovinciales au Canada,* Ottawa, Approvisionnements et Services Canada, catalogue n° 91-208, (annuel).

STONE, Leroy O., *Migration in Canada, Some Regional Aspects,* Ottawa, Imprimeur de la Reine, monographie sur le recensement de 1961, 407 p.

STONE, Leroy O., «What We Know About Migration Within Canada, A Selective Review and Agenda for Future Research», *International Migration Review,* vol. 8, n° 2, 1974, pp. 267-281.

STONE, Leroy O. et Susan FLETCHER, *Les migrations au Canada,* Ottawa, Statistique Canada, «Étude schématique du recensement du Canada 1971», 1977.

TERMOTE, Marc, «Une mesure de l'impact économique de l'immigration internationale : le cas du Québec, 1951-1974», *Canadian Studies in Population,* n° 5, 1978, pp. 55-68.

TERMOTE, Marc, *Migration and Settlement: Canada,* Laxenburg (Autriche), International Institute for Applied Systems Analysis (IIASA), 1980, 109 p.

TERMOTE, Marc, «La place de la migration dans la recherche démographique», *Cahiers québécois de démographie,* vol. 12, n° 2, 1983, pp. 175-179.

TERMOTE, Marc et Raymonde FRÉCHETTE, «Le renversement récent des courants migratoires entre les provinces canadiennes, Essai d'interprétation», *Revue canadienne des sciences régionales,* vol. 3, n° 2, 1980, pp. 163-192.

TERMOTE, Marc et Danielle GAUVREAU, «Le comportement démographique des groupes linguistiques au Québec pendant la période 1976-1981. Une analyse multirégionale», *Cahiers québécois de démographie,* vol. 14, n° 1, 1985, pp. 31-57.

TERMOTE, Marc, Georges MATHEWS et Hadj BENYAHIA, *L'impact de l'immigration internationale sur la croissance économique du Québec, 1951-1974,* Montréal, ministère de l'Immigration, 1978, 60 p.

TERMOTE, Marc et Jaël MONGEAU, «L'ampleur de la contre-urbanisation au Québec», dans : Yves BRUNET (éd.), *Actes du colloque sur «L'exode urbain, ses causes, ses implications et son avenir»,* Montréal, Université de Montréal, Département de géographie, 1983, pp. 77-88.

THÉROUX, G. et J.-F. GOSSELIN, *Contre-vérification des dossiers. Principaux résultats concernant le sous-dénombrement de la population et des ménages lors du recensement de 1976,* Ottawa, Statistique Canada, Secteur du recensement, 1978 (miméo).

THIBAULT, Normand, *Tables de mortalité : Québec, régions administratives et sous-régions de Montréal : 1980-1982,* Québec, Bureau de la statistique du Québec, 1985, 61 p.

TREMBLAY, Marc, *Analyse de la mortalité et de la fécondité selon le groupe linguistique, Québec, 1976-1981,* Montréal, Université de Montréal, Département de démographie, mémoire de maîtrise, 1983, 285 p.

TREMBLAY, Marc et Robert BOURBEAU, «La mortalité et la fécondité selon le groupe linguistique au Québec, 1976 et 1981», *Cahiers québécois de démographie,* vol. 14, n° 1, 1985, pp. 7-29.

VAILLANCOURT, François, «Revenus et langues, Québec, 1961-1971», *Revue d'études canadiennes,* n° 13, 1978, pp. 63-69.

VAILLANCOURT, François, *Les attributs linguistiques et la détermination du revenu des hommes au Québec en 1971, les groupes d'âge et d'éducation,* Montréal, Université de Montréal, Département de science économique, «Cahier» n° 7911, 1979.

VAILLANCOURT, François, *La situation démographique et socio-économique des francophones du Québec : une revue,* Montréal, Université de Montréal, Département de science économique, «Cahier» n° 7940, 1979, 21 p.

VAILLANCOURT, François et Robert LACROIX, *Une revue des études faites depuis 1970 portant sur le lien entre attributs linguistiques et disparités de revenu au Québec,* Montréal, Université de Montréal, Département de science économique, 1981 (miméo).

VAILLANCOURT, François et Johanne PES, *Revenus et niveaux de bilinguisme écrit et oral : les hommes québécois en 1971,* Montréal, Université de Montréal, Département de science économique, «Cahier» n° 8008, 1980.

VAILLANCOURT, François et Pierre SAINT-LAURENT, *L'évolution des différences entre canadiens-français et canadiens-anglais, Québec, 1961-1971 : les revenus,* Montréal, Université de Montréal, Département de science économique, «Cahier» n° 7817, 1978.

VALLÉE, Frank G. et John DE VRIES, «Trends in Bilingualism in Canada», dans : Joshua FISHMAN (Ed.), *Advances in the Study of Social Multilingualism,* La Haye, Mouton, «Contributions to the Sociology of Language» n° 9, pp. 761-792.

VELTMAN, Calvin, «Les incidences du revenu sur les transferts linguistiques dans la région métropolitaine de Montréal», *Recherches sociographiques,* vol. 17, n° 3, 1976, pp. 323-339.

VELTMAN, Calvin, «La structure résidentielle des transferts linguistiques dans l'agglomération montréalaise», *Recherches sociographiques,* vol. 19, n° 3, 1978, pp. 392-401.

VELTMAN, Calvin, «La politique linguistique québécoise et le comportement des jeunes Québécois d'origine grecque et portugaise», *Cahiers québécois de démographie,* vol. 14, n° 1, 1985, pp. 99-108.

VELTMAN, Calvin, «Assessing the Effects of Quebec's Language Legislation», *Canadian Public Policy,* vol. 12, n° 2, 1986, pp. 314-319.

VELTMAN, Calvin, «The Interpretation of the Language Question of the Canadian Census», *Canadian Review of Sociology and Anthropology*, vol. 23, n° 3, 1986, pp. 412-422.

VÉZINA, Michel, *L'exogamie comme facteur de l'assimilation au Canada*, Montréal, Université de Montréal, Département de démographie, mémoire de maîtrise, 1970.

WILKINS, Russell, «L'inégalité sociale face à la mortalité à Montréal, 1975-1977», *Cahiers québécois de démographie*, vol. 9, n° 2, 1980, pp. 157-184.

WILLEKENS, Frans et Andrei ROGERS, *Spatial Population Analysis: Methods and Computer Programs*, Laxenburg (Autriche), International Institute for Applied Systems Analysis (IIASA), 1978, 302 p.